PEARL RIVER YOUTH LAW REVIEW

蒋悟真・主编

珠江青年法学评论

（第1卷）

卷首语

历时近一年半,《珠江青年法学评论》(第 1 卷)终于带着“青年”的梦想与热情同大家见面了。

何为青年？是人从稚嫩到成熟、从懵懂到睿智、从毛躁到沉稳的转变,但又能免于油滑、免于世故、免于居功自持。很多人都赞同,青年是人一生中的黄金时代,其原因即在于这个时代有太多可能的未知空间可以通过梦想和努力来塑造。成就更好的自己,是青年时代最具魅力之处。

《珠江青年法学评论》从名到实,皆以青年立意。从主编、副主编到编辑,尽为华南理工大学青年法学学子。Law Review 的编辑模式肇始于美国,1998 年《北大法律评论》的创办将此种模式引进至我国。现今以学生为主体的编辑模式在国内外许多法学院落地生根、开花结果,培养了一批又一批的法律学子,其中不乏法学著名学者和法律实务骨干。同时,这种编辑模式也成为法学教育的一种特殊方式,有助于学生阅读与写作能力的显著提升。

青年是一个国家、一个民族未来永续健康发展的希望与力量。一百年前,一群青年人接受了马克思主义,带着梦想与激情开展了五四新文化运动,为其后新民主主义革命的胜利和新中国的建设与发展创造了充分的观念条件与思想基础。新时代,中华民族扬帆起航再启征途,青年在实现国家富强、人民幸福、民族复兴的伟大事业中具有不可替代的重要作用。

鉴于此,《珠江青年法学评论》坚持“五湖四海”的出版理念,作者来自全国各高校的青年学生。虽然未必应将公开发表论文作为研究生甚至本科生毕业的硬性要求,但学生自发自觉地读书和研究无疑是必须予以大力鼓励与支持的。然而无须讳言,当前我们法学研究成果的出版现状对于青年学人来说是不够友好的,“唯学历论”“唯资历论”“唯名望论”的不良风气和个别刊物买卖版面的不良行径严重地挫伤了青年学人进行学术探索的积极性,也极有可能断送学术研究的未来。也正因如此,《珠江青年法学评论》作为公开出版的连续出版物,在建立严格的学术审查机制的基础上,专门遴选青年学生的研究成果,力求为匡正风气、重塑学风、激励青年尽一份绵薄之力。

《珠江青年法学评论》(第1卷)从征稿开始到审稿结束,历时12个月,共收到来自全国各地的93篇投稿,经过编辑部的初审、严格按照“双盲审”要求进行的专家审查、编辑部围绕修改意见展开的三审和终审等环节,最终选出20篇优秀稿件。《珠江青年法学论评》力求实现法学主要学科的全覆盖和学科平衡;同时秉持开放的原则,对于校内外的来稿都无任欢迎、一视同仁。但平心而论,本卷仍然还不成熟。由于宣传等原因,有个别学科和主题遗憾地没有收到符合要求的稿件,稿件作者也仍以本校法学院的学生居多。但相信随着《珠江青年法学评论》的持续耕耘,最终能够较好地实现各学科相平衡、内稿与外稿相平衡。

云山苍苍、珠水泱泱。建立所有法学学子们砥砺学术、挥洒青春的公共学术平台,是《珠江青年法学评论》不变的初心。请拭目以待!

蒋悟真

2019年初冬于广州大学城

目　录

自由之人何以服从政治权威

——从社会契约理论出发

胡峻峰*

摘　要　个人主义之膨胀与政治权威之乏力,是现代化社会在发展过程中较易沾染上的弊病,如何消除个人自由与政治权威的内在张力成为这个时代所面临的重要问题。在社会契约论的范畴里,个人自由与政治权威分别代表着现代政治的两个方面。然而,个人自由意为自主与自愿,政治权威意为强制与服从,既然政治权威的实现必然导致个人自由受限,那么自由之人何以服从政治权威?针对这个问题,运用社会契约理论可以得出不同的解决方案,其中以霍布斯的权威主义模式、洛克的自由主义模式和卢梭的共和主义模式最为典型。以三种典型的社会契约理论为出发点,可以对当今社会的政治权威和个人自由之间的互动关系作出初步探究。

关键词　个人自由　政治权威　社会契约论　霍布斯　洛克　卢梭

引　言

据柏拉图《申辩篇》记载,民主制恢复后,苏格拉底

* 华东政法大学法律学院2017级硕士研究生。

以“腐蚀青年、不信奉雅典城邦的神并发明新神”之罪名受到指控,并被判处死刑。在狱期间,苏格拉底明知判决不公正但仍拒绝好友为他安排的越狱计划,并声称“为感谢国家所赐之恩惠,为提高城邦成员之道德水平及正义意识,公民生来便应服从于法律,守法乃公民之天然义务”,他至死坚守着公民必须遵守法律的信条,最终于公元前399年服毒自尽。同样关乎守法,古希腊悲剧家索福克勒斯笔下的《安提戈涅》所讲述的安提戈涅之悲剧,则与苏格拉底之审判截然相反。在该作品中,普雷尼克(安提戈涅的兄弟)因犯叛国罪触犯了国家的法律而被禁止埋葬,安提戈涅基于血缘关系及最基本的伦理,冒着生命危险挑战城邦的法令,并按当时的仪式埋葬了普雷尼克。对于自己的行为,安提戈涅给出理由是:埋葬自己的兄弟只是违反了克瑞翁(国王)的法律,而非那种最高的法律,那种最高的法律既不属于今天,也不属于昨天,它们永恒地存在着,永不消亡,也无人知道它们何时起源。安提戈涅为此受到了克瑞翁的严惩,但其形象却作为一种“代表公民基于人伦精神和天理良心来对抗国家实证法”的符号(安提戈涅之怨)被传承了下来。

作为截然相反的典型,苏格拉底之审判与安提戈涅之悲剧,生动且深刻地揭示了城邦之公民在政治生活中所必然会面临的个人自由与政治权威之间的冲突与取舍:(1)以维护政治权威所要保障的社会秩序为目的,虔诚地服从政府及其所制定的法律(无论该法是恶抑或良);(2)以追求个人自由与正义为目的,对政治权威作选择性的服从,并承担可能会因此导致的不良后果。由此可以引出的命题是:自由之人有无绝对服从政治权威的义务?如若有,服从的正当性从何而来?

一、渊源:政治权威的缘起

“权威,指的是一种以道德主张形式呈现出来的‘统治的权利’,这意味着相较于‘权威被遵从’而言,‘权威应该被遵从’显得更为重要。”[①]政治权威于统治者而言,意味着统治的权利(right),而对被统治者来说,意味着统治的反面——被统治,即服从。自文艺复兴以来,人们便将“人皆生而自由且平等”视为是人与生俱来的自然权利,既然如此,作为被统治者,人们服从政治权威的正当性从何而来?回溯人类文明长河,可以发现政治权威缘起于以下三种理论:

---

① [英]安德鲁·海伍德:《政治学核心概念》,吴勇译,天津人民出版社2008年版,第17页。

(一)古希腊的自然论

最早关于政治权威的论述,可以追溯到古希腊的“自然论”思想,该种理论视城邦、政治共同体与人为自然的产物。作为该理论的代表人物,亚里士多德认为,家庭是人类为了满足日常生活的需要而建立起来的社会基本单位,若干家庭通过联合成为村落共同体,进而组合成为城市或城邦,而之所以会有这样的演变,根源在于人这一物种是归属于社会(政治)的产物。正如亚里士多德所说“凡人由于本性或由于偶然性而不归属于任何城邦的,他如果不是一个鄙夫,那就是一位超人”①,人所拥有的语言赋予其评价事物正义与否的能力,并引导其走向社会的联合。因此,在某种程度上,城邦是个人家庭的自然延伸,是个人的自然选择。而城邦作为至善和正义的代名词,是人类获得“优良生活”的必经之路,也就自然获得了政治权威。

(二)中世纪的神义论

在自然论之后,又出现了神义论思想。与自然论不同,神义论将政治权威的起源归于上帝。另外,该理论将权威划分为政治权威与精神权威,前者归于国王,后者归于教会。受宗教改革的影响,神义论的发展历经了两个阶段:第一阶段的神义论类似于“代表论”,形成于宗教改革之前,该时期的世俗政权绝对依附于教权,所以世俗政权被视为神权在人世的代表;第二阶段的神义论形成于宗教改革之后,受资本主义生产关系的成长、民族国家的兴起、教会的腐败以及文艺复兴运动的影响,原先绝对依附于教权的世俗政权在这一时期实现了独立。作为德国宗教改革运动的发起者,马丁·路德提出了“君权神授理论”,上帝直接赋予世俗政权以统治国家的权威,而无须经由教会传达。除了在神龛之前为其举行加冕仪式之外,教皇对皇帝不再享有任何统治权,诚如《圣经》所言:“因为没有权柄不是出于上帝的,凡掌权的都是上帝所命的……掌权者是上帝的佣人”(《圣经·罗马书》),所以人们应该服从作为上帝臣相的掌权柄者,并以全部畏惧之心听命于他们,正如听命于上帝本人。②

---

① [古希腊]亚里士多德:《政治学》,吴寿彭译,商务印书馆1965年版,第7页。

② [美]列奥·施特劳斯、约瑟夫·克罗波西:《政治哲学史》(上),李天然译,河北人民出版社1993年版,第387页。

(三)近现代的契约论

经历了宗教改革与民族国家战争之后,欧洲原有的政治权威体系遭到了质疑与破坏,基于此,应运而生的契约论赋予了政治权威起源于一个不同于自然论与神义论的理论起点:人之为人,关键在于人所区别于其他物种而拥有的自由思考能力。基于自由思考产生的独立意志,使人可以选择一种适宜自身存续和发展的政治生活与社会组织。也就是说,人不仅具备构建政权或者政体的能力,同样也具备这样的政治权利。任何一种社会结构和政权组织都是人类参与构建的,而并非天然存在。人类可以通过签订一种契约,选择一种最符合自身利益的政治权威来统治自己。

二、理论发展:契约论的发轫及其嬗变

契约论思想的起源可以追溯至古希腊,据《克力同》记载,苏格拉底因被判死刑而囚于狱中之时,其老友龙克力同前去劝他越狱逃跑,但苏格拉底以城邦之公民应当遵守其与城邦所立之契约为由婉言相拒,他认为公民在接受城邦保护的同时负有遵守城邦之法律的义务,无论该法律公平与否。如果他从监狱逃跑,他就犯了不孝父母、不服从和不顺从的行为,这三项罪行远比错误的指控或错误的判决更不可接受,因为错误的指控和错误的判断是错误的,越狱也是错误的。以错对错不仅是一种违反理智原则的做法,更是对城邦法律之崇高威望的蔑视与践踏,而这是一名尊重德性者所无法容忍的。[①] 然而,作为苏格拉底之学生的柏拉图和亚里士多德并没有认可其契约思想,他们认为个人乃城邦之动物,城邦不只是为了防止错行抑或是保护福利和财产制度而进行的联合,而是促进人类善德之实现的道德性组织,所以,城邦的整体价值远高于公民的个人价值,如此一来,城邦与公民之间便也就不存在所谓的契约关系了。到了伊壁鸠鲁那里,个人主义与契约论则有了回归的趋势,他认为人生之目的在于追求幸福与快乐,个人为了达到这一目的不惜违反正义,以至于彼此妨碍,最终陷入痛苦与混乱的困境之中。为了摆脱这一困境,人们开始通过订立契约以寻求妥协:在尊重别人的利

---

① [古希腊]柏拉图:《游叙弗伦苏格拉底的申辩克力同》,严群译,商务印书馆1983年版,第109页。

益的情况下实现自己的利益。

到了古罗马时期,受政治整体性倾向的影响,这一时期的国家被认为是人民的事业,是人民出于伦理、正义及共同利益的需要而相互结合起来的集合体,它既是政治共同体、道德共同体、利益共同体,又是法律共同体,西塞罗则将人民联合建立国家的首要原因归于人类与生俱来的聚合性,而非其软弱性①,使其有别于古希腊时期的契约论思想。所以,就这一时期的政治问题而言,契约论的观点并没有被完全采纳,而是被主要运用到了同时适用于罗马市民和居住在罗马而无罗马公民权的万民法之中。

中世纪欧洲沿袭了罗马法中的契约论思想,并将其扩展至政治领域。奥古斯丁在《基督恩典和人的原罪》一书中指出,上帝及上帝之创造本是全然美善,但是人类之始祖亚当夏娃在伊甸园滥用了上帝所赋予的自由意志,上帝因此赐罪于他们并将他们放逐。所以,人类生来便有受罪之奴役的性情,它(原罪)将人们引向罪恶的深渊,使人们以天然负罪者的姿态存活于人世且难以自拔。但是,上帝的恩典又使我们生于恶却向于善,所以我们主动寻求救赎以恢复善良之本性:构建上帝之城,服从永恒之律,以获取精神世界之欢愉与安宁;构建世俗之城,服从尘世之律,以求得物质生活之和谐与安全。此处的"城"(civitate)意指社会,即一群理性之人通过其所爱之事物达成共同协议而结合起来的人之群体。不同于奥古斯丁的遗传式原罪理论,阿奎那将政治社会之起源归为人对德行的追求。他认为人天生是政治性的动物,具有趋吉向善的自发倾向,上帝给了他较之于其他动物更为无助和贫困的出生,却赋予了他理性、语言和双手。当人类发现单凭个人之力量无法确保生存时,他们组建了家庭,以获得生命延续所需的必需品;当人类发现家庭无法独自提供生存所需的一切物质资料,且无法将人引向道德之完善的时候,他们组建了政治社会(国家),使家庭的目的服从于自己的目的(人的整体利益),以获得公共幸福,并使道德趋于完满。总体来讲,中世纪的契约论旨在解决"如何统治"的问题,是一种规定了统治者与被统治者之间权利义务关系的协议,集限制王权与为王权辩护为一身,与统治者相对应的订约一方为整体公民之集合,而非公民个人,因其并没有对"谁来统治"这一问题予以回答,所以,这一时期的契约更偏向于是一种"政治契约",而非"社会契约"。

经过中世纪的洗礼,人们又重新找回了理性,到了17、18世纪,宣传人类理

① [古罗马]西塞罗:《论共和国论法律》,王焕生译,中国政法大学出版社1997年版,第39页。

性和自然法的运动达到了顶峰,人们主张权威是个人的、独立的、认识的活动,而非神的启示抑或教会的教令,认为集体或个人应独立审慎地选择方案去指导他的生活、行为,而非依习惯去摸索,或听令权威或情绪的摆布。1651年《利维坦》的问世,开启了社会契约论的黄金时代,霍布斯、斯宾诺莎、洛克和卢梭等学者一致认为,在人类进入文明社会以前,存在一个没有国家、政府和法律的自然状态,人们拥有理性,且享有普遍的与生俱来的自然权利,碍于自然状态的暂时性,人们放弃了自然状态下的全部或部分权利,把它们交给一个人或一个集体,该个人或集体基于人们转让的自然权利而拥有主权,并由此形成了国家(政治体)。尽管各学者在关于自然权利放弃的程度、政体建立的方式以及民主的程度等问题的阐述上存在某些差异,但其所要解决的时代问题却是较为一致的:本着个人主义的思考方式和强烈的理性主义精神,围绕近代国家建构这一主题,各学者对政府的起源、政治权威的合法性来源以及政治服从的正当性等问题进行了深入的分析和论证,并给出了相应的答案。社会契约理论在17、18世纪盛极一时,但是由于不符合历史事实的原始状态假设以及对人性千篇一律的理想化假定,社会契约论受到了来自经验主义法学、哲理法学、分析法学、历史法学以及现实主义法学等多方的批判,法国的大革命的阴影亦使其在政治实践中遭到了非议。

1971年罗尔斯《正义论》的问世将社会契约论再一次带回了人们的视野,"这一次大师的声音没有落入'早期三杰'的那种空谷绝响式的寂寞之中,而是迅速在学术界引起反响,掀起了大规模的社会契约论讨论的'产业'"。① 以洛克、卢梭和康德的社会契约理论为基础,罗尔斯在"原始状态"的条件下,提出了"无知之幕"的选择理论。这一理论建立了一个原始状态的假说,其主要特征是:任何人都不知道他在社会中的地位、身份或是阶级立场,也不知道自己在分配天赋和才能中的命运如何,因此人皆不自利且不利他,相互处于一种冷淡的状态。② 罗尔斯以"无知之幕"来保证人们在选择正义原则之时不会由于自然或社会的偶然机会而得利或是吃亏,其使所有人成为平等,因此,每个人都可以提出自认为合理的方案以供选择,并提出他接受这种方案的理由,基于此,公正原则就成为了公正的协议的产物。虽然,以公平正义为核心的当代社会契约论产自早期社会契约论,且沿用了其中的一些传统概念,甚至将社会契约论推进到了更高的水

① 包利民:《当代社会契约论》,江苏人民出版社2007年版,第1页。
② [美]罗尔斯:《正义论》,何怀宏等译,中国社会科学出版社1988年版,第2页。

平,但就主要思想而言,两者已经有了质的差异。

总体来讲,从辉煌到落寞,再到重出江湖,社会契约论由一个具有革命性和建构性的政治理论发展成为一个具有分析性和批判性的伦理准则,可谓一波三折。唯一不变的是,没有越过康德在其对于“假想契约”的分析中所指出的社会契约理论与政治实践之间的鸿沟,“这一契约作为人民中所有的个别私人意志的结合而成为一个共同的和公共的意志,却绝不可认为这就是一项事实,它的确只是纯理性的一项纯理念,但是它却有着不容置疑的(实践的)实在性”①。

三、理论模型:三种典型的社会契约论

如前所述,在阐述政权组织和统治合法性的时候,社会契约论是无法回避的理论假设,而在进行逻辑假设与实际运用的过程中,必须要解决的理论难题是:人生而自由,个人具有独立的意识,可以独立审慎地选择指导其生活与行为的方案,为什么需要服从政治权威的统治?服从的必要性又从何而来?为了回答这一理论难题,社会契约论者建构了不同的理论模型,其中以霍布斯、洛克和卢梭的理论模型最为典型。

(一)霍布斯:权威主义

霍布斯认为,人类所做出的一切活动皆受深植于其本性的两种激情所驱使:一是使人们朝向或趋近于某种事物的欲望;二是使人们逃离或疏远某种事物的嫌恶。换言之,人类与生俱有“趋利避害”与“自我保存”的本能,即千方百计欲求对己有利之物(霍布斯称其为“永无休止的权势欲”②),极力逃避或是厌恶于己有害之物。而在单纯的自然状态之中,人们拥有相同的自然权利,这意味着每个人都可以运用自己的力量来保全天性,满足自我保存的欲求。而混乱无序的自然状态容易陷入“一切人对一切人的战争状态”之中。人类基于趋利避害的本能,一些自然形成的法则(自然律,霍布斯称其为“正确理性的指令”)获得了普遍的遵守,包括寻求和平、信守和平且利用一切办法保卫自己。但是私人之间和平契约无法获得普遍的遵守,在利益受损之际亦无法获得强有力的救济。在这

---

① [德]康德:《历史理性批判文集》,何兆武译,商务印书馆1990年版,第201页。

② [英]霍布斯:《利维坦》,黎思复、黎廷弼译,商务印书馆1986年版,第72页。

种情况下,弱小的个人便求助强大的集合体,他们将自己在自然状态下的权利(权力)让渡给某个人或某个由多人组成的集体,由其来代表自己的意志与人格。集合体的人格是唯一,每个个人应当服从于这一集合体,接受集合体的统治。

这一集合体即主权者,他具备至高无上的权威和地位,以达到对内谋求和平、对外互相抵御外敌的目的。相较于强大的主权者而言,缔约之后的人们(臣民)所拥有的权利和自由则大幅缩水,"在法律未加规定的一切行为中,人们有自由去做自己理性认为最有利于自己的事情……臣民的自由只有在主权者未对其行为加以规定的事物中才存在……"①例如,基于自我保存的天性,人们在转让出妨碍他人的权利的同时保留了防卫自己的权利,他们有违背主权者命令其杀死自己的自由,有当主权者无法保护其生命时另寻庇护的自由,有生命受到威胁时解除原契约的自由,但这些看似绝对的权利和自由却受限于国家的和平与安全。霍布斯认为,这种权利和自由的受限对个人来说是应当被容忍的,同时也是值得的,因为"任何政府形式可能对全体人民发生的最大不利,跟伴随着内战而来的惨状和可怕的灾难相比起来或是跟那种无人统治,没有法律与强制力量以约束其人民的掠夺与复仇之手的紊乱状态比起来,简直是小巫见大巫"。②

霍布斯构建了一个不具有政治权威的自然状态,赋予其中的人们以绝对的自由,又让其因绝对自由而致的痛苦心生恐惧,使其自愿选择脱离自然状态以进入政治社会,自愿让渡权利以构建契约下的政治权威。③ 人们在幕前基于自由意志作出每一个选择,霍布斯在幕后握着绑在人们身上的两根线(自由和人性),演一场木偶戏。因此,基于霍布斯的权威式社会契约论,个人自由得以服从政治权威源于人类自身的恐惧,而不是政治权威本身。

(二)洛克:自由主义

"为了正确地了解政治权力,并追溯他的起源,我们必须考究人类原来自然地处在什么状态。"④与霍布斯之抽象的人性观相比,洛克对自然状态的描述更为细致和完整。他认为,人类的自然状态是一种自由、平等且不放任的完备无缺的状态,所谓"自由",即人类能够自由独立地行使权利;所谓"平等",即一切权力

---

① [英]霍布斯:《利维坦》,黎思复、黎廷弼译,商务印书馆1986年版,第165页。
② 同上书,第141页。
③ 胡峻峰:《从社会契约看个人自由与政治权威的协调》,载《边缘法学论坛》2018年第2期。
④ [英]洛克:《政府论》(下),叶启芳、瞿菊农译,商务印书馆1964年版,第5页。

与管辖权都是相互的，没有人享有高于另一个人的权力，人们毫无差别地享有自然界的一切条件，不存在从属与受制的关系。[1] 所谓“不放任”，即“虽然人具有处理他的人身或财产的无限自由，但是他并没有毁灭自身或所占的任何生物的自由，除非有一种比单纯地保存它来得更高贵的用处要求将它毁灭。”[2]在人类禁止毁灭自身之外，还负担着不得侵害他人的义务。当某人实施了侵害他人的行为，应当受到相应的惩罚和承担相应的赔偿。对于被侵害的人来说，这项要求惩罚和赔偿的权利具有义务性，不可随意放弃（“谁使人流血的，人亦必使他流血”[3]）。基于此，每个人都把生命置于进行防御和进攻的其他任何人的权利之下，面临生命丧失的危险（与霍布斯之持续性的战争状态不同，洛克认为战争状态只是自然状态很有可能出现的一种极端情况，所以在洛克的理论里，恐惧不再是推动人类摆脱自然状态的主要原因）。自然状态的弊端还在于缺乏明确的法律、具有政治权威的统治者和有力的法律执行者。[4] 这些弊端使个人的财产和人身处于不稳定的状态之中，因而就需要一种新的社会关系来替代旧的社会关系，使个人的财产和人身处于确定之中。

实际上，洛克对于自然状态的表述是前后不一的。在谈及自然状态的不放任性时，洛克称人们之所以不放任，是因为人们共同接受永恒自然法的约束，该自然法体现了理性，教导人们如何过有理想的生活，基于此，人人皆为执行自然法的法官。然而在谈及自然法的缺陷时，洛克却指出了自然法难以发挥作用的种种不足。该理论矛盾实际上是由洛克在中世纪以来的自然法传统与霍布斯的自然法理论之间的犹豫所导致的，前者以天启的理性作为其理论实质，将良心的自省等同于自然法，末日审判是其强制力的来源；后者从人性下手，将自然法的强制力来源归为个人对恐惧之情感的排斥。在考虑自然法如何发挥其作用之时，洛克既不想传承中世纪的超现实，又不想延续霍布斯的感性，于是选择了个人之理性作为自然法的效用来源。所以依靠理性的光辉，人类构建起具备建立在契约之上的一整套完善的政治组织和政治社会。由于人们内心并不存有绝对的恐惧，所以在订立契约时，契约所约定的权利让渡是有限的：(1)不完全让渡为了保护自己和他人而做任何事情的权力；(2)对于制裁犯罪的权力完全让渡。基

① [英]洛克：《政府论》(下)，叶启芳、瞿菊农译，商务印书馆1964年版，第3页。

② 同上书，第4页。

③ 同上书，第9页。

④ 同上书，第78页。

于此,政府的权力是有限的,其权力"绝不容许扩张到超出公共福利的需要之外,而是必须保障每一个人的财产,以防止自然状态之缺陷"。① 对于政府权力,为了最大限度遏制其扩张的空间,在霍布斯那里统一的至高无上的政治权力被洛克划分为立法权、执行权与对外权三种权力。立法权产生于人民,乃最高之权力("人民参加社会的重大目的是和平地和安全地享受他们的各种财产,而达到这个目的的重大工具和手段是那个社会所制定的法律"),执行权与对外权皆受立法权的统御,三种权力相互制衡,已达到洛克所设计的有限政府之构想。值得一提的是,在分权之外,洛克还赋予了人们以反抗暴政的权利。

为了解决个人自由应当服从政治权威的理论难题,"同意理论"应运而生。如前所述,看穿了自然状态之缺陷的个人基于自由与理性的选择订立了契约,这种契约订立到政治服从是个人理性选择的结果,是以个人自身同意为前提的。另外,洛克引入"委托理论"对政治权威之来源做了解释。洛克明确区分了政府与政治社会的概念,政治社会之权力源自契约的让渡,是个人自由的延伸,而政府之权力来自政治社会的委托,受制于政治社会。社会权力与政府权力是委托与被委托的关系,这二者皆来自人类契约权利的让渡,缺一不可却又相互矛盾。("人民只有在无政府的社会中才能主动地行使至上权力……在政府之下人民的至上权力完全是隐蔽的。"②)

(三)卢梭:共和主义

古希腊时期的西方政治哲学倡导追求善和正义的美德政治,由马基雅维利开启的现实主义政治学则将美德政治推向利益驱动的生存政治,经由霍布斯与洛克的发挥,个人成为思考政治问题的起点,生存与利益继而取代正义成为政治哲学的终极目的。多数人将美德政治向现代生存政治的转型誉为近代哲学最主要的成就,然而卢梭却认为,现代政治建立在对人的错误理解之上,其致力于实现国家之自我保存的目的,却忽视了人类之幸福,甚至与其背道而驰。因此,这一转型不仅是对政治本身的误读,更是政治哲学的堕落。基于对现代性的反思以及对美德政治的哀悼,与前两位学者的主观色彩浓重的假设不同,卢梭眼中的

---

① [英]洛克:《政府论》(下),叶启芳、瞿菊农译,商务印书馆1964年版,第80页。

② [美]列奥·施特劳斯、约瑟夫·克罗波西:《政治哲学史》(上),李天然译,河北人民出版社1993年版,第500页。

自然状态是中性的,不涉利益纷争的。生活在自然状态下的人类只拥有对自己欲望的保存以及对同类苦难的同情怜悯这两种生物最为基础的情感,唯一能使其区别于动物的,是意志的自由和自身的可完善性,所以不平等几乎不存在于自然状态之中,直到私有财产的出现。私有制导致了富人与穷人的区别,欲望急剧膨胀,人类社会因此具有了统治和奴役、暴力和掠夺。为了消除财产被暴力夺走的顾虑,富人与穷人协商建立公民社会契约,将个人之力量集合成为一个最高的权威,并通过制定贤明公正的法律以保护共同体中的每一个人。但是契约的签订是一把"双刃剑",在给共同体的成员带来安全的同时,也不可避免地造成新的不平等。与自然状态中人类生理上的不平等不同,新的不平等脱离了生理,转变为道德和法律平等之下的财富、地位、阶级上的不平等。("它们给弱者以新的桎梏,给富者以新的力量;它们永远消灭了天赋的自由,使自由再也不能恢复;它们把保障私有财产和承认不平等的法律永远确定下来,把巧取豪夺变为不可取消的权利;从此以后,便为了少数野心家的利益,驱使整个人类忍受劳苦、奴役和贫困"①)

如前所述,在新的不平等出现的时候,人类"要寻找出一种结合的形式,使之能以全部共同的力量来保卫和保障每个结合者的人身和财富,并且由于这一结合使每一个与全体联合的个人又只不过是在服从自己本人,并仍向过往一般自由。"和洛克相类似,卢梭在契约签订时同样对于个人权利作出了限定。但是与洛克限定转让权利范围不同,卢梭要求在契约签订时将个人权利完全转让。由全部个人权利过渡而组织的集合体拥有无可置疑的公意。它既是主权者的成员,构成主权者意志的组成部分,又是国家的成员,绝对服从主权者的意志,其形成之目的在于按照公意的指导(法律)进行国家的创制,以保护联系整个政治共同体的公共利益。基于以上限定,人类丧失了他天然的自由以及得到一切东西的权利,但与此同时,他也得到了社会的自由以及享有一切东西的所有权。

谈及政府问题时,卢梭首先对行政权力进行了分析。他认为,行政权力不具备立法权所具有的普遍性,因此,行政权力不适宜由主权者加以行使,在主权者与臣民之间建立一个可以行使行政权力(执行法律)的中间体更为妥当,如政府。卢梭认为,从本质上来讲,政府不过是主权者的执行人和代理人,以主权者之名行主权者所委托的权力。基于人民与主权者之间的代表关系以及主权者与政

---

① [法]卢梭:《论人类不平等的起源和基础》,李常山译,商务印书馆1962年版,第128页。

府之间的委任关系,如若主权者违反其与人民之间的约定,欲以自己的意志来取代公意和法律,那么,政府与主权者之间的委任关系亦即打破,政治体随之解体。

卢梭首先赋予了自由以更深刻的内涵。霍布斯认为,不受外在限制做想做之事即为自由;洛克认为,在自然法的范围内自主行事不听命于他人之意志即为自由;卢梭则认为自由的本质应当是个人的意志自由。比意志之自由更高一层的是道德自由,"唯有道德才使人真正成为自己的主人,因为仅有嗜欲的冲动便是奴隶状态,而唯有服从人们自己为自己制定的法律,才是自由。"①基于对高层次道德自由的追求,人们通过契约进入政治社会,以期将原始的自然自由升格为公民自由。卢梭的"强迫自由"理论将建立政治社会视为人们发自内心的自由行为,无关内心恐惧,亦无关外在强制。由于该理论略显牵强,所以卢梭巧妙地将道德自由替换成了社会公意("任何人拒不服从公意的,全体就要迫使他服从公意"②),为其惨遭非议的"强迫自由"理论寻得了借口。值得一提的是,卢梭提出了主权在民思想以解决政治权威的归属问题,每个公民皆为立法权的享有者,政府权力之行使须以法律为限,否则人民有权将其予以废除。

四、重构:政治权威与个人自由的建构进路

当传统的社会契约面临急速变化的社会时,其固有的理论缺陷无法完满解决个人自由与政治权威这二者间天然的矛盾属性,很难在实践层面通过制度的建构使二者达到平衡。面对政治权威与个人自由的理论张力,法治国家的介入使二者的平衡有了新的建构进路。

(一)理论张力

个人自由和政治权威,这二者是政治理论建构所不可回避的问题,社会契约论认为这二者之间存在一种特殊的张力。一方面,个人自由是政治权威的渊源。政治权威归根到底是一种人类意志的产物,在社会契约论的理论假设中,是自然状态中的人出于某种利益考量而自愿建构出的集合体,若缺乏个人自由的合意,

---

① [法]卢梭:《社会契约论》,何兆武译,商务印书馆2003年版,第19页。

② 同上书,第29页。

则政治权威会沦为无根之水，缺乏存在的事实前提。另一方面，政治权威由个人自由产生却高于它。个人自由的权利边界是有限的，需要受到政治权威的约束。政治权威拥有个人自由所无法涵摄的制裁力量，当个人自由与政治权威发生冲突时，后者往往会占据上风。在现代社会，个人自由往往会被称为个人权利，而政治权威则被称为国家权力。在某种意义上，权力和权利的边界是彼此相互排斥的，一方范围的扩张必然会使另一方的范围缩小。个人自由与政治权威之间的纠结关系使两者之间的张力成为必然，如何走出"以个人为起点，终点却是国家"的逻辑困境，由此成了社会契约论的核心问题。

个人是零散的，渺小的，而与之相对的政府（国家）却是强大的，为了使二者在一定程度上维持均衡，需要一种特殊的机制进行沟通和对话。在人类历史上，自然天性、宗教力量（上帝）先后充当了沟通的中介。而社会契约论者创造性地提出了集个人自由与利益为一身的"政治社会"这一最具代表性的媒介，自此，个人与国家之关系被分解为"个人与政治社会之关系"以及"政治社会与国家之关系"，使原先以教会与国家分立之基督教二元主义为基础的西方社会二元主义变为以社会与国家分立之世俗二元主义为基础而再度出现。① 值得注意的是，近代契约论本质上是社会契约而非政治契约，所以政府的产生并非直接源自契约而是基于政治共同体的委托授权。换言之，个体权利让渡的对象是政治社会而非政府，拥有至高权力的主权者是政治社会而非政府，政治社会对政府保留了最终的制约手段。从这个意义上来讲，政治社会不仅同时代表了个人自由与政治权威，亦同时约束了个人自由与政府权力。

在社会契约的理论建构中，关于政治权威的不同概念和术语往往被混用，这也导致了现实层面中个人自由和政治权威之间关系的紧张。"政治权威"是社会契约论者所虚构出的理论假设，在现实社会中是无法找到的。现实社会仅仅存在"政府（国家）权威"，其与"政治权威"是无法等同的，因而天然缺乏"政治权威"与生俱来的公信力和权威。民众对政府（国家）权威缺乏一种天然的认同，一旦政府（国家）的行为被认为是侵犯个人自由的，质疑和批评便纷至沓来，政府权威便会不可避免地下滑。而为了维护权威，政府（国家）往往采取更为严格的管理措施，进一步压缩个人自由的权利空间。这种天然的逻辑困境使个人自由与政治权威很难摆脱失衡的境遇。

---

① ［美］弗雷德里克·沃特金斯：《西方政治传统》，李丰斌译，新星出版社2006年版，第65页。

(二)法治国家的介入

在社会契约理论之中,政府(国家)是代表政治权威的存在。而如果从一个历史的纬度观察,政府(国家)的真正权威能够树立的关键在于给国民与其利益相关的自由。泰格在《法律的资本主义兴起》一书中,描述了公元1000～1804年威尼斯东方贸易的兴起,以至英国清教革命、光荣革命、启蒙运动、法国大革命,而在历史变迁和政权更替的背后,始终贯穿的就是契约和产权的变化。当私人间订立的契约被政府(国家)所认可,并通过颁布法律予以保护之时,就意味着该政权开始获得政治权威;而当私人产权被写入法律之际,这不仅意味着公民的财产自由获得保障,也同样意味着政府的政治权威获得了极大的确立。①

法理学和政治学思考的基本问题都来自一种不合理的双重经验:现存的不合理秩序与自身起源而导致的理想共识。人们努力地消灭或者摆脱彼此在等级制度中的奴隶状态,以获得相对的个人自由,同时致力于能在克服社会等级所具有任意性的基础上,确立具有最广泛的权力形态,即政府权力。② 而政府权力并不能始终获得国民的拥护和尊重,这种权力想要真正并长期发挥作用的途径是政府权威的确立。在人类政治文明的演变过程中,人类自然的天性结合、上帝和宗教以及政治领袖的独特个人魅力都宣告了失败,只有法律的统治才能在最大程度上确立政府权威。法律的统治反映到政权结构上来说就是法治国家和法治政府,国家和政府权力的运行由法律所规定,权力的边界不得超出法律的框架,这样才能确立法律的权威,进而确立政府的权威。

为了协调个人自由和政治权威平衡,专制(人制)国家进行了长达数百年的努力,但是历史和现实证明了专制国家不能充分协调二者的平衡。在专制国家的话语体系和国家结构中,缺乏严格意义上保护和尊重个人自由的法律体系。所谓的法律制度本质上都是为专制者服务的,为了维持不正当的统治利益,专制政权的政治权威会在最大程度上扩张自身权利,而压缩个人自由。当个人自由被压缩到社会生产力发展的临界点时,反而会形成摧毁旧秩序和旧权威的洪流。在世界人权史上具有里程碑意义的《人权宣言》,就是呼唤个人自由,反对专制权

① [美]泰格、利维:《法律与资本主义的兴起》,纪琨译,学林出版社1996年版,第160页。

② [美]昂格尔:《现代社会中的法律》,吴玉章、周汉华译,译林出版社2001年版,第170页。

威的最生动写照。[①] 需要注意的是,在提倡和弘扬个人自由的同时,也需要强有力的政治权威来进行法律的统治,通过法律界定政治权威和个人自由的边界,使二者达到动态的平衡。而一旦政治权威衰落,个人自由则有走向自我毁灭的风险。[②] 极端的民主自由理念热衷于追求政府应当为他们的目的效劳,而不是个人应当受到保护,不受行政机关权力的侵害。[③]

结　语

在当下,伴随新旧制度的碰撞和社会利益结构的分化,政治与社会的关系也从单一政治主导型趋于政治社会共治型。而政府的角色转换准备并不充分,转型期间的阵痛不可避免。尤其是面对急速膨胀的社会肌体和不断涌现的社会经济矛盾,侵犯公民的个人自由现象大幅出现,导致政府权威受到质疑与动摇。而政府权威必须建立在个人自由的基础之上,在充分保障个人自由的前提下,从社会契约论思想出发,通过探究政府权威的来源、发展以及其与个人自由之间的关系,通过法治国家的发展路径,才能树立和巩固政府的政治权威。

---

① [英]哈耶克:《自由宪章》,杨玉生、冯兴元、陈茅等译,中国社会科学出版社 2012 年版,第 300 页。

② 法国大革命即是明证,法国大革命原先是朝着加强个人自由的方向努力的,然而却以失败而告终,究其原因就在于个人的自由权利过于庞大,而政府的政治权威降到最低点。

③ [英]哈耶克:《自由宪章》,杨玉生、冯兴元、陈茅等译,中国社会科学出版社 2012 年版,第 302 页。

中国古代公案小说的法律文化研究
——以《初刻拍案惊奇》为例

李雅婷*

摘　要　我国古代小说,尤其以明清时期发展最为鼎盛,其中明代较为出名且反映了古代市民阶层生活而在民间流传甚为广泛的是“三言两拍”,即明代冯梦龙所著的“三言”:分别是《喻世明言》、《警世通言》和《醒世恒言》;凌濛初的“两拍”:《初刻拍案惊奇》和《二刻拍案惊奇》。这类短篇小说集内容复杂多样,人物类型丰富,同时其中大量章节包含复杂法律关系,反映了当时的法律思想。本文将以“三言两拍”中的《初刻拍案惊奇》为例,结合作品问世时的社会背景,对该书蕴含的法律文化进行分析研究。

关键词　中国古代小说　中国古代社会　法律文化

一、《初刻拍案惊奇》形成背景

《初刻拍案惊奇》(以下简称《初刻》)是明朝末年生人凌濛初编著的一本小说集,作者通过收集民间野史作为自己创作的灵感来源,题材和内容主要是根据前代所作。此书通过从各个方面对明朝市民经济的发展进行描

---

* 华南理工大学法学院2017级本科生。

述,从而反映出当时社会发展趋势,突出了当时社会盛行的享乐之风。更有学者认为,凌濛初的书也体现了明朝末年出现了资本主义的萌芽。《初刻》一书共 40 卷,其中涉及公案内容的有 12 卷,本文主要研究论述的是《初刻》中有关公案的十余篇小说内容。“公案小说与其他小说不同之处关键在于‘公案’二字,它既不同于犯罪小说侧重于如何犯罪,也不同于侦探小说重于揭开谜团,有其独特的核心——法律。确切地说是国家法。”①因此,在对中国古代小说的研究过程中也必须对中国古代历史和法律作一定了解。

明朝建立初期,局势尚未稳定,明太祖朱元璋出身农民,自年少时就参加起义反抗元朝,建立明朝后十分重视加强法律方面的建设,面对复杂的政治局势,朱元璋吸取唐律以及宋、元时期的法律经验,先后颁布了《大明律》《大诰》等一系列法律文件。《大明律》在明朝处于基本法典的地位,其修订过程也十分漫长,在朱元璋“重典”思想的支配下,呈现“重其所重,轻其所轻”的法律特征;《大诰》在大明律颁布施行以后出台,其在明朝律法中具有特殊地位,主要内容是整治贪官污吏相关的重要案件,主要目的是约束全国的官吏。这一系列法律的颁行,体现了朱元璋对朱熹关于“礼刑关系”主张的重视,以及“明刑弼教”的法律思想,不仅对明朝维护社会的稳定起到了重要的作用,而且也为清朝乃至近代中国立法提供了指导,在中国法制史上有着举足轻重的历史地位。

明朝政府进行了大规模水利建设,疏通大运河,从而使明朝农业发展速度加快,耕种面积扩大,生产技术进步,农产品作为商品的流通种类和速度进一步提高,进一步带动了手工业和第三产业的繁荣发展,经济水平的提升使市民阶层得以发展壮大,并成为足以影响民间社会各个方面的一个阶层。“虽然传统伦理道德思想在当时仍居主流地位,但随着经济的繁荣和思想解放思潮的影响,民众的自我意识也被逐渐唤醒。”②百姓的物质生活和精神生活逐渐丰富起来,享受着经济发展带来的福利,这为小说家提供了丰富的写作素材;人们在享受生活的同时也要受到法律的约束,否则就会受到严厉的惩罚,因此人人惧怕法律,从而不敢违反法律,这是统治者所希望看到的,而通过此类白话文小说则可以对稳定社会起到一定作用,同时老百姓希望国泰民安的美好愿望也通过这类小说体现出来。

---

① 徐清华:《从法律的角度看“二拍”中的公案小说》,载《长江师范学院学报》2012 年第 3 期。

② 陈雅丹:《“三言二拍”公案题材小说的法律文化研究》,陕西理工学院中国古代文学系 2016 年硕士学位论文,第 5 页。

二、《初刻拍案惊奇》中公案小说的主要内容

如前所述,《初刻》中公案类小说共有十二卷,以表格形式呈现于下(见表1):

表1 《初刻》中公案类小说

序号	卷名
卷二	《姚滴珠避羞惹羞郑月娥将错就错》
卷六	《酒下酒赵尼媪迷花机中机贾秀才报怨》
卷十	《韩秀才乘乱聘娇妻吴太守怜才主姻簿》
卷十一	《恶船家计赚假尸银狠仆人误投真命状》
卷十三	《赵六老舐犊丧残生张知县诛枭成铁案》
卷十四	《酒谋财于郊肆恶鬼对案杨化借尸》
卷十七	《西山观设箓度亡魂开封府备棺追活命》
卷十九	《李公佐巧解梦中言谢小娥智擒船上盗》
卷二十六	《夺风情村妇捐躯假天语幕僚断狱》
卷二十七	《顾阿秀喜舍檀那物崔俊臣巧会芙蓉屏》
卷二十九	《通闺闼坚心灯火闹囹圄捷报旗铃》
卷三十六	《东廊僧怠招魔黑衣盗奸生杀》

笔者将这十二卷依据案件的主观方面分为四类,分别是:婚姻爱情类、男女奸情类、家庭纠纷涉及伦理类以及谋财害命类。下面分别对这四种类型展开介绍。

1. 婚姻爱情类公案。此类小说讲述内容多为男女相恋但一方父母不同意婚事,或者两方约定婚事后,一方悔婚的,涉及两方甚至还有第三方介入纠纷,而后求诸司法机关,如《韩秀才乘乱聘娇妻吴太守怜才主姻簿》(卷十)、《通闺闼坚心灯火闹囹圄捷报旗铃》(卷二十九);其中《韩秀才乘乱聘娇妻吴太守怜才主姻簿》主要讲述一位叫韩子文的穷秀才家境贫困潦倒,无人愿意将女儿许配给他,后因讹传朝廷要在当地选绣女,开典当的金朝奉怕女儿被选去,就匆忙地与韩子文定下亲事,选秀风波过后又反悔,准备将女儿另嫁他人,后来官府为韩子文讨回了公道,而韩子文最终也飞黄腾达。

2. 男女奸情类公案。这类案件主要讲述妇道人家受诱惑主动或被迫与丈夫

以外的人私通，后被揭发，司法机关由此介入；如《姚滴珠避羞惹羞郑月娥将错就错》（卷二）、《酒下酒赵尼媪迷花机中机贾秀才报怨》（卷六）、《西山观设箓度亡魂开封府备棺追活命》（卷十七）、《夺风情村妇捐躯假天语幕僚断狱》（卷二十六）；其中《酒下酒赵尼媪迷花机中机贾秀才报怨》讲述的是一赵姓尼姑，心肠歹毒，经常帮助心术不正、淫乱之人诱惑妇女私通而谋取钱财，后被一秀才杀害的故事。

3. 家庭纠纷涉及伦理类公案。主要包括孝道观念、财产分割、老人过世之后遗产继承和分配等方面问题。如《赵六老舐犊丧残生张知县诛枭成铁案》（卷十三）、《西山观设箓度亡魂开封府备棺追活命》（卷十七）；其中，《赵六老舐犊丧残生张知县诛枭成铁案》主要讲述主人公赵六老因溺爱儿子而为其花光积蓄，后家道中落，为儿子娶亲而欠债，但儿子儿媳不孝顺，不肯还债，赵六老只得想法子半夜从儿子家里偷东西还债，被儿子当作小偷杀害，后官府判赵六老之子赵聪违背孝道，赵聪入狱，最终死在牢中。

4. 谋财害命类公案。此种类型小说主要讲述为谋财而将人杀害的故事，多数案件通过鬼神得以侦破。如《恶船家计赚假尸银狠仆人误投真命状》（卷十一）、《酒谋财于郊肆恶鬼对案杨化借尸》（卷十四）、《李公佐巧解梦中言谢小娥智擒船上盗》（卷十九）、《顾阿秀喜舍檀那物崔俊臣巧会芙蓉屏》（卷二十七）、《东廊僧怠招魔黑衣盗奸生杀》（卷三十六）；其中，《李公佐巧解梦中言谢小娥智擒船上盗》讲述的是主人公谢小娥和家人乘船时，不幸遭遇了以在江上抢劫为生的盗贼，谢小娥的家人均被杀害，只有她侥幸逃脱，后得父亲和丈夫托梦，得知凶手姓名，最终为家人报仇。

在这些公案小说中，《西山观设箓度亡魂开封府备棺追活命》（卷十七）一篇，既涉及男女私通之事，又涉及家庭伦理中的孝道，稍微复杂一些；《酒谋财于郊肆恶鬼对案杨化借尸》（卷十四）、《李公佐巧解梦中言谢小娥智擒船上盗》（卷十九）、《东廊僧怠招魔黑衣盗奸生杀》（卷三十六）这几篇当中，案子的侦破与鬼神或托梦有很大关联；7 篇小说涉及刑事案件，分别是卷六、卷十三、卷十四、卷十九、卷二十六、卷二十七和卷三十六；所有公案小说最终都有一个令读者满意的结局，坏人或被受害者索命、或被官府定罪处罚，即使坏人未被判死刑，也都死于牢中，或在受罚时死亡，这体现了古代小说中善恶终有报的理念，满足了百姓的内心诉求。

三、公案小说内容所体现的法律文化

朱苏力先生认为,文学作品作为研究材料的价值,“并不在于作品中的人物和时间本身是否真实发生过,而是事物显示出来的人物关系和普遍意义”。① 许多学者也认为,文学作品可以是观察和理解法律的窗口。《初刻》中有关法律的描写和实际运用体现了明朝社会的法律理念,虽然有些故事的发生时间并不在明朝时期,但由于故事是经过作者加工改造的,必然体现了作者的主观思想、从而体现了作者生活时期的法律思想和文化,“它们以民间化的叙事视角,表达了小民百姓对社会事物的观察、情感乃至愿望。尤其是其中的法律故事,在一定程度上民间百姓的法律观念。此类通俗小说正是解读民间法律文化不可多得的材料”。②

(一)百姓的法制观念

我国古代夏商周时期,无论刑事案件还是民事案件,诉讼构造均为弹劾式,只有自诉而无公诉,审判机关不告不理,当事人的诉讼地位平等。自秦汉时起,起诉制度为纠问式,增加了官员纠举一项,即官员可以主动追查案件,而官员主动纠举这一行为在《初刻》小说中几乎没有体现,笔者认为,这与中国古代深受儒家思想影响有关——儒家在法律制度方面倡导“无讼”,孔子有云:“听讼,吾犹人也,必使无讼乎!”,③意为:听取诉讼案件的调查审理,大家都怀着一样的目的,也就是使诉讼不再发生。统治者将无讼当作永恒的政治追求,既然无讼思想是国家正统思想,那么官僚们很少主动纠举追查则可以理解,否则只会徒增纠纷困扰;而百姓也深受“无讼”“息讼”思想影响,只是随着社会的发展,民间出现大量待解决的纠纷,这种情况下,统治者想要达到“无讼”的政治理想几乎是不可能的,诉讼活动一定会发生,甚至还会发生得很频繁。

通读《初刻》中的公案小说,笔者发现,无论是家庭纠纷涉及的民事纠纷还是谋财害命涉及的刑事纠纷,当事人(原告)基本都是报官,希望官府帮助解决纠

---

① 苏力:《法治及其本土资源》,北京大学出版社2015年版,第40页。

② 万爱玲:《从三刻拍案惊奇看明代民间的法观念》,南昌大学法学系2012年硕士学位论文,第4页。

③ 《论语·颜渊篇》。

纷。如《姚滴珠避羞惹羞郑月娥将错就错》(卷二)这一卷中,出嫁到潘家的姚滴珠无缘无故不见以后,姚的父母并没有到潘家去质问或者大吵大闹,而是立刻联系讼师,与其商量如何状告潘家。讼师类似于现在的律师,主要工作是受人委托,为其写状纸,以及谋划如何在一场官司中取得有利条件。这体现出当时的普通百姓已初步具有法律意识,当然这并不代表"无讼"思想已经不复存在,只是卷二中姚滴珠的父母经济条件较好,有能力选择诉讼来寻求女儿的下落。

而对于被告来说,他们面对诉讼也绝不坐以待毙,而是积极寻找讼师为自己辩护,以期减轻或者免除刑罚。如《恶船家计赚假尸银狠仆人误投真命状》(卷十一)中,一名叫王甲的坏人因涉嫌谋财害命而被抓进监狱,他有一名叫作邹老人的好朋友,是一名极为狡猾的讼师,众人对邹老人的评价是:哪怕你犯了十恶不赦的大罪,只要和他商量,就会有一条生路,于是王甲就委托邹老人为其讼师。这里王甲选择请讼师为自己辩护,以期逃脱刑罚处罚,也从侧面反映了古代司法实践中允许被告为自己寻找辩护人。

以上两个案件体现出古代法律制度体系已经一定程度的普及民间,百姓对于司法程序有一定的了解,面对纠纷,除了私力解决以外,还可以寻求讼师、官府的帮助;但是从罪犯犯罪的角度来说,他们之所以会选择犯罪,可能是因为在自身的思想观念上,他们不认为自己实施的是犯罪行为,或者认为自己实施的行为也许违法,但不至于被当作罪犯处罚,这是古代老百姓法制观念淡薄的体现。我国古代,老百姓对国家法律的了解不多,尤其是处于社会底层的人,他们或以种田为生,或沦为大户人家的劳动力,这类人由于自身地位低下,受到社会不平等对待,容易产生扭曲的心理,仇视社会,轻视国家法律,从而走上犯罪道路,如《初刻》卷十四《酒谋财于郊肆恶鬼对案杨化借尸》中,出身贫苦的于大郊因为二两八钱银子而将杨化残忍杀害。

(二)诉讼过程中的参与主体体现的法律文化

笔者将通过分析《初刻》中公案小说描写的诉讼过程,结合当事人、诉讼裁判者和涉及案件的第三人等主体,来探究小说体现的相关法律文化。

1. 原被告

早在春秋战国时期,就有原被告可以在法庭上进行辩论的事实,这一点在《初刻》中也得到了体现,如上提到过涉及刑事案件的《恶船家计赚假尸银狠仆人误投真命状》中的一个故事情节,当王甲被捕入狱之后,企图寻求讼师帮助,这从侧面反映出当时官府是允许被告为自己辩解的。法律要求原被告同时到庭,并针对特定案件进行庭辩。①

2. 法官

诉讼中,除了原告、被告之外,诉讼裁判者即现在意义上的法官则是起最重要作用的人物。法官一般由地方行政官员担任,如《初刻》中审案的知县、御史、府尹、太守等,他们代表的是不同级别的行政长官,最重要的职能之一就是担任法官,这也体现了我国古代行政和司法不分的现象。古代法官有较大的自由裁量权,一个案件的审理结果,除了与案件性质、案件事实和证据以及罪犯手段和态度等有关之外,还与审理者的个人素养和品质以及自身的断案能力和水平有很大关系,但是,法官判案还会受到许多法外因素的影响,如当时统治正统思想、社会的一般情理法观念等。例如,在吴春雷和司马守卫在其合作文章中提到的"中国古代的法治建设发展,受到儒家道德影响的痕迹相当明显"②

儒家强调孝悌思想,"入则孝,出则悌"③的意思是:作为子女在家要孝顺父母,作为兄弟姐妹在外要顺从兄长。《初刻》卷十三《赵六老舐犊丧残生张知县诛枭成铁案》一案,赵六老借钱帮助儿子娶妻,但是赵聪是个不孝的儿子,不仅不帮赵六老还债,还处处压榨他。后赵六老走投无路,设法去赵聪家偷东西抵债,被赵聪当成盗贼误杀,知县判案时,认为赵聪为制止罪犯而杀贼可以饶恕,但是不孝敬父亲则当诛,赵聪有多余的钱不孝敬父亲,使其父由于贫穷无力还债,不得不去赵聪家盗窃,这是十分的不孝,死不足惜。知县判案受到儒家孝悌思想影响,将赵聪判了死刑。而卷十九《李公佐巧解梦中言谢小娥智擒船上盗》中,主人公谢小娥为报杀父之仇,没有选择向审判者讨公道,而是自己亲手杀掉仇人,后惊动官府,在庭上受审时,太守说"……只是你不待报官,擅行杀戮,也该一死。"这表明法官判案受法治因素制约,法官绝不会将法律完全抛弃而独用道德进行审判。谢小娥没有寻求官府帮助而是擅自杀人,古代社会杀人者偿命,她理应被判死刑,而太守认为,从法律的角度来讲是这样,但是谢小娥孝行可嘉,有为父报仇的志气令人钦佩,不能以寻常的杀人案件判处,需要向朝廷申请降罪,免除其

---

① 贺增磊:《中国古代刑事起诉制度及其影响》,载《中南财经政法大学研究生学报》2014年第4期。

② 吴春雷、司马守卫:《从古代案例看中国古代法官疑案处理的特征》,载《政法学刊》2015年第3期。

③ 《论语·学而篇》。

死罪。后在太守的帮助下,朝廷赦免了谢小娥。这是审判者在审判时灵活变通的一种体现,审判者不是机械地裁判案件,而是要考虑社会影响等各个方面,结合了理性和情感两方面内容的判决结果更能为大众所接受,这也是审判者有人情,能明辨是非善恶的体现,也加强了审判机构的权威和公信力,更体现了情理价值的重要性,它往往作为法律背后的精神支柱而存在,为判决增添人性的色彩。①

因此,在古代一个案件成功判决,除了需要参照法律规范之外,还需以当时社会主流思想以及情理需要为依据,才能最大可能地做出令百姓满意、令统治者满意的判决。毕竟维护当事人利益并不是我国古代法治的主要目的,法官依据这些因素做出合理裁决的主要目的是统治人民,维护封建秩序,当然这些因素作用的前提是,法官清正廉明,刚正不阿。而《初刻》这本书中所有公案类小说,无论情节如何变化,法官形象都是清廉公正并且富有仁义之心的,作者通过结尾赋诗表达对判官的歌颂和赞美。如卷十一《恶船家计赚假尸银狠仆人误投真命状》中,作者给出结语:“囹圄刑措号仁君,吉网罗钳最枉人。寄语昏污诸酷吏,远在儿孙近在身。”赞赏判官的同时,也是对现实生活中存在的贪官的一种告诫和警醒;而在卷十七《西山观设箓度亡魂开封府备棺追活命》中,作者塑造了更加鲜明的一位清正廉洁的判官形象:寡妇吴氏因嫌其子达生阻碍她与一道观道士私通,便以不孝的罪名将达生告到官府,恰巧府尹是一名廉明,聪明且善于观察之人,最不喜欢忤逆的人,因此带着怒气审问达生,审讯过程中,达生丝毫不为自己辩解,还说母亲状告自己不孝,是自己的错。这令府尹感到疑惑,一方面认为这样的人不应该是不孝之辈,其中必有缘故,但另一方面又认为,可能达生是个善于利用他人心理的狡猾之人。府尹的一番心理活动表明其是个心思缜密的人,先是认为母亲告儿不孝的这桩案件有蹊跷,达生可能是被冤枉的,但又不做绝对结论,随后府尹为了证实自己的猜想,佯装要处死达生,并叫人跟踪吴氏,看她反映,随即发现了吴氏和道士的奸情。作者在本卷结尾写到:“又有诗单赞李杰府尹明察云:黄堂太尹最神明,忤逆加诛法不轻。偏为鞫奸成反案,从前不是浪施刑。”给予了李杰府尹极高的评价。

古代封建社会官员腐败现象十分严重,从我国历朝历代历史来看,一个王朝

---

① 吕田:《论传统中国司法过程中的情理考量》,浙江财经大学法学理论系 2017 年硕士学位论文,第 24 页。

往往伴随着政治腐败、统治黑暗现象迎来它的中后衰落期,此时民众期盼具备非凡洞察力的清官出现,因为在封建统治后期,百姓已经对当朝统治者产生了强烈的质疑,百姓将希望寄托在能够伸张正义的清官身上。[①] 作者凌濛初将百姓的这种期盼体现在拟话本小说这类文学作品中,人民在现实社会中所希望的事情在小说中得到了普遍的实现,使这类白话文小说更易引起百姓共鸣。

3. 证人

除了原告、被告和法官之外,诉讼中证人的参与也十分重要,凡是知道与案件有关事实的人均需要在审判机构作证,在古代法律中,证人出庭作证不仅没有补贴,涉及命案的相关证人还有可能遭到狱吏的拘押。证人证言是一项重要的证据,笔者将证人证言作为诉讼过程中的内容,这里不提及。

(三)诉讼过程中的证据来源

我国古代审判活动十分重视各种证据的运用,这与中国古代调查取证的技术不发达有很大关系,主要的定案证据包括被告的口供和证人证言,被告口供的获取常常与法官刑讯逼供联系在一起,原告的陈述在此不作详述。

1. 口供

我国古代诉讼十分重视口供,历代皆遵循"罪从供定"的原则,无论何种情况,只要被告人自愿认罪,案件就算审结,极大地提高了审判效率。但是,口供的获取并不容易,古代裁判者经常使用拷讯,也就是刑讯逼供的方式使被告认罪。

上文曾提到法律给予被告寻找辩护人的权利,但这并不意味着我国古代被告人的权利得到了充分的保障。在中国古代,被告人一旦因涉及刑事案件被逮捕,极有可能遭受刑讯逼供。如卷十一中的一处情节:知县叫人把王甲(犯罪嫌疑人)夹起,王甲由于是富贵出身,忍不住痛苦,只能招供;卷十七中的一处情节:府尹让人取夹棍将知观(嫌疑人)夹起来严刑拷打,要他招出实情。知观熬不得,便一一招供。又如卷二十六中,都司断事林大合在捉拿杀人犯老和尚时,让人取夹棍夹起,果然招出前情,林公又把小和尚智圆夹起,小和尚柔脆,刚套上刑具,便招供了。我国古代官吏通过严刑拷打来强迫嫌疑人招供,而古代刑讯手段多样且残酷,多数情况下嫌疑人只能屈打成招。

---

① 曾玲:《白话公案小说中的判官形象》,湘潭大学中国古代文学专业2008年硕士学位论文,第15页。

早在西周时期,审判者为了取得口供,可以任意使用刑讯,可见刑讯是合法的手段,这与我国古代办案人员奉行的实用主义也是分不开的。古代侦查手段十分落后,因此办理刑事案件严重依赖口供,而通过刑讯逼供可以相对轻松地获取口供,减轻了办案负担;①又由于我国古代审理案件施行的是有罪推定,在审判机构没有依据审判程序判决犯罪嫌疑人有罪之前,先推定被告就是实际犯罪者。在此原则下,被告在诉讼当中就处于十分不利的地位,即便无罪也可能因为无法承受极端酷刑而认罪,这容易导致冤假错案的产生,然而笔者在《初刻》一书中并没有发现关于刑讯逼供带来不良后果的内容,此小说主要表达的是官府通过刑讯逼供获得了足以定罪的口供,恶人得到了应有的惩罚。

但小说毕竟是一种艺术作品,与现实生活存在一定差距,《初刻》每一个公案故事最终的结局都实现了正义,这也表达了百姓希望官府能够代表他们惩恶扬善,最终实现实体正义的一种美好愿望。虽然刑讯逼供这一做法严重忽视了程序正义,而在古代审讯中是不可缺少的一道程序,这有助于在百姓中形成威慑力,从而维护法律权威、维护封建统治秩序,体现了文学作品的教化意义。值得一提的是,北宋时期,规定了"翻异别勘"制度,不再唯口供是从,检验和物证也逐渐成为定罪依据。

2. 证人证言

在中国古代,证人出庭作证也是证据制度的重要内容,在整个案件审理的过程中,证人证言是审判者审理的重要参考依据。古籍记载:"凡民讼,以地比正之"②,这是西周时期关于证人证言规定的文字记载,意思是只要涉及民间纠纷,则以邻居证人证言为依据,这里的民间纠纷不限于民事纠纷,还包括刑事案件。

《恶船家计赚假尸银狠仆人误投真命状》一案就涉及了证人证言制度,这起案件较为复杂,主要人物包括家住温州永嘉县的王生,卖姜的吕姓老农,渡头船家周四以及王生家中仆人胡阿虎。一日王生喝醉了酒,在和卖姜老农交流的时候起了冲突,王生将有痰火病的老农推了一把,老农闷倒在地,王生忙将老农扶进家中休息,后在老农休息好离开时王生又送了白绢给他,不久船家周四拿白绢和一具尸体来威胁王生说老农船上病发而死,并且死前要周四替他告官,王生害

① 陈兵:《解读现代"刑讯逼供"现象的根本原因——从我国古代拷讯制度合法化层面入手》,载《江西公安专科学校学报》2003 年第 4 期。

② 《周礼·地官·小司徒》。

怕事发,就给了船家周四一笔钱,此事告一段落,又不久,仆人胡阿虎和王生起了冲突,王生用竹片将胡阿虎打得皮开肉绽,胡阿虎气不过,就去官府将当年老农之死告了官。胡阿虎其实相当于此案的第三人,他在此案中为检举犯罪者,又做了证人,同时提供了重要线索——老农所谓尸体的埋藏地,经过一番指认,官府很快就派人将王生捉拿并收监,这起案件中,胡阿虎的证词几乎成了认定王生杀人的主要因素,不过随着剧情的推进,案情进展发生了较大的转变,当年的卖姜老农时隔多年来拜访王生,众人发现老农并没有死,只是当年在船上与周四说了被打之事,并将白绢卖与周四,周四又在湖上得一漂浮的尸体,就利用这些东西诈骗王生钱财,因此胡阿虎之前的证言全都被推翻,不过由于胡阿虎对老农未死之事也不知情,所以不算作伪证,但是法官以胡阿虎身为家奴却背恩卖主为由,将其重行责罚,活活打死。

3. 作为证据的超自然因素

另外,在《初刻》中,还提到了法官以超自然因素作为证据来判案的情况。如《酒谋财于郊肆恶鬼对案杨化借尸》中,杨化被人杀害,心有怨气,借凶手本户居民李氏的身体来替自己伸冤,杨化借李氏之身在法庭上自报家门,并将凶手如何杀他一一叙述,根据他的陈述,官府找到了他的尸体,并将凶手处以死刑;又如《李公佐巧解梦中言谢小娥智擒船上盗》中,谢小娥被杀的父亲和丈夫托梦给她,在梦中谢小娥得知了杀人者的信息,后谢小娥在法庭上说出此事时,法官采纳了这一说法。这两个案件是因鬼神显灵和托梦而获得证据,且法官采信了当事人的说法,由于当时社会情况特殊,百姓迷信鬼神,小说中的此种破案方法也得到百姓的认同,但是在当时真实社会中此类以鬼神破案情况几乎是不存在的。

(四)中国古代百姓的"息讼"心态

中国古代对于诉讼的态度是希望"无讼"或者"息讼","无讼"反映的是民众不愿意诉讼的发生;"息讼"指的是民众希望采用各种方法尽快平息纠纷,尽管纠纷的解决可能不公正,但是这样做有利于使当事人的家庭更快速地恢复稳定。①当然笔者认为这里"无讼"主要针对的是民事纠纷,面对民事纠纷不仅统治者希望"无讼",百姓也不愿意诉讼,因为诉讼是一种不经济的行为,许多家庭受经济水平的制约而承受不了诉累,无法负担高额的诉讼费用;《姚滴珠避羞惹羞郑月

① 陈竟翔:《论古代中国民事诉讼的息诉文化》,载《法制与社会》2016年第20期。

娥将错就错》中，姚乙的妹妹姚滴珠失踪后，姚乙找到了一个与其妹妹长相一样的女子，当时姚乙一心为了息讼，尽管真的妹妹还没有找到，他为了息讼竟将女子带回家冒充妹妹，回家路上碰见邻里，邻里也拍手说“好了，这下官司有了结局。”邻里见面第一句话不是关心姚乙妹妹而是因官司有了结而拍手高兴，当时百姓的息讼意愿可见一斑。就连一些刑事案件，由于审理时间过长，也使当事人因为无力负担高额的诉讼费而选择息讼。

四、结　　语

《初刻拍案惊奇》属于“三言两拍”白话小说集中的一部，小说源于社会现实，《初刻》中的主体、情节无不反映了明朝风土人情和法律文化，作者凌濛初通过小说将明朝发达的商品经济展现在我们面前，这一时期社会正在发生变化，市民阶层逐渐发展壮大，民众的自我意识逐渐苏醒，金钱和享乐成为百姓的重要追求，随着社会实际情况的不断变化，不得不通过调整法律来适应；同时，小说情节又高于社会现实，通过分析《初刻》我们可以发现小说中的故事充满了逻辑性、圆满性，处处体现了“恶有恶报”的司法正义，展现了法理与情理的冲突融合，作者将自己的思想观念融入作品当中，同时力求满足百姓内心诉求，使法律正义在文学作品中得以实现，作者也通过这种情节引人入胜、语言易懂的白话文小说来开启民智，教化民风。如今我们再读古代白话类文学作品，除了研究中国古代法律文化以外，也要从古代法律中吸取经验教训。

集体建设用地建租赁房法律问题研究

陈逸彤*

摘　要　近日，国土资源部负责人提出了利用集体建设用地建租赁房政策来改变当前由政府单一提供住房用地的现状。从政策解读入手，提出该政策存在集体建设用地所有权代表行使机制混乱、租赁关系错位、利益分配机制不完善等问题。结合我国当前的时代背景和立法现状，思考完善政策的出路与对策：完善相关法律规定，理顺集体建设用地所有权代表行使机制；此外，试点地区应推行租赁合同范本，完善相关利益分配机制，确保农民稳定增收；同时，将建房土地来源扩大至宅基地用地，最大限度上能够实现人们"居者有其屋"的愿望。

关键词　集体建设用地　租赁房　收益分配　租赁关系

党的十九大报告中明确提出了"坚持房子是用来住的，不是用来炒的"定位，因此2018年1月15日，国土资源部负责人表示将深化利用集体建设用地建租赁房试点，鼓励建立多主体、多渠道供应的住房租赁体系。这是中央将集体建设用地使用权和市场租赁房二者相结合的创新之举。改革的出发点是好的，但要使政策取得预期

* 华南理工大学法学院2018级硕士研究生。

的改革效果，就应对这一政策从多方面考量，避免陷入视野狭隘，单一评价标准等误区。本文立足实践背景和当前立法现状，试图对集体建设用地建租赁房存在的疑难问题予以深入探讨，大体思路是从集体建设用地建租赁房政策内涵解读入手，围绕集体建设用地所有权代表行使机制混乱、租赁关系定位错位、各方主体利益冲突、缺乏有效的利益分配机制四个方面展开探讨，并思考相关立法完善建议，以期推动具体的制度构建。

一、集体建设用地建租赁房法律解读

（一）集体建设用地建租赁房政策基本内涵

1. 集体建设用地法律解读

集体建设用地建租赁房，首先要解决的便是交易客体中土地和房子从哪来的难题。只有对建房土地的性质以及来源界定清楚，才能更好地把握政策的法律内涵。学界普遍认为，集体建设用地属于集体所有，具有私权利性质，应纳入《物权法》用益物权编，[①]虽然也有少部分学者主张这种分类不够严谨，主要理由是《物权法》仅通过唯一一条规定了集体建设用地的转介条文，法条支撑力不足，且根据物权法定原则，集体建设用地使用权并未被明确规定为一类用益物权。但笔者认为通说是合理的，根据《土地管理法》的规定，无法得出“集体建设用地使用权”并非物权的属性，国有土地他物权可以衍生出国有建设用地使用权，在集体土地与国有土地“同价同权”，平等保护的原则下，集体建设用地当然也可派生出具有他物权意义的“集体建设用地使用权”，因为立法者正是认识到了集体建设用地的存在，所以才会有《物权法》第151条的诞生，如果并未认识到其存在，是不可能将其与国有建设用地一同规定在用益物权编的“建设用地使用权”当中的。

根据《土地管理法》的规定，建设用地根据属性不同分为国有建设用地与集体建设用地，现行法律对国有建设用地的规定已经很详尽了，但是却将集体建设用地的相关规定转介给了《土地管理法》，将具有私法性质的“集体建设用地”转介给具有公法属性的《土地管理法》，这是农民集体成员权及其财产不受重视的

---

① 房绍坤：《农村集体经营性建设用地入市的几个法律问题》，载《烟台大学学报》（哲学社会科学版）2015年第3期。

体现,不利于保护农民集体的合法权益。此外,即使是最新修订的《土地管理法》也都未曾给集体建设用地下过一个确切的法律概念,其一直处于界定不明的状态。根据最新的《土地管理法》规定,结合集体建设用地的构成要素进行分析,再加上理论和实践总结,笔者认为,可以对集体建设用地这样下定义:集体建设用地是乡(镇)村集体经济组织和农村个人投资或集资,进行各项非农业建设所使用的土地,主要包括:村企业经营性建设、乡(镇)村公共设施及公益性建设、农民宅基地建设。由此可见,集体建设用地包括三种类型的土地,但此次政策并未明确建房的土地来源,只言明了可以利用集体建设用地建租赁房屋。然而,由于宅基地的特殊性质,实践中对"宅基地是否应纳入建房土地范围之内"这一问题产生了很大的争议,进而导致各试点地区做法不一、试点效果差异巨大的局面发生。如果仅局限于经营性建设用地建租赁房必将会使本次改革的效果大打折扣,而且允许宅基地使用权租赁也并未突破所谓的"一户一宅"的限制,甚至在实践中还有相应的取得了不错的成效的试点地区,如广州与成都就已经规定了允许利用农村闲置的宅基地开展租赁住房试点工作。① 根据《土地管理法》第62条第6款的规定,也并未完全否决宅基地入市流转的可能性,鼓励农村集体经济组织及其成员盘活利用闲置宅基地和闲置住宅,这些都为宅基地可用于建设租赁房提供了合法性依据。此外,国土资源部还表示应充分利用宅基地资源,探索其"三权分置"的具体实现形式。因此,笔者认为将本次建房的土地来源扩大至宅基地,是集体建设用地上建租赁房与宅基地"三权分置"改革结合起来的创新之举,也是实现人民"居者有其屋"愿望的应有之义。

2. 租赁房法律解读

此次颁布的集体建设用地建租赁房政策与之前出台的集体建设用地建公租房政策有诸多不同之处。② 只有将租赁房的法律性质界定清楚以后,我们才能对房屋的受益群体、租金、租期等有关合同履行过程的具体事项更有把握。"公租房"是指公共租赁房屋,是国家为了解决中低收入者及新就业人员等"夹心层群

---

① 《广州市利用集体建设用地建设租赁住房试点项目审批程序》规定通过"腾退、按规定在本村范围内通过调剂、综合整治等方式节余出来的空闲宅基地,在优先保障本村宅基地分配和村、镇公共设施用地后有节余的情况下,可以申请纳入利用集体建设用地建设租赁住房试点。"《成都市集体建设用地使用权流转管理办法规定(试行)》也有类似规定。

② "公租房"的定性多由地方政府制定的法律予以明确,例如,《北京市公共租赁住房管理办法(试行)》第2条规定,本法所称公共租赁住房,是指政府提供政策支持,限定户型面积、供应对象和租金水平,面向本市中低收入住房困难家庭等群体出租的住房。

体”的住房需求而提供的一种暂时性租赁产品,其租金明显低于市场价格,受益群体具有特定性,由政府牵头,更多地是体现其社会保障功能,因此具有很强的行政性。而集体建设用地建租赁房是市场租赁房,面向所有群体,走市场化运作路线,租金参照市价而定,充分赋予集体建设用地使用权人自主权,有利于摆正政府位置。此外,必须注意的一点是,集体建设用地建租赁房政策由于政府的加入还体现了一定的公益性目的,因此其与普通的市场租赁行为也有些许不同。普通的市场租赁房可通过买卖发生房屋所有权变化,租期长短也可通过合同双方当事人的意思自治决定,少则几天长则数年。但在集体建设用地建租赁房模式中,必须严守“只租不售”的原则,若是租赁双方任何一方违反此项强制性规定都会导致合同无效,只有严格执行了“只租不售”的原则才可确保集体建设用地性质不改变;同时根据中央及地方颁布施行的政策规定来看,大多数地方都规定了3年起租,鼓励长期租赁,从而排除了短期租赁的可能性。由此看出,在集体建设用地上建租赁房也并非都由当事人意思自治决定,也要受到政策的约束。

(二)集体建设用地上建租赁房的必要性分析

近年来,一、二线城市有大量的外来务工人员涌入,仅靠单一的国有建设用地提供住房的模式已经无法满足人民群众的居住需求,而且也不适应我国城乡一体化建设的节奏和要求,特别是一些中低收入的“夹心层群体”的住房问题更令人担忧,如不少外来务工人员过着“群租”的生活,由此引发了许多社会治安方面的问题。

现阶段由于外出务工人员增多,农村里面出现了大量闲置集体建设用地,空心村现象屡见不鲜。① 一直以来,集体建设用地不被重视,禁止流转、禁止入市,这对农民来说是很不公平的,集体建设用地建租赁房有利于唤醒沉睡的土地财富,整合利用集体建设用地资源,为农民集体增收。

由于我国的特殊国情,农民拥有的土地财富一直不被重视,集体土地和国有土地价值的天壤差别阻隔着我国城乡一体化的发展。集体建设用地建租赁房不但可以满足人民群众的住房需求,还有利于消除城乡二元结构,规范土地利用秩序。

---

① 李敏飞:《试论农地优化配置的制度性因素——以新制度经济学为视角》,载《福建论坛》(人文社会科学版)2012年第1期。

二、集体建设用地建租赁房存在的法律问题

(一)集体建设用地所有权代表行使机制混乱

依据我国《宪法》第10条、《土地管理法》第11条以及《物权法》第60条等的规定,集体建设用地所有权的主体为农民集体,所有权分别由农村集体经济组织、村民委员会或村民小组代表行使。《佛山市南海区农村集体经营性建设用地入市管理试行办法》(以下简称《南海区办法》)第3条规定:"农村集体经营性建设用地属村(居)集体经济组织所有。"《文昌市农村集体经营性建设用地入市试点暂行办法》(以下简称《文昌市办法》)也有类似规定。可见,试点地区存在着不区分农民集体及农村集体经济组织,以及不区分土地所有权人与土地所有权代表人的问题,事实上这种集体建设用地所有权代表行使机制混乱的做法在集体建设用地管理领域相当普遍,例如,在集体建设用地确权证书中的土地所有权人一栏填写"某村民委员会"或"某集体经济组织"的情形数不胜数。

其次,根据法律的规定,村民委员会可成为集体建设用地所有权人的代表人,且我国最新颁布的《民法总则》也赋予村民委员会独立法人资格,使其可以从事相关的民事活动。但笔者认为,在我国,村民委员会的定位属于基层群众性自治组织,主要的功能还是负责管理本村的公益事务,调解纠纷,维护村集体治安秩序等,其并不具备专业的经营管理集体资产能力,所以由村民委员会作为土地所有权人的代表,属于典型的政社不分行为,其不仅会增加租赁双方的协商成本,而且还会影响集体建设用地的入市效果。①

(二)租赁关系定位错位

我国《物权法》遵循原因与结果区分的原则,即债权——物权区分理论。建设用地使用权租赁即土地租赁权,在我国"物权法定"的背景下,仍应将其定性为债权较为合适。虽有学者主张可参考日耳曼法系将土地租赁权纳入物权的范畴,赋予其支配权要素,获得对世效力,此主张下的典型产物便是"买卖不破租赁"。而对此主张笔者不敢苟同,理由有四:其一,在土地租赁中,虽然承租人在

---

① 宋志红:《集体经营性建设用地入市的立法回应解析——〈土地管理法(修正案)〉(征求意见稿)入市规定解读与评析》,载《中国国土资源经济》2017年第6期。

双方的租赁合同中取得了占有的权利,就其结构而言是一种支配权,但它成立的基础是合同关系,并且原则上只能针对租赁合同中的当事人,从而获得的对物支配权也只是一种"有限的占有权",这是"物权化"的债权,其本质仍然是债权债务关系,通过这个债权债务关系建立起来的权利不属于绝对权。① 其二,在土地租赁中,"买卖不破租赁"规则赋予承租人在租赁物被转让时,仍然可以对土地新所有权人主张自己的承租权的权利,也赋予其在承租权受到侵害时可以主张损害赔偿及违约责任等救济的权利,但和物权法上的权利比较,承租人却没有一个使其可以对抗任何第三人的有效的返还请求权。② 由此可见,租赁权与物权相比,对交易安全的影响还未到达一定程度,而仅将"买卖不破租赁"作为债权物权化的依据实在难以服众。其三,我国《物权法》规定的物权处分情形仅限于"转让、互换、出资、赠予、抵押",无"租赁"也无"等"情形的字眼,在物权法定的背景下,应将土地租赁权解释为债权,由《合同法》调整。但集体建设用地建租赁房试点以来,不少地区出台的相关政策规定都有违法之嫌,将租赁关系定位错误,例如,《南海区办法》及《文昌市办法》中就存在不少违反《物权法》和《合同法》刚性规定的条例,如参照国有土地出让规则,将租期规定为 40 年并且赋予了承租人转让和抵押等再处分土地的权利。③ 这些地方规定违反物权法和合同法中的强制性规定,不仅有害于承租合同的有效履行还造成了法律适用混乱等后果。其四,租赁法律关系仅仅是涉及财产的占有、使用、收益部分,而不涉及处分,因此租赁取得的土地使用权属于典型的债权而非物权。建设用地上建租赁房,土地所有权依然在村集体手上,但是各试点地区经常将物权变动与债权变动两种财产变动模式相混淆,运用同一规则,笔者认为这是极为不妥的。因此,集体建设用地的租赁关系应受合同法调整,只有对其正确定位后,我们才能找到具体的租赁合同适用规则,才能明确租期应适用租赁合同最长不超过 20 年的硬性规定,才能正确厘清租赁合同双方当事人以及政府之间的三方法律关系。

(三)各方主体利益冲突,缺乏有效的利益分配机制

首先,在集体建设用地上建设租赁房不可避免地涉及公益和私利的冲突。

---

① [德]卡尔·拉伦茨:《德国民法通论》(上册),王晓晔译,法律出版社 2013 年版,第 304 页。

② 同上书,第 303 页。

③ 宋志红:《土地租赁法律关系亟待"正位"》,载《人民法院报》2016 年 12 月 14 日,第 7 版。

集体所有权属于民事权利,具有私权利性质,但这项政策本身又具有一定的公益目的,并且在政府主导的建房模式,即集体提供建设用地,由政府筹措资金,组织开发,政府与集体之间形成土地租赁关系,政府获得集体建设用地使用权,集体获得租金收益的建房模式的作用下,其公权力的色彩会更加鲜明。① 集体组织是为了增加自己的财产性收入,实现其自身利益的最大化而提供了集体建设用地。政府则是为了实现其社会保障的职能,增加住房供应,缓解社会矛盾才推行此政策。所以在这场私主体和政府的博弈之中,怎么才能平衡相关主体的利益、保障农民的权益不受侵害、让政府摆正自己的位置等问题都是我们必须解决的、不容回避的难题。

其次,是集体组织内部的利益分配问题。当前的建房模式根据试点地区的实践,主要有政府主导和农村集体主导两种分类。除了上述的政府主导型之外,还存在村集体经济组织自筹自建、自己运营的建房模式,而在这种建房模式下,政府只需对租金的标准、租期的确定等方面进行监管。在集体主导的建房模式下,还涉及了村集体内部成员如何分配租金收益的问题。面对诱人的租金收益,村集体组织如何将其合理地分配给每一位村集体成员,是值得我们深思的问题。② 况且分配不当还可能会激发社会矛盾,因此一套行之有效的利益分配机制便是解决上述三方主体利益冲突的最直接有效的方式。

三、集体建设用地建租赁房立法完善建议

(一)坚持三原则不突破

必须以坚持集体建设用地属性不改变,严格落实保护耕地的基本国策为原则。集体建设用地建租赁房,土地所有权仍然是集体所有,并未改变土地的性质,严格落实保护耕地的基本国策,严格限定土地的性质、用途,依照法定程序审批办理相关手续,便可确实保护耕地,确保粮食安全。

---

① 李立:《在集体土地上建公租房模式的法律反思与完善》,载《黑龙江省政法管理干部学院学报》2013 年第 4 期。

② 陈小君:《我国农村土地法律制度变革的思路与框架——十八届三中全会〈决定〉相关内容解读》,载《法学研究》2014 年第 4 期。

政策在施行过程中,以注重发挥农民主体地位为原则。[①] 农民集体及其成员作为土地的权利人进行有效参与,是“集体建设用地建租赁房”模式得以顺利推广及运作的根本保障。注重保护农民真实意愿,确保农民集体的有效参与,在政策实施的各个环节中要充分赋予集体成员知情权、参与权、表达权等实质性的权利,完善各种权利救济途径,提高决策的科学性和合理性,提高村集体组织在集体建设用地建租赁房上的自我运营、自我管理能力,从而壮大农村集体经济,确保农民收入能够持续稳定增长。

集体建设用地建租赁房,以严格执行“只租不售”为原则。租赁双方在签订书面的租赁合同范本时,就应该严格约定“只租不售”,若是租赁双方任何一方违反此项法律强制性规定都会导致合同无效,所以在签订完书面合同后租赁双方必须依照法律规定办理相关的登记审批手续,依法履行合同。只要严格执行了“只租不售”的原则就可确保集体土地性质不改变。而“小产权房”与“集体建设用地建租赁房”则是两个法律性质完全不同的房屋,集体建设用地建租赁房绝不意味着“小产权房”可以合法化,也绝不意味着可以进行商品住宅开发。

(二)完善集体建设用地建租赁房的相关立法

集体建设用地所有权代表行使机制混乱的根源在于相关法律法规不完善,从我国《民法总则》中便可看出对“农民集体经济组织”的重视也仍然不够,相关条文仅有第99条、第101条。因此笔者建议,在《民法分则》“物权编”中直接对集体建设用地所有权主体“农民集体”进行完善规定,这比重新再去构建一个土地代表人“集体经济组织”更科学也更有效率。上文中谈到《物权法》有关集体建设用地的条文仅有一条,这一条法条还是转介条款,集体建设用地使用权具有私权利性质,但却通过具有公法性质的转介条款进行规定,而且至今都未有一个明确的法律概念,使私权利本位无法体现,进而不利于保护农民的主体地位及其合法权益。集体土地的财富价值一直都被忽视,农民未能很好地享受土地增值带来的收益,而集体建设用地使用权与国有建设用地使用权本质上都属于用益物权,所以《物权法》也应明确集体建设用地的概念,赋予集体建设用地更多权利,早日实现集体所有土地与国有土地“同价同权”。

---

① 陈小君、戴威:《对“集体土地上建公租房”政策的法律思考》,载《法律科学》(西北政法大学学报)2012年第3期。

最新修订的《土地管理法》删除了禁止集体建设用地入市的条款,为集体建设用地建租赁房提供了法律依据,同时也对此次集体建设用地入市作了相关的原则性规定。但在《土地管理法》中,对相关的规定还不够具体完善,[①]要落实集体建设用地使用权的入市流转,使政策更具有可行性的话,可参考《城市房地产管理法》及《城镇国有土地使用权出让和转让暂行条例》来制定指导有关的政策法规。[②] 笔者建议,《土地管理法实施条例》的修订可对集体建设用地的主体作原则性规定,一方面,增强改革的系统性,允许各试点地区根据实际情况探索多样化的集体经济组织形式,通过股份制合作方式完善集体建设用地所有权的行使机制;另一方面,将"农民集体"推到前台,明确并强化其集体建设用地所有权人的地位。这是保障集体建设用地建租赁房政策顺利实施的前提,也是土地公有制背景下保障农民集体利益不受损的前提。此外,虽然新的《土地管理法》已经出台,但其中涉及的集体建设用地入市操作规范尚具原则性,可操作性不强,建议尽快修订《土地管理法实施条例》,依法保障集体建设用地入市改革在全国范围内实行,这对促进乡村振兴和城乡融合发展具有重大意义。我们要在法治道路上走得更远,就更应该做到立法先行,发挥立法的主导作用,杜绝法律未修,政策先行的错误做法。

此外,试点地区按照改革要求并结合地方实际,出台了一批政策文件,打造了较为稳定的审批管理体系。而在试点工作结束后,如果对上述试点政策立刻作出重大调整,可能不利于经济发展社会稳定。因此,笔者希望有关部门能够尽快出台相关的政策规定,使试点地区的政策措施能够保持一定的延续性。

(三)规范土地租赁实践,推行租赁合同范本

规范农村集体建设用地租赁关系,确保我国财产权利体系的基本逻辑清晰。首先,及时清理上文谈到的有关违反《合同法》《物权法》强制性规定的各地规章文件,厘清土地租赁关系,尤其是涉及租赁双方的最长租赁期限,承租人的转租、抵押等权利。其次,可以借鉴外国地上权的规定,丰富集体建设用地出让方式,采用分期付款合同的方式灵活安排土地的出让年限。最后,随着土地制度改革

---

① 陈小君:《我国农村土地法律制度变革的思路与框架——十八届三中全会〈决定〉相关内容解读》,载《法学研究》2014年第4期。

② 《土地管理法(修正案)》草案第63条第3款"集体经营性建设用地出让转让的办法,由国务院另行制定。"

热潮的推进,集体建设用地建租赁房的试点会不断扩大,受用群体也会越来越多,而试点地区的租赁合同由于缺乏统一标准,纠纷会越来越多,因此在试点地区推行标准化的租赁合同范本便是解决此困境的行之有效的办法。① 在此可参考《广州市利用集体建设用地建设租赁住房试点实施方案》以及《广州市租赁合同范本》等相关文件,租赁合同的签订应当包括租赁双方的个人基本信息、房屋基本情况、租金、租期、违约责任以及权利救济等基本合同内容,适用合同法关于租赁期限不得超过20年的规定。至于广州市试点实施方案中规定的最低租期为3年,笔者认为,这种规定是恰当的,也符合中央推行农地租赁房支持长期租赁的初衷。租金可以参照市价进行约定,由政府对租金标准进行监督,而土地租金上涨问题,租赁双方应以书面形式约定下来,双方在协商的基础上梳理原有的权利义务关系,使土地租赁回归债权的本色。集体建设用地建租赁房政策初衷是鼓励长期租赁,解决人民住房难问题,涉及了多方主体的利益,与普通的租赁房合同有所区别,因此应严格限制合同解除条件,②以保证村集体与承租人、政府与承租人及政府与村集体之间的利益关系,稳定经营。如果不对合同解除条件加以限制,动辄就采用解除合同的方式,势必会影响各方主体的利益,尤其是承租人的利益,从而影响该政策的顺利施行。在签订合同的过程中,政府及企业不能以强大的背景实力在村集体违背意志的情况下长期使用集体建设用地或者变相地对租金收益进行侵害。总而言之,必须通过一套合理的法律规范和合同制度对这一政策进行科学设置,合理分配各参与方的权利义务,对租金价格调整、合同期限届满后的问题及房屋归属进行详细规定,高效利用集体建设用地资源,发挥政策应有的社会性目的。最后,笔者必须强调的是,无论是否采取适用合同范本,均应签订书面合同,理由如下:一是签订了白纸黑字的书面合同有利于厘清租赁双方的法律关系,便于合同有效履行;二是如果采用口头约定的话,如若发生纠纷,便会陷入举证困难的境地;三是中央推行此项政策时便指出支持长期租赁的初衷,而根据我国《合同法》的相关规定,租期6个月以上时就必须签订书面合同。所以,笔者认为,签订书面租赁合同是成立租赁关系的基础,而推行合同范本有助于保护农民的合法权益,减少纠纷发生。

---

① 宋志红:《集体经营性建设用地入市的立法回应解析——〈土地管理法(修正案)〉(征求意见稿)入市规定解读与评析》,载《中国国土资源经济》2017年第6期。

② 韩世远:《合同法总论》,法律出版社2018年版,第34页。

(四)完善利益分配机制

集体建设用地建租赁房的一个主要目的就是盘活闲置集体建设用地,唤醒沉睡的土地财富,通过合理利用土地资源来增加农民财产性收入。笔者认为,完善村集体和政府之间的利益分配机制,首先必须要借助立法,使农民集体及其成员作为集体建设用地所有权人能够有效参与,重视农民集体的所有权人地位及保障农民土地权益份额,尤其是限定最低分配比例,将其落实到具体的法律法规制度中。通过法律的强制效力不断提高农民所占租金的分配比例的过程中,只有限定了最低的分配比例,农民才能有最根本的保障。在私主体和强大公权力政府机关的这场博弈之中,农民由于法律意识淡薄,通常处于不利地位,只有通过限定最低分配比例,才能规范政府的行为,防止腐败现象的发生。其次,集体建设用地建租赁房屋取得的收益需村集体共享,实行按股分红的制度,保证分配制度透明、公开、公平。各试点地区根据具体情况,因地制宜地制定利益分配机制,具体的分配方案可以参考《广州市利用集体建设用地建设租赁住房试点实施方案》。该市出台的实施方案中有关租金收益分配的最大特色就是不同的建房模式会产生不同的分配方案。例如,在政府主导型的建房模式下,政府作为承租人租赁集体建设用地,筹措资金再进行租赁房建设。政府还可将物业管理项目外包给农民集体完成,双方进行协商确定集体建设用地租赁价格,由农民集体作为出租人享受土地租金,在此模式下,农民集体的收益虽相对较少,但经营风险也较低,并且农民集体所获得的收益还可用于日后项目建设的成本投资;而在集体主导型的建房模式下,政府应当为农民集体拓宽融资渠道,允许集体建设用地使用权抵押融资,引进相关金融产品保障农民集体筹资能力,政府可给予农民集体一定的政策优惠和财政补贴,给予农民集体一定的扶持和帮助,所产生的租金收益应先由村集体经济组织统一管理,按照各农户的投资比例进行分配,确保每位农户都能分配到应有的租金收益。另外,集体主导型的建房模式下还可参照公司法中有关企业的管理规定,每年提取相应的租金收益作为公积金,按照民主管理的原则,村集体自主决定用途,如用于本村经济建设、生态环境建设、改善养老医疗卫生等基础设施建设当中。需要说明的是,在集体主导的模式下,不但能实现农民集体经济增长,而且也有助于政府从具体的事务中摆脱出来,使政府能更加专注于监督管理的职能。笔者建议,有经济实力的农民集体可采取此形式,在确保土地公有制不变的前提下,建立科学、合理的利益分配机制,这才是解决各方主体利益冲突的长效机制。

论共享经济及其经济法规制

——以共享单车为例

单　浩*

摘　要　在共享经济蓬勃发展的同时，其问题也随之不断暴露，诸如“共享经济对我国经济法的冲击”“共享单车中的消费者权益保护”等成为共享经济发展道路上的疑难点。本文旨在明确共享经济的法律本质，对其产物资源管理、用户信息安全、押金退出问题进行分析，在经济法层面上予以法律规制。

关键词　共享经济　共享单车　经济法　法律规制

一、共享类经济多元模式分析

近年来，共享经济在我国经历了从萌芽到爆发式增长的历程，为我国经济注入了新的活力，广受国家和社会各界的关注。2016 年 3 月“共享经济”写入政府工作报告，随后，国家陆续出台《关于促进绿色消费的指导意见》《推进“互联网+”便捷交通促进智能交通发展的实施方案》《关于促进分享经济发展的指导性意见》等相关文件，引导和支持共享经济的健康发展。党的十九大报告也指出，要在共享经济领域培育新增长点、形成新

* 华南理工大学法学院 2017 级本科生。

动能。[①] 目前,我国共享经济市场增速居全球首位,据《2017～2018 中国共享经济行业全景调查报告》中的统计数据,2017 年我国共享经济行业规模达到 57,220 亿元,共享经济深入衣食住行各领域。据普华永道的统计数据,共享经济规模年均增长率将达到 35%,2025 年全球共享经济规模将高达 3350 亿元。中国分享经济发展报告中指出,自 2015 年起 5 年内,我国共享经济年均增长速度将高达 40%,2020 年我国共享经济规模将占 GDP 比重的 10% 以上,共享经济将成为我国经济新的增长点。[②] 学界目前已有对共享经济成因研究的共识,主要阐述了共享经济存在的必要条件和产生背景,包含"互联网+"迅速崛起、智能手机快速更新、第三方支付规模不断扩大、闲置资源趋于过剩以及供需利益驱动等。但在光鲜的数字背后,同时存在对共享经济模式的质疑,争议聚焦在现存的所谓共享经济模式的法律本质是什么,是否符合我国法律规范,对现存模式的监管是否到位等方面。为此,在共享经济逐渐深入当代人生活之时,深入探讨"共享经济"的定义性质及其法律规制问题显得十分紧迫和必要。

共享类经济是基于一定的资源而产生的,而这种资源以物质资源方式呈现,同时强调有一定经济利益,是由有一定价值的物品通过租赁行为获取一定时期内的使用价值,同时支付一定的报酬。在互联网背景下,共享经济强调的是物品使用权的高频率、高效率转移,一般都以平台方式进行。平台除了以物品连接双方外,资金往来大都通过平台进行。目前的摩拜、ofo 等都属于基于互联网平台的共享经济形态。而分享经济则强调资源的分散与闲置。通常这种资源为个人所有,有一定的使用价值。所有权人可通过平台临时或永久出租或出借。这在资源创造价值上与共享经济相似,但区别在于物品使用权属于个人,而非平台所有。目前的互联网公司有顺风车、快车、小猪短租等。以下将对其进行具体分析。

(一)模式一:共享经济——利用"互联网+"和大数据技术对现有闲置资源进行优化配置的 B2B 或 C2C 线上租赁模式

1. 明确共享经济的定义

共享经济是指将闲置性资源通过一系列的优化组合和配置,有偿提供给需

---

① 刘新庚、罗剑:《从马克思主义合作经济理论解读分享经济》,载《人民论坛·学术前沿》2018 年第 7 期。

② 曹卓琳:《从经济学角度看共享经济》,载《经济研究导刊》2018 年第 18 期。

求者使用，需求者通过使用供给者的资源创造价值，并向供给者支付一定报酬，从而提高资源使用效率，进而实现资源的经济效益和社会效益的经济活动形式。从经济学理论上来说，可以概括为“资源的使用”以及“资源的闲置即造成浪费”等经济理念。① 国外的一些法学与经济学学者用P2P、临时工经济、开放获取式经济、协作经济等词汇来描述共享经济。国外已有共享经济的模式，Uber立足于汽车资源的共享，联结了私家车主和乘客，使私家车可以在闲置时通过线上网络找寻需求人进行出租，创造新的收益。同时，国外的Airbnb，联结了个人房东和有住宿需求的旅行者，都是对先前已有资源的线上配置利用。

2. 辨析共享经济的本质特性

在民事行为性质上，共享经济模式的本质是租赁行为。租赁是指在约定的期间内，出租方将资产使用权让与承租方以获取租金的行为，主张将物的所有权和使用权相对分离，通过出让物的使用权增加物的价值。同样地，在共享经济中，共享物的使用权和所有权发生了相对的分离。共享经济与传统的租赁模式相同点在于，都是在约定的期间内，将资产使用权让与需求者以获取租金，需求者由此在一段时期内获得该物品的使用权，但物品的所有权未发生转移。不同之处在于，首先，共享经济的运转模式主要基于“互联网+”和大数据背景，创设网络平台进行线上租赁，更为快速便捷。相较而言，传统租赁模式主要是基于线下双方当事人的意思表示，以面谈为主。其次，在租赁关系缔结方面，共享经济模式更为便捷。其便捷性体现在共享经济模式下只需在注册登录时签署协议对合同订立予以授权即可，无须每次租赁时重新签订合同，简化了租赁关系的缔结程序，提高了效率。最后，共享经济模式下，租赁的期间更为灵活。市场现存的共享经济所解决的主要仍是日常生活衣食住行中的问题，起到的是一种短期应急的作用。其租赁期间短则几分钟，长达几天，与动辄长达数月的传统租赁模式相比，共享经济下的租赁时间更为灵活，流通更加频繁，相对利用率更高。

在租赁标的上，共享经济模式是对现有闲置资源的调配。共享经济的本质是在某一消费群体的资源处于闲置的前提下，提高另一消费群体对该资源的利用率。② 由此，其强调的是对现存闲置资源的利用。主要通过互联网大数据对闲

---

① 刘新庚、罗剑：《从马克思主义合作经济理论解读分享经济》，载《人民论坛·学术前沿》2018年第7期。

② 曹卓琳：《从经济学角度看共享经济》，载《经济研究导刊》2018年第18期。

置资源进行登记管理,并通过一定平台公示资源的闲置情况,以供需求者在搜索后进行有偿利用。同时,平台也会收集需求者的需求情况,进行闲置资源的分配。简言之,共享经济模式应当是联结闲置资源所有方和资源需求方的桥梁,将现有的闲置资源利用起来,提高资源的整体利用率。共享经济的营利模式是通过"互联网+"和大数据技术,为供给侧和需求侧双方提供线上平台并以收取手续费等方式获利。是以共享经济模式的实质应当是以"互联网+"和大数据技术为支持下的C2C(消费者与消费者)或B2B(企业与企业)租赁模式,是通过联结资源所有方和资源需求方,将不特定数量的所有方的闲置资源与不特定数量的需求者的需求情况进行匹配,提高资源利用率的经济发展模式。

(二)模式二:分享经济——以信息技术与互联网发展为支撑的B2C线上分时租赁模式

分享经济,是指组织或者企业通过互联网平台分享实物资源或认知盈余,以低于专业性组织者的边际成本提供服务并获得收入的经济现象。[①] 所谓B2C模式,指的是企业拥有资源的所有权,以企业为中心,通过平台将这些资源提供给需求者。[②] 个人通过互联网平台进行的租赁业务也属于广义上的分享经济,但基于我国现行市场环境与现状,个人平台的租赁市场已较为少见,笔者将注重探讨以组织或者企业为主体开展的互联网租赁模式。此模式下,不强调租赁物的来源,而注重于市场租赁的短期常态化进行。在B2C租赁模式下,租赁物的所有权并非是市场大众,而是属于提供租赁交易的平台。通俗来讲亦可称为"自租己物",此模式下,企业创设的平台联结的并不是需求人和市场闲置资源的所有人,而是将自身资源与需求人联结。在B2C模式下,平台既是出租方,也是中介方,平台并不是为了供需双方服务,而是用于本公司自身的租赁服务。B2C租赁模式重在解决"租物难,租物繁"的问题,通过互联网和大数据技术创设网上平台进行资源匹配和租赁担保,实现租赁的快捷性和普遍性,从而提高资源的分享利用率。故而,我国现存的市场经济中,"共享单车""共享充电宝""共享雨伞"等都属于B2C分时租赁模式,而并不是严格意义上的"共享经济"。

以共享单车"小黄车"为例,其运营模式是向市场投放大批量的带有GPS定

---

① 郑菊萍:《论共享经济与分享经济》,载《现代商业》2017年第33期。

② 李建军、韩珣:《共享经济理论研究进展》,载《金融科学》2017年第2期。

位功能和智能锁,同时标明了其公司商标的小黄车,在其 APP 上线后,收集并建立用户信息、用车需求、小黄车位置、型号、数量等有关信息的互联网数据库,并从中进行供需匹配。从本质上来看,共享单车仍然属于典型的单边供需交易,虽采取了线上平台,但采用的也还是传统供应链模式:单车公司将车辆投放到市场中,再通过租赁,向 C 端用户提供骑行服务,按次或者按月收取租金。共享单车公司与用户之间属于租赁合同法律关系,单车公司为出租人,用户为承租人,双方签署的电子合同是由单车公司单方提供的格式合同。其经济模式的创新点在于出租人与承租人无须当面交验单车,由承租人决定交付与归还单车的地点,同时承租人通过第三方支付平台以网络付款方式支付租金并取得单车使用权,租赁关系起始于单车成功解锁,终止于用户费用支付成功。[①] ofo 公司提供的服务本质属租赁服务,其租赁标的源自公司本身,公司提供的平台并不是为供需双方服务,而是用于本公司提供的租赁服务,所以其经济模式不属于 B2B(企业对企业)或 C2C(消费者对消费者)模式中的任意一种,而是一种由公司对消费者的 B2C 租赁模式。《关于促进分享经济发展的指导性意见》指出"共享单车"是移动互联网和租赁自行车融合发展的新型服务模式,是分享经济的典型业态。[②] 消费者所使用的自行车并不是原有的闲置资源,而是 ofo 公司向城市投放了一大批专属于其公司的自行车,这无异于是在人为制造新的资源和新的需求,而不是利用现存的处于闲置状态的资源。简单来讲,就像是地产中介不找空房出租,反倒自己造房出租一般。其经营模式并不是共享经济所要求的:找寻现有的闲置资源,并创设平台公布闲置资源情况以及收集需求者的需求状况,通过平台的"中介"功能匹配供需双方并收取中介费用。然而现存的共享单车皆为通过其公司投放的自行车收取押金和租金,这种方式与共享经济通过平台收取中介费用相差甚远,而与日常租赁无本质区别。共享经济应当是通过互联网和大数据技术盘活闲置资源,有偿与他人分享,从而提升社会资源的利用效率,而不是创造新的资源进行利用。从共享经济的目的来讲,现存的这几种"共享经济"并没有达到盘活闲置资源创造价值的目的,而是借助了"共享经济"的名头,"造新房租新房"进行线上的 B2C 租赁服务。由此可知,现存市场经济下的 ofo 等公司宣称的

---

① 陈上海、何春:《市场创新之法治尊重:论共享单车的法律规制》,载《未来与发展》2018 年第 1 期。

② 朱方强:《分享经济视阈下共享单车的法律探微与协同治理》,载《经济论坛》2018 年第 9 期。

所谓“共享经济”实质上是一种分享经济,强调的不是优化对已有资源的利用,而是注重线上租赁模式的开发。

二、我国共享市场现存的法律问题

(一)产物资源的管理问题

分享经济与共享经济因其“随处可租赁”的便捷而飞速发展的同时,也面临着产物资源无处安置的一系列法律问题。如共享单车“无桩停车”的运营模式,虽然给予了用户选择停车地点的自由,但在实际中一定程度上给道路交通安全、城市管理秩序等带来了挑战。

目前,虽然各地已开始逐步出台相关的规章制度对共享单车的停放进行整治,但实行效果不佳。如2018年12月17日由泉州市交通运输委员会、市公安局等8个职能部门联合推出的《关于规范泉州市中心市区互联网租赁自行车管理的实施意见(试行)》正式施行,其中规定,互联网租赁自行车的管理实行“条块结合,以块为主”。其中第2点第3项中规定,“市公安交警支队负责配合各区政府和管委会做好互联网租赁自行车停放点位的规划和选点工作,负责主次干道互联网租赁自行车停放点位的施划和非主次干道停放点位施划工作的指导,负责对用户违反道路交通安全法律法规行为的处罚。”[①]虽然明确规定了责任主体和负责事项,但落实效果不佳。在2019年4月泉州的“数字化城市管理工作报告”中,共享单车的乱停乱放仍然严重。[②] 笔者认为,共享单车乱停乱放屡禁不止,其原因主要有以下几点:

首先,从法律法规角度来看,根据《道路交通安全法》第59条的规定:“非机动车应当在规定地点停放。未设停放地点的,非机动车停放不得妨碍其他车辆和行人通行。”共享经济的租赁物随处摆放,符合违章无序停放、占道停放。其中原因诚然有城市道路规划设计的滞后性,没能及时给共享单车规划相应的停车区域,这种滞后性是固然存在的,然而更多是因为这种租赁模式的机动性所带来

---

① 苏勇:《重磅!泉州共享单车管理试行规定出炉》,载泉州网:https://baijiahao.baidu.com/s?id=1620080409947967426&wfr=spider&for=pc,最后访问日期:2019年9月15日。

② 王金植:《部门通报上月泉州数字化城市管理工作 共享单车乱停放仍严重》,载泉州网:http://www.qzwb.com/gb/content/2019-05/30/content_5995843.htm,最后访问日期:2019年9月15日。

的负面效果,导致了违章无序停放、占道停放等问题,妨碍了其他非机动车、机动车辆和市民的通行。其次,各地虽然逐步制定了有关共享单车停放的规章制度,但落实情况不佳,主要是由于在实际执行过程中,共享单车的停放机动性高,监管难度大。再次,共享经济的企业管理不到位。主要体现在一线运营管理服务的人员缺乏,后期的各项服务水平未能与投放速度相适配,最终导致租赁物的随处安置无法得到及时有效的解决,共享单车随处乱停放妨碍交通的情况没有得到重视和改善。最后,就用户而言,乱停乱放违法成本低。公众对于共享单车的违规占道、无序停放等行为可能引发的行政责任并无清晰的认知。

(二)共享平台的用户信息安全隐患问题

共享经济的运营模式离不开线上平台,其商业模式之所以能够正常运转,靠的是以“互联网+”为基础的共享单车平台的媒介作用。平台收集了大量用户的个人信息,联结着运营企业和用户,以互联网大数据为支撑提供信息资讯,收集与发布租赁物的实时信息。可以说,平台是共享经济的核心,也是其得以正常运营的枢纽,但同时也存在用户信息安全泄露的隐患。信息安全是国家安全的重点发展对象,是互联网环境和大数据时代下社会综合治理的关键点。而目前的共享经济运营平台并没有足够高的安全指数。如共享单车企业,已有共享单车企业拥有上亿的注册用户。绝大多数运营企业规定,只有当用户经实名认证后方可享受骑行服务。但这一实名制程序最高可涉及多达上亿用户的个人信息,包括居民身份信息、支付账户信息、联系电话等,此类隐私信息,一旦因内部保管不慎或外部黑客入侵遭到泄露,将会给用户个人造成不小的麻烦,同时也会对社会安定造成一定程度的影响。据媒体报道,2017 年曾有程序员在国际安全极客大赛中向观众演示了她在不到一分钟的时间里攻破共享单车的高危漏洞,直接获取用户的个人资料、免费骑车的过程。① 共享单车平台上的用户信息安全保障不足。企业对个人信息的不力保护,正在使共享经济变成“共享隐私”。

(三)用户的资金退出机制不完善问题

共享平台基本上都采用先交押金再使用的模式。押金也称保证金、风险抵押金等,即由用户向公司支付一定的金额作为其履行租赁合同的担保,合同履行

---

① 黄飞翔:《共享经济视域下共享单车法律规制研究》,载《管理工程师》2018 年第 8 期。

完毕,押金予以返还或抵扣。押金规模由C端用户的上限决定,以摩拜单车和ofo单车为例,两家平台于2017年1月均宣布C端用户数量超过1000万。① 摩拜单车押金299元、ofo单车押金199元,按用户退回押金的平均周期为半年计算,这两家共享公司在半年时间里可以保持40多亿元人民币的现金储备。② 对于消费者投诉的押金、余额退还不及时问题已经成为共享单车行业的普遍现象。比如,在单车《使用指南》中,对于押金和余额的相关说明中没有提到退款何时到账的问题;在摩拜单车的《用户指南》中,并没有明确说明退款何时能到账。在小鸣单车的《用户指南》中有这样一行说明:"车费余额只可使用,不可退还。"押金不是法律术语,我国现有法律并未对其法律性质作出明确规定,其内涵取决于当事人的约定,故属约定之债而非法定之债。用户支付押金后与单车公司之间产生的民事债权债务关系实际上包含两个合同:一是担保合同,单车公司有权根据用户租车时间扣除租金,这合乎传统的押金做法,即对租赁合同履行的一种担保。当用户到期不能返还租赁的单车,或者返还的单车由于故意毁坏、不当使用等原因存在缺损时,或者没有支付单车租金等情形时,用押金予以赔偿或者抵扣,从而减少或者避免给单车公司造成的经济损失。二是借用合同。与传统押金不同,共享单车的押金通常不是即用即退,而是长时间存放在单车公司,无息存放,于是产生了押金借用合同。按照合同和法意,用户有权随时从共享公司处得到缴纳的押金,共享公司也有及时返还的义务。目前市场上出现了一些共享公司破产退市的情况。而用户缴纳的押金却未能得到返还。用户并非是风险投资,也不是公司股东,不应对公司的盈亏承担风险。

三、共享市场的管理与法律规制

共享经济在降低成本、提升交易效率等方面具有明显的市场优势,但同时兼具破坏性,会对市场竞争秩序、规制体系产生冲击。对共享经济,是禁止还是允许?其虽打破了既有秩序,但如果同时具有创新价值,则值得允许和鼓励。完善

---

① 刘琪:《共享单车用户退款遇延迟到账有律师称平台或涉嫌非法吸收公众存款》,载证券日报网:https://tech.sina.com.cn/i/2017-03-12/doc-ifychhus0777726.shtml,最后访问日期:2018年11月1日。

② 陈上海、何春:《市场创新之法治尊重:论共享单车的法律规制》,载《未来与发展》2018年第1期。

共享单车监管对策，应当建立起[①]“多位一体”的规制思想，促进共享单车的发展与绿色文明城市建设优化结合。其中，作为调控市场经济的法律部门，经济法上的规制措施势在必行。

（一）落实各地对于共享产物资源的管理规章

“并非无良法，只是无守法”是目前共享单车资源管理的最大难题。自从共享单车资源管理问题暴露以来，各地纷纷制定相关法规规章。杭州制定了《杭州市促进互联网租赁自行车规范发展的指导意见（试行）》，并于 2017 年 9 月 30 日起施行。其中提出的“车辆停放可采取临时性重点区域管控”较有实践意义，对于共享单车的乱停乱放，杭州市划分公共领域和非公共领域，给予辖区政府、职能部门和各区域管委会、物业管理机构权力[②]，有利于形成多方合力，共同监管。上海市于 2018 年出台了《上海市互联网租赁自行车管理办法》草案，第 10 条至第 13 条明确了有序投放的相关制度。从车辆注册到区域调控、投放程序、动态调节机制，较为完整且全面地构造了一套防治体系。泉州市于 2018 年 12 月 17 日推出《关于规范泉州市中心市区互联网租赁自行车管理的实施意见（试行）》，其中规定互联网租赁自行车的管理实行“条块结合，以块为主”，建立了公司考核制度和监督制度。

由上可知，在规制共享产物资源管理时，一方面，应当确认负责部门，可根据具体城市的城市规划，实行“按块管理”或“按条管理”。另一方面，应当对产物资源的投放过程加以监管。规定共享产物资源登记制度，从源头上掌握其信息，并在一段时间后进行更新。同时，监督投放程序，注重投放数量、投放方式、投放地点。可将监督管理的权力下放到各个街道或社区，集中民众的力量监督与举报这类机动性较强的事项。同时，可建立一套动态调节机制，保留政府在必要时对公共空间占用的权力。建立动态调节指标体系，综合考量车辆的使用情况、用户评价、企业的运维和服务质量情况。对于经营服务较差的企业可以核减其车辆，对经营服务好的企业可以在增投时予以优先考虑。动态调节的最终目的，是实现优胜劣汰，使好车辆、好服务能够更好地方便消费者，维护消费者的利益。

---

① 李玉虎：《分享经济与市场监管法律制度的应对——以共享单车为例》，载《经济法研究》2017 年第 2 期。

② 郑伟莹、范杨、孙海旭：《重磅！杭州共享单车管理办法正式发布！》，载搜狐新闻网：https://www.sohu.com/a/195599995_264933，最后访问日期：2019 年 9 月 15 日。

(二)加强对消费者个人信息的保护力度

在使用共享产物时,部分消费者时常会收到由共享平台甚至第三方发来的商业性广告或短信;还有部分消费者会发现,共享平台经常会未经消费者的授权,主动推荐骑行地附近的美食、景点、酒店……经报道,目前共享经济中所涉及的用户信息愈发广泛,主要涉及三个方面:用户的手机号、地理位置信息(家庭、公司地址)和个人账户信息,部分需要实名认证的共享单车甚至还涉及身份证信息。[①] 用户的历史骑车路径、GPS 定位、实名认证等信息遭泄露,无异于使消费者暴露在了不法分子面前。我国《消费者权益保护法》(以下简称《消法》)于 2013 年作出的最新版修正中,加大了对消费者个人信息的保护力度。在使用经济法思维规制共享市场行为时,可予以借鉴和适用。

《消法》中明确规定了消费者的个人信息保护权。《消法》第 14 条指出,消费者在购买、使用商品和接受服务时,享有人格尊严、民族风俗习惯得到尊重的权利,享有个人信息依法得到保护的权利。对于共享经济的运营企业来说,亦要遵守此项规定,通过加强服务器网络安全等级,规范公司内部管理人员的行为。同时,《消法》第 29 条规定,“经营者收集、使用消费者个人信息,应当遵循合法、正当、必要的原则,明示收集、使用信息的目的、方式和范围,并经消费者同意……”法律的明文规定确立了消费者的民事权利,把对个人信息的保护纳入了经济法的规制范畴中。同时,《消法》第 50 条规定,“经营者侵害消费者的人格尊严、侵犯消费者人身自由或者侵害消费者个人信息依法得到保护的权利的,应当停止侵害、恢复名誉、消除影响、赔礼道歉,并赔偿损失。”是以我国共享市场中的“个人信息泄露问题”有了合法、合理的解决途径,对于侵犯消费者个人信息安全或者未经消费者授权而做出的行为,消费者可援引《消法》上述法条,保护自身的合法权益。

(三)押金返还问题

消费者在初期使用共享单车时,依据使用协议,需缴纳 99 ~ 299 元的押金,其目的是督促消费者正当、合理使用共享单车,并在出现自行车毁损情况下优先

---

① 王潇潇:《共享单车 APP 存在安全漏洞　你的个人信息在裸奔》,载浙江新闻网:https://zj.zjol.com.cn/news/641419.html,最后访问日期:2019 年 9 月 10 日。

"受偿",具有担保性质。[①] 对于起担保作用的押金来说,消费者在无违约的情况下,依法享有对押金的返还请求权。然而,目前多家共享公司都遇到了资金链短缺的风险,更是已有"小鸣单车"破产在前。共享企业的破产,将会导致消费者的押金难以退回。但押金本质上是担保物,属于消费者财产。消费者应当有权利要求共享公司返还其财产。同时《消法》明确规定,"消费者在购买、使用商品和接受服务时享有人身、财产安全不受损害的权利"。其中,消费者财产安全权的范围即是包括消费者购买商品的价款或接受服务支付的费用以及因使用商品或者接受服务而导致的其他财产损害。押金作为消费者提供的担保物,理应获得保护。在解决押金返还问题时,应采用"政府 + 公司"模式。就政府而言,首先应当确定相关监管机构。ofo 押金资金池具有融资性质,应划分到金融方面的监管范围中。目前我国的金融监管机构包括中国人民银行、证监会和银保监会等,但尚没有一个机构或者其下属职能部门在共享单车出现至今这段时间中对共享单车的押金情况进行调查监督,更多的是在纠纷出现后靠地方政府临时解决,故对共享单车押金资金池的监管划分还属于一个灰色地带。同时,公司本身应当增强信息透明度,保证消费者的财产安全权和知情权。在融资过程中,应当制定合理的融资计划,主动地、定期地接受资质审核和反垄断检查。在多方合力的基础上保障消费者的合法权利。

(四)制定共享市场行业团体标准和自律公约

经济法难以创制一部如民法典那样稳定的经济法典,经济立法既应该保持体制的相对稳定,又应该根据经济生活的变化做出适时的调整。行业协会章程、自律公约作为经济法上的"软法",对于规制市场秩序有着重要的作用。章程公约有利于政府部门对共享市场做出弹性的制度安排,符合共享市场的动态规律。在开放协商性的制定过程中,降低了法治与社会的发展成本。其亦可以作为共享市场"硬法"制定中的实验性立法,如上海市自行车行业协会制定了全国首个共享单车团体标准,不仅有定性的要求,也有定量的要求,如骑行共享单车的用户年龄、身高和单车报废热点透视时限等。标准要求,共享单车的用户需要年满12 岁,共享单车的出厂质量也要比现行的自行车国家标准严格,而且连续使用 3

---

① 白静:《财税视角下共享经济中的"押金"解析——以共享单车为例》,载《智库时代》2019 年第 38 期。

年即强制报废。[①] 通过章程公约,规范行业内经营行为,保护企业和消费者的合法权益。

四、结　论

法律规制共享经济的目的,旨在实现鼓励创新、保护消费者及追求市场效率等多重规制目标之间的平衡,其核心在于政府权力和市场权力的博弈,在博弈过程中,一方面要维护市场秩序的稳定性,另一方面也要扶持新兴经济模式,让其发挥市场推动作用。因共享经济全面突破了传统法律关系,其面临不确定性风险。因此,对共享经济进行规制创新,不仅是保护消费者和公共利益的需要,也是保护平台、消除政策不确定性风险的需要。

共享经济市场涉及多重法律关系,既有对市场规制结构的冲击,也对立法提出了紧迫要求。能否对其有效规制,涉及立法、司法与行政机关能否有效联动。共享经济的规制立法,既要鼓励创新、追求效率,又要适时解决其衍生问题,实现妥当规制。共享经济的规制还和社会文化环境有关,其法律规制也受不同国家的法系差异的影响,大陆法系习惯以立法、修法推动其规制创新,而英美法系则习惯以判例方式推动其规制革新。可见,共享经济的规制,是一个牵涉主体多、涉及领域广、影响范围大的问题,必须建立新的法律结构,借助法律,才能实现对共享经济的妥当规制。

---

① 陈颖婷:《"共享单车"游走法律灰色地带》,载《上海法治报》2017年4月24日,第A02版。

我国环境民事公益诉讼举证责任倒置原则适用的反思

——以《环保法》《环境民事公益诉讼司法解释》一系列法律条文的修改和生效为讨论背景

关　儒*

摘　要　当前实务界往往直接借鉴环境侵权诉讼中的举证责任分配原则，在环境民事公益诉讼中适用举证责任倒置原则。《民事诉讼法》《环境保护法》《环境民事公益诉讼司法解释》等一系列法律条文生效前，在环境民事公益诉讼中适用举证责任倒置原则具有一定的基础；但当这一系列法律文件生效后，提起环境民事公益诉讼的主体不再是弱势群体，也往往具有较高诉讼地位和较强的诉讼能力，而且法律制度也给予了其充分的保障，此时再适用举证责任倒置原则，无疑会破坏经济发展和环境保护的利益平衡。在环境民事公益诉讼中适用一般的举证责任分配原则具有一定的可行性和积极性的情况下，应当在环境民事公益诉讼中适用一般的举证责任分配原则。

关键词　环境民事公益诉讼　举证责任倒置原则　诉讼中的公平与正义　利益平衡

---

* 华南理工大学法学院2017级本科生。

一、现状分析:我国当前环境民事公益诉讼中举证责任倒置原则的适用情况及问题

(一)当今环境民事公益诉讼司法实践分配举证责任多适用举证责任倒置原则

民事公益诉讼尤其是环境民事公益诉讼是近年来我国社会各界讨论的热点。随着一系列法律条文的颁布,环境民事公益诉讼的法律依据和相关规则逐渐得以明确:2012年8月修订的《民事诉讼法》第55条从法律的层面规定对环境公益诉讼进行了规定,环境民事公益诉讼的提起从此有了切实的法律依据;随后2014年6月修订的《中华人民共和国环境保护法》(以下简称为《环保法》)第58条则进一步确立了可提起环境民事公益的社会组织资格认定标准;2015年1月最高人民法院发布《关于审理环境民事公益诉讼适用法律若干问题的解释》(以下简称《环境民事公益诉讼司法解释》),进一步细化了环境民事公益诉讼的相关规则。通过完善立法,环境民事公益诉讼制度得以逐渐形成;但在具体的证据规则的规定方面仍有较大不足,其中一个明显的表现就是缺乏举证责任分配的相关规定。

由于实定法的缺位,我国各地司法实践中往往通过制定指导性文件规定环境民事公益诉讼的举证责任分配,且多数采用举证责任倒置规则:如云南省昆明市中级人民法院、昆明市人民检察院在2010年联合出台的《关于办理环境民事公益诉讼案件若干问题的意见》,规定了环境民事公益诉讼案件中由公益诉讼人承担损害事实、损害后果的举证责任,被告则证明侵权行为与损害后果之间的因果关系,在环境民事公益诉讼中采用举证责任倒置原则;①云南省玉溪市中级人民法院、玉溪市人民检察院2011年联合制定的《关于办理环境资源民事公益诉讼案件若干问题的意见(试行稿)》第13条和第14条也规定:“环境资源民事公益诉讼案件中被告的危害行为、损害事实、损害后果由起诉人承担举证责任。环境资源民事公益诉讼案件的被告应当就法律规定不承担责任或者减轻责任的情

① 昆明市中级人民法院、昆明市人民检察院:《关于办理环境民事公益诉讼案件若干问题的意见》,载云南省高级人民法院网:http://www.gy.yn.gov.cn/Article/xwgj/xwgc/201011/20926.html,最后访问日期:2018年9月22日。

形,及行为与损害后果之间不存在因果关系承担举证责任。"①同样明确了环境民事公益诉讼中举证责任倒置原则的适用;海南省高级人民法院在2011年出台了《关于开展环境资源民事公益诉讼试点的实施意见》,其第14条即规定"环境公益诉讼案件的原告对污染损害行为、污染损害事实承担举证责任。环境公益诉讼案件的被告应当就法律规定不承担责任或者减轻责任的情形及行为与污染损害后果之间不存在因果关系承担举证责任"②,也对举证责任分配问题进行了相似的规定;而内蒙古自治区高级人民法院和人民检察院于2016年联合出台的《关于办理人民检察院提起民事公益诉讼案件相关问题的意见(试行)》第10条则规定了公益诉讼人需提交的调查内容只包括违法行为、社会公共利益受到损害的事实和其他需要查明的内容,并未对违法行为和损害结果间因果关系的调查进行要求。③

此外,各级人民法院在司法实践中对环境公益诉讼案件的审理也体现了举证责任倒置原则的适用。笔者以"环境民事公益诉讼"为关键词在裁判文书网进行了搜集,对搜索到的2017年和2018年的所有案例进行分析,其中涉及法院对违法行为和损害结果因果关系认定的共44篇,其中27篇在法律未对环境民事公益诉讼中的举证责任进行分配的情况下适用了举证倒置责任原则,其依据基本是《侵权责任法》第65条、第66条,有几起案例中法官直接认定违法行为必然会导致危害结果。

学者张忠民在《环境公益诉讼被告的局限及其克服》④中,对搜集的2015年至2016年的46起案例进行分析后也得出结论:在进行统计的案例中,原告基本就损害事实进行了举证并对加害行为与损害后果之间具有初步的关联性进行了举证,而被告积极举证其加害行为与损害后果之间不存在因果关系的达到了六成以上,这些案例基本都适用了举证责任倒置原则。

---

① 云南信息报:《关于办理环境资源民事公益诉讼案件若干问题的意见(试行)》,载武汉大学环境法研究所网:http://www.riel.whu.edu.cn/index.php/index-view-aid-9841.html,最后访问日期:2018年10月15日。

② 海南省高级人民法院:《关于开展环境资源民事公益诉讼试点的实施意见》,载海南省高级人民法院网:http://www.hicourt.gov.cn/spgc/details/gyss20110815.html,最后访问日期:2018年10月15日。

③ 内蒙古自治区高级人民法院、内蒙古自治区人民检察院:《关于办理环境资源民事公益诉讼案件若干问题的意见(试行)》,载安徽省黟县人民检察院网:http://www.ahyixian.jcy.gov.cn/jczn/201807/t20180712_2284795.shtml,最后访问日期:2018年10月15日。

④ 张忠民:《环境公益诉讼被告的局限及其克服》,载《环球法律评论》2016年第5期。

分析各地的指导性文件和案例审判,对我国各地环境民事公益诉讼的司法实践进行总结,可知虽然我国并未在立法上规定环境民事公益诉讼的举证责任分配制度,但我国司法实践通常参照环境侵权诉讼的举证规则,适用举证责任倒置原则。

(二)环境民事公益诉讼中适用举证责任倒置原则会引发的问题

然而,笔者发现,在环境民事公益诉讼实践中适用举证责任原则会引起许多问题,具体体现在以下两个方面:

1. 适用举证责任倒置原则会导致原被告诉讼地位严重不平等,违背举证责任倒置原则制定的初衷

环境民事公益诉讼中被告处于非常不利的境地。以笔者在裁判文书中搜集到的2017年、2018年相关案例共47篇进行分析,无一例判决结果是被告胜诉,除少部分案例中原被告进行了和解或者判决结果尚未给出外,大部分案件的结果都是原告胜诉;就学者张忠民在《环境公益诉讼被告的局限及其克服》给出的案例进行分析,也可以发现几乎没有出现被告胜诉的例子。可见,环境民事公益诉讼中被告处于极度不利的境地。被告在诉讼中呈现弱势的原因是复杂的,但证明责任被称为"民事诉讼的脊梁"①,是民事证据制度的"永恒主题"②,无疑会对诉讼能力产生极大的影响,在环境民事公益诉讼中多适用举证责任倒置原则是被告处于极度不利地位的一个重要原因。

在特殊诉讼中适用举证责任倒置原则,无非是为了"达到双方当事人举证责任的基本平衡,以有利于实现诉讼的公平与正义"③,但当举证倒置原则的适用反而会加剧双方当事人举证责任的不平衡,不利于诉讼公平与正义时,这样的制度设计显然是不合理的。

2. 在环境民事公益诉讼中原告的诉讼地位较高的情况下仍适用举证责任倒置原则将给企业发展带来沉重的负担,不利于实现经济发展与环境保护的利益平衡

工业企业的日常生产必然会产生污染物,在目前的技术条件下,这些污染物

---

① [德]莱奥·罗森贝克:《证明责任论》(第四版),庄敬华译,中国法制出版社2002年版,第64页。

② 李浩:《民事证明责任研究》,法律出版社2003年版,封面语。

③ 张睿:《环境侵权民事诉讼举证责任分配之比较研究》,载《河北法学》2009年第3期。

最终会被排放到自然环境中,企业只能尽量减少排出的污染物,而不能完全消除对环境的影响。从这种角度来看,工业经济的发展必然会给环境带来影响,也必然会对社会公共利益造成某种程度的损害。如果不将环境民事公益诉讼和环境侵权诉讼进行区分,在环境民事公益诉讼中也适用举证责任倒置原则,无疑会给工业企业带来极大的负担:在现有技术水平下,工业企业的生产多多少少都会对环境造成一定的影响,一旦工业企业被提起环境民事公益诉讼,其不仅要面对强势的诉讼对手,还要承担因果关系不存在的举证责任,诉讼负担极大,败诉的风险也极高。毕竟因果关系的证明本身就是环境污染案件中的难题,是诉讼双方都"难以承受之重"。正如上文中司法案例所呈现的结果,在环境民事公益诉讼中几乎没有出现被告胜诉的情况,充分说明了环境民事公益诉讼中原告沉重的诉讼负担;且这种诉讼负担又会进一步转变成工业企业发展的更沉重的负担:这种随时在环境民事公益诉讼中败诉的风险会限制工业企业的发展,使工业企业需要承担过度的注意义务和发展成本,影响工业企业发展的自主性和积极性,而工业企业的发展状况也会影响区域经济发展。故在环境民事公益诉讼原被告诉讼地位、取证能力基本平等,甚至原告更具优势的情况下还适用举证责任倒置原则,虽然有利于保护环境,但实际上对环境进行了过度保护抑制了工业经济的发展,不利于实现经济发展需求与环境保护需求的利益平衡。

二、原因分析:不应在环境民事公益诉讼中适用举证责任倒置原则的理由

介绍过我国环境民事公益诉讼实践中举证责任倒置原则的适用现状及出现的一些问题后,笔者认为在环境民事公益诉讼中不应适用举证责任倒置原则,具体分析如下:

(一)在环境民事公益诉讼中适用举证责任倒置原则不利于实现诉讼中的公平正义

1. 举证责任倒置是举证责任分配的特殊规则,其适用是为了实现诉讼中的公平正义

(1)民事诉讼中举证责任分配一般标准概述

我国法律深受大陆法系影响。在举证责任分配领域,大陆法系的许多国家

和地区均将德国学者罗森贝克的"法律要件分类说"作为具有法律意义的证明责任分配一般标准,我国理论界及实务界也承认其作为证明责任分配的正置标准。①

罗森贝克认为,实体法规范可分为产生权利的规范和与产生权利规范相对的规范,包括权利妨碍规范、权利消灭规范、权利受制规范。② 相应地,在举证责任的分配原则方面,主张权利存在的人应就权利发生的法律要件事实负证明责任;否认权利存在的人应对存在妨碍权利的法律要件、权利消灭的法律要件或权利受制的法律要件事实负证明责任。③

我国民事诉讼的举证责任分配原则设计借鉴了罗森贝克"法律要件分类说",规定"谁主张,谁举证"的举证责任分配的一般原则:权利发生的法律要件事实由主张权利存在的人负证明责任;存在妨碍权利的法律要件、权利消灭的法律要件或权利受制的法律要件事实由否认权利存在的人负证明责任。而这种举证责任分配制度具体在侵权诉讼中的体现为:原告需要就损害事实客观存在、侵权行为与损害事实存在因果关系等事项进行证明;而被告需要就具有免责事由等事项进行证明。

(2)在某些条件下会对举证责任分配一般原则进行调整,适用举证责任倒置原则

虽然罗森贝克的"法律要件分类说"确立的证明责任分配一般标准在大部分情况下都具有可操作性④,且基本能满足诉讼中的正义价值要求;但在某些情况下该理论会呈现出一定的功能缺陷:即机械地使用这一理论会一味地拘泥于法律条文对权利规定的形式要件上,而无法估计这种形式要件上的硬性责任分配是否完全能体现法律对公平或权利救济上的价值因素。⑤

故出于法律上的价值追求,由一般公正过渡到特殊公正,各国规定了某些特殊的举证责任分配规则,对法律要件分类说本身固有的缺陷进行修正与调整。

---

① 肖建国、包建华:《证明责任:事实判断的辅助方法》,北京大学出版社2012年版,第99页。

② 李浩:《民事证明责任研究》,法律出版社2003年版,第116页。

③ 同上。

④ 徐淑琳、冷罗生:《反思环境公益诉讼中的举证责任倒置——以法定原告资格为视角》,载《中国地质大学学报》(社会科学版)2015年第1期。

⑤ 毕玉谦:《〈最高人民法院关于民事诉讼证据的若干规定〉释解与适用》,中国民主法制出版社2002年版,第63页。

而举证责任倒置正是对依法律要件分类说分配举证责任的局部修正①,具体体现为按照法律要件分类说在双方当事人之间分配举证责任后,划分原本应当由一方当事人对某法律要件事实存在负举证责任,转由另一方当事人就不存在该事实负举证责任②,此时"法律要件分类说"中由请求权人证明的权利构成要件事实,就转化成由相对人进行证明的权利妨碍要件,该要件事实真伪不明造成的诉讼风险转由相对人承担。

在一般证据规则中,根据"法律要件分类说"确定的"谁主张,谁举证"原则是一般原则,这一原则的例外则是举证责任的倒置。③ 而这种例外原则的适用需要一定的条件,总结现有的学术观点和法律条文,我国民事诉讼中适用举证责任倒置原则的原因有以下几个:

一是平衡原被告的诉讼地位。在某些诉讼中,产生纠纷的双方的诉讼地位具有较大差异,比如产品侵权纠纷中,提起诉讼的一方往往是普通民众,而答辩的一方往往是具有较强特殊经济地位与信息能力的企业或者公司,这些企业在当地有较高的社会地位,甚至和当地公权力机关有紧密联系。一旦发生诉讼纠纷,二者在诉讼中的地位和攻防能力明显不平等。为实现民事诉讼法中的"当事人平等原则",适用举证责任倒置原则,调整原被告的诉讼结构以尽量确保原被告的诉讼地位平等,无疑是追求公平正义的应有之义。

二是平衡原被告的举证能力。在某些侵权诉讼中,原被告由于经济、技术、信息获取等方面的能力差距悬殊,收集证据的能力也会有巨大差异;另外,证据距离的差异也会对原被告的举证能力有影响,有些侵权之诉中关键证据往往离被告更近,或者直接就处在加害者的控制下,由被告来证明某些权利构成要件不存在比原告证明权利构成要件存在要容易得多,此时再适用一般的举证分配原则,明显对原告不公平。故由举证能力明显更强的主体来承担其他主体的举证责任,适用举证责任倒置原则,能平衡原被告的举证能力,扭转依照一般举证责任分配原则下原被告之间的严重的证据不平衡情形④,实现诉讼中的公平与正义。

三是保护弱势群体。在诉讼上实行举证责任倒置,原因之一是"法律通常在

---

① 江伟:《民事诉讼法》,高等教育出版社2007年版,第193页。

② 李浩:《举证责任倒置:学理分析与问题研究》,载《法商研究》2003年第4期。

③ 王利明:《论举证责任倒置的若干问题》,载《广东社会科学》2003年第1期。

④ 刘永祥:《现代型诉讼对民事证据理论的冲击与反思》,载《当代法学》2002年第5期。

体现一视同仁的前提下,为了实现特定价值的衡量,不得不更加顾及或侧重保护弱者的权益,以维护法律争议上的最高价值”。公平正义是法追求的价值,保护弱者、追求公平的原则贯穿于民法和侵权责任法中,那么也必然会在诉讼证据规则中有所体现。在某些侵权诉讼中为保护弱势群体(如雇工、消费者、患者等)适用举证责任倒置原则,是实质正义在诉讼法上的体现。

在普通环境侵权诉讼中,因为双方当事人诉讼地位不平等、举证能力差距悬殊、提起诉讼的往往是处于弱势的普通民众,适用举证责任倒置原则有利于“平衡当事人双方的诉讼能力,实现诉讼上的公平和正义”,具有合理性。

2. 环境民事公益诉讼的主体相较于普通环境侵权诉讼有较大不同,不再具有适用举证责任倒置原则的基础

如上所述,在诉讼中适用举证责任倒置原则的基本理念追求的是“平衡当事人双方的诉讼能力,实现诉讼上的公平和正义”,在普通环境侵权诉讼中,由于双方当事人诉讼地位不平等、举证能力差距悬殊、提起诉讼的普通民众往往处于弱势地位,适用举证责任倒置原则有利于实现诉讼上的公平和正义,具有合理性;而环境民事公益诉讼看似与传统环境侵权诉讼有许多相似之处,但在《环保法》中,最高人民法院、最高人民检察院《关于检察公益诉讼案件适用法律若干问题的解释》以及《环境民事公益诉讼司法解释》等法律法规出台后,环境民事公益诉讼与传统环境侵权诉讼在诉讼目的、诉讼主体类型等方面都有所区别,不再具有适用举证责任倒置原则的基础,故不应再适用举证责任倒置原则,以下将从三个方面详细说明为何在环境民事公益诉讼中不应适用举证责任倒置原则:

(1)环境民事公益诉讼中符合提起诉讼资格的主体类型特殊,并非需要在诉讼中给予保护的弱者。修改后的《民事诉讼法》第55条并未赋予个人提起环境民事公益诉讼的权利,而是明确了法律规定的有关组织和有关机关可以提起诉讼。《环保法》、《环境民事公益诉讼司法解释》以及后来的最高人民法院、最高人民检察院《关于检察公益诉讼案件适用法律若干问题的解释》又共同对《民事诉讼法》第55条中原告的主体范围进行了规定:《环保法》明确了可以提起环境民事公益诉讼的社会组织的资质要求,最高人民法院、最高人民检察院《关于检察公益诉讼案件适用法律若干问题的解释》第13条则规定检察机关提起环境民事公益诉讼的条件;《环境民事公益诉讼司法解释》第4条、第5条进一步解释了社会组织的资质认定问题,且在第10条中规定:“公民、法人和其他组织以人身、财产受到损害为由申请参加诉讼的,告知其另行起诉。”将环境民事公益诉讼和

环境侵权诉讼区分开来。

在现有法律制度下,提起环境民事公益诉讼的原告不再是需要在诉讼中进行保护的弱势群体,环境民事公益诉讼不再具有为保护弱势群体而适用举证责任倒置原则的基础。

(2)环境民事公益诉讼中原告的诉讼地位不再明显弱于被告,甚至在某些情况下原告地位更加强势。现有法律制度下,符合资质的主体大致可以分为两类:法律规定的有关组织和有关机关。前者以各种社会组织为代表,《环保法》第58条规定这类社会组织应满足两个条件:条件之一是依法在设区的市级以上人民政府民政部门登记,条件之二则是专门从事环境保护公益活动连续5年以上且无违法记录。因而,符合该要求能够向人民法院提起诉讼的社会组织具有团体性、专业性和丰富的环境保护经验,比之普通民众在诉讼中的地位有极大的提高;同时,在环境民事公益诉讼中比较活跃的社会组织往往具有一定的官方背景,张忠民在《环境公益诉讼被告的局限及其克服》给出的案例和笔者自己搜集的案例中,提起诉讼数量占绝对优势的两个社会组织自然之友和中华环保联合会,都具有一定的官方背景,比如,中华环保联合会就是一个由国务院批准、民政部注册、环保部主管的全国性社团组织,这种官方背景又会进一步提高社会组织的诉讼地位。

后者以检察机关为代表。作为国家机关,检察机关拥有普通当事人所没有的权力和地位优势,使环境公益诉讼中原告的诉讼地位得以巩固。检察机关还具有大量处理民事诉讼案件的经验,相较于传统环境侵权诉讼中的原告和环境公益诉讼中的被告都明显具备更高的法律专业素养,对诉讼程序、诉讼方法以及庭审技巧更为熟悉。在以检察机关担任公益诉讼人的环境民事公益诉讼中,原告的诉讼地位甚至比被告的更强势。

此外,《环境民事公益诉讼司法解释》还进一步强化了原告的优势地位,比如第11条规定检察机关或其他团体可支持社会组织提起环境民事公益诉讼:"检察机关、负有环境保护监督管理职责的部门及其他机关、社会组织、企业事业单位依据民事诉讼法第十五条的规定,可以通过提供法律咨询、提交书面意见、协助调查取证等方式支持社会组织依法提起环境民事公益诉讼。"规定环境民事公益诉讼中被告不能提起反诉的则是第17条:"环境民事公益诉讼案件审理过程中,被告以反诉方式提出诉讼请求的,人民法院不予受理。"

在此情况下,原告的诉讼地位在环境民事公益诉讼中得到了充分的保障,环境侵权诉讼中为平衡双方原被告诉讼地位不平衡而需适用举证责任倒置的基础不复存在。

(3)环境民事公益诉讼中原被告的举证能力差距不再悬殊,甚至原告搜集证据的能力更胜一筹。符合《环保法》规定的社会组织拥有较强的技术背景、丰富的进行环境保护活动的经验和一定的社会影响力,并拥有大量的专业人士和稳定的诉讼资金来源渠道,突破了阻碍环境公益诉讼的经济制约因素;而作为公权力机关的检察机关更是具有多年从事诉讼活动的经验,具有普通民事主体无法比拟的可以依职权调查的诉讼优势和较强的证明能力。此外,最高人民法院、最高人民检察院《关于检察公益诉讼案件适用法律若干问题的解释》规定检察机关可以要求团体、公民配合其取证工作,检察机关具有极强的证据收集能力。

《环境民事公益诉讼司法解释》还从规定被告承担法定的举证责任、给予原告一定的资金保障等方面来提高原告的举证能力。比如,第13条规定被告需要担负法定的举证责任:"原告请求被告提供其排放的主要污染物名称、排放方式、排放浓度和总量、超标排放情况以及防治污染设施的建设和运行情况等环境信息,法律、法规、规章规定被告应当持有或者有证据证明被告持有而拒不提供,如果原告主张相关事实不利于被告的,人民法院可以推定该主张成立。"第14条更是赋予法院发起调查的职权,进一步减轻了原告收集证据的压力:"对于审理环境民事公益诉讼案件需要的证据,人民法院认为必要的,应当调查收集。"在资金方面,《环境民事公益诉讼司法解释》也为原告收集证据提供了保障,如第22条规定:"原告请求被告承担检验、鉴定费用,合理的律师费以及为诉讼支出的其他合理费用的,人民法院可以依法予以支持。"再次为原告收集证据提供了一定保障。

另外,证据距离也不会成为在环境民事公益诉讼中适用举证责任倒置原则的理由。因为在环境诉讼中的举证责任倒置主要体现在因果关系的证明上,而因果关系是否存在的证明对于原被告来说都是同样困难的,违法行为和损害结果之间的因果关系的证明对于原被告来说都是不可承受之重。①

在原告的举证能力较强、原被告与重要证据距离基本相同且《环境民事公益诉讼司法解释》等法律文件充分地保障了原告的举证能力的前提下,笔者认为,

---

① 张宝:《论环境侵权案件中的举证责任分配——以贵阳市水污染责任纠纷案为例》,载《环境保护》2013年第14期。

不必要再在诉讼过程中适用举证责任倒置原则,以免使被告处于更弱势的地位,不利于平衡原被告诉讼能力。

3. 为平衡环境民事公益诉讼中原被告的诉讼能力,实现诉讼中的公平和正义,不应适用举证责任倒置原则

笔者认为,在《民事诉讼法》修改后且《环保法》《环境民事公益诉讼司法解释》一系列法律文件生效后,原被告的诉讼地位、举证能力的强弱发生了巨大变化,此时再在环境民事公益诉讼中适用举证责任倒置原则,将会使被告在诉讼中处于不利地位,反而不利于平衡原被告诉讼能力,不利于实现诉讼中的公平和正义。

分析笔者搜集到的案例,当涉及原被告举证责任分配问题时,法院往往依据《侵权责任法》第 65 条和第 66 条的规定认定被告应当承担因果关系不存在的证明,适用举证责任倒置原则。但需要明确的是,即使对于环境侵权诉讼,我国实践和理论仍表明举证责任倒置原则的适用应当更加谨慎;①而环境民事公益诉讼是公益诉讼而非传统的私益诉讼,和环境侵权诉讼有较大区别,在相关法律法规未对环境民事公益诉讼的举证责任分配进行规定时能否直接适用《侵权责任法》尚且存疑,且由上文分析已能清楚在环境民事公益诉讼中不具有适用举证责任倒置原则的基础,适用该原则反而不利于实现诉讼中的公平和正义,故笔者认为不应在环境民事公益诉讼中适用举证责任倒置原则。

(二)在环境民事公益诉讼中适用举证责任倒置原则不利于实现工业经济发展与环境保护之间的利益平衡

在世界各国的经济发展过程中,或多或少都会出现环境问题,而各类研究已经证明了工业经济的发展对环境质量会有一定的影响。近年来,学者根据 VAR 等分析方法对环境污染与工业经济之间的联系进行研究,已知环境污染和工业经济具有较紧密的联系。② 在《江苏省区域工业发展对环境的影响研究》一文

---

① 马栩生、吕忠梅:《环境侵权诉讼中的举证责任分配》,载《法律科学》2005 年第 2 期。胡学军:《环境侵权中因果关系及其证明问题评析》,载《中国法学》2013 年第 5 期。张旭东:《环境侵权因果关系证明责任倒置反思与重构:立法、学理及判例》,载《中国地质大学学报》(社会科学版)2015 年第 5 期。

② 贾丽丽、王佳、胡梦泽:《基于 VAR 模型的工业经济发展与环境污染关系研究》,载《工业技术经济》2017 年第 2 期。

中,作者对江苏省苏南、苏中和苏北三大区域所处工业化阶段进行研究指出:工业经济的发展与环境质量的关系存在矛盾同时又存在一定的一致性:发展经济在很大程度上会破坏环境,而环境的保护与优化却又受经济发展的程度的影响①。由此可见,现有技术条件下工业发展必然会对环境有所影响,问题在于如何将这些影响控制在合理的限度内,实现经济发展与环境保护的平衡。环境自然是应当保护的,但我国目前仍处于经济发展的重要阶段,对工业经济的依赖仍较重,工业企业的迁移或者开设倒闭对于一个地区甚至整个国家的经济都会有着极其明显的影响。

三、制度分析:在环境民事公益诉讼中适用一般举证责任分配原则具有一定的可行性

在环境民事公益诉讼中,举证责任倒置原则的适用不利于实现诉讼中的公平与正义,不利于实现经济发展与环境保护的平衡,则在环境民事公益诉讼中不再适用举证责任倒置原则而适用一般的举证分配原则具有一定的合理性。

在环境民事公益诉讼中适用一般举证分配原则具有一定的可行性:

1. 环境民事公益诉讼和传统的环境侵权诉讼之间的差异为二者适用不同的举证责任分配原则提供了法理基础

传统环境侵权诉讼是私益诉讼,私益诉讼中“无权利就无诉权”,要求提起诉讼者和案件具有法律上的利害关系或有直接的环境损害结果发生;而环境民事公益诉讼是在“社会公共利益受到损害或者有受到损害的极大风险”时启动的,提起诉讼的主体是法律规定的有关组织和有关机关。二者在诉讼目的上的区别又会导致诉讼主体在诉讼能力和诉讼地位上有区别:前者原告一般是权利受到损害的普通民众,相比实施了侵权行为的企业来说是弱势群体,诉讼地位和诉讼能力也较弱;而后者中符合法律规定可以提起诉讼的主体却具有较强的诉讼能力和诉讼地位。在此情况下,环境民事公益诉讼和环境侵权诉讼的诉讼制度设计应当有所不同。故虽然现有法律制度下传统环境侵权诉讼适用举证责任倒置原则,但因为环境民事公益诉讼与其在诉讼目的、诉讼主体方面有较大不同,所

---

① 李斌:《江苏省区域工业发展对环境的影响研究》,南京农业大学技术经济及管理专业2013年硕士学位论文,第48页。

以二者在诉讼制度设计方面应当有所区别。环境民事公益诉讼不能直接适用环境侵权诉讼的诉讼规则,尤其不能适用举证责任倒置原则,否则会影响诉讼中的公平和正义。

2. 新出台的关于环境民事公益诉讼的法律规定为一般举证责任分配原则的适用提供了制度基础

我国《民事诉讼法》《环保法》《环境民事公益诉讼司法解释》的出台和生效,在诉讼主体、诉讼过程等方面明确了环境民事公益诉讼与传统环境诉讼的区别,为两种诉讼适用不同的举证责任分配原则提供了制度基础:其中,《环境民事公益诉讼司法解释》第 10 条第 3 款规定两个诉讼应当分开进行:"公民、法人和其他组织以人身、财产受到损害为由申请参加诉讼的,告知其另行起诉。"第 29 条明确了环境民事公益诉讼不会影响环境侵权诉讼:"法律规定的机关和社会组织提起环境民事公益诉讼的,不影响因同一污染环境、破坏生态行为受到人身、财产损害的公民、法人和其他组织依据民事诉讼法第一百一十九条的规定提起诉讼。"立法者对环境民事公益诉讼和环境侵权诉讼在诉讼制度设计方面进行的区分,正是环境民事公益诉讼摆脱环境侵权诉讼在举证责任分配层面的影响而适用一般举证责任分配原则的制度基础。

3. 理论界和实务界在环境民事公益诉讼中适用一般举证责任分配原则的探索可以为完善制度设计提供参考

目前,学界有相当数量的学者认为在环境民事公益诉讼中应当适用一般的举证责任分配规则,如梅宏认为,检察机关是国家机关,拥有法定的侦查权。在收集证据时,人民检察院因其特殊地位拥有一定的优势和便利。故而,在人民检察院提起的环境公益诉讼,人民检察院应当承担全部举证责任。①

而实践中各地也有类似规定,进一步说明了在环境民事公益诉讼中适用一般举证责任分配原则具有可行性。比如,贵州省人民检察院出台的《关于办理及审批公益诉讼案件的工作规定(试行)》在第 4 条第 1 款中规定检察院需要按照一般举证责任分配原则来搜集证据:"办理民事公益诉讼案件,要紧紧围绕证明

---

① 梅宏:《由新〈民事诉讼法〉第 55 条反思检察机关公益诉讼的法律保障》,载《中国海洋大学学报》(社会科学版)2013 年第 2 期。

被告有违法行为、造成实际损害后果、行为与结果的因果关系来收集证据。"①又如,铁岭市人民检察院在2018年出台了《检察机关民事公益诉讼案件办案指南(试行)》虽规定了因果关系的举证责任在侵权行为人,但检察机关仍需对是否存在因果关系的事实进行调查:检察院起诉的调查内容包括侵权主体的基本情况、行为人实施的危害行为以及其具体过程、损害后果及违法行为与损害事实之间的因果关系。并详细规定了因果关系的调查又包括三个方面:"第一,因果关系应是条件相当的因果关系;第二,破坏生态环境和资源保护的案件一般通过委托鉴定、评估、审计的方式作出;第三,对于破坏生态、污染环境案件而言,因果关系的举证责任虽在侵权行为人,但检察机关基于确定违法事实的需要仍然应对证明是否存在因果关系的事实进行调查。"②

在环境民事公益诉讼中适用一般举证责任原则具有理论和实践的可行性;而学界和实务界对在环境民事公益诉讼中适用一般举证规则已有一定程度的探讨和规定,具有参考价值,可以为完善环境民事公益诉讼中的举证分配原则提供经验。

四、影响分析:在环境民事公益诉讼中适用一般的举证责任分配制度需要考虑现实影响

前文已经对在环境民事公益诉讼过程中,不再适用举证责任倒置原则转而适用一般举证责任分配原则的原因与可行性进行了详细分析,但要切实推动一般举证责任原则在环境民事公益诉讼中的适用还需要探讨该制度是否会在现实中造成较大的不良影响,如果适用该原则导致的不利影响过大,那么在环境民事公益诉讼中适用一般的举证责任分配原则就不具有合理性。

若要在环境民事公益诉讼中适用一般举证责任分配原则,笔者认为至少需要讨论两个现实问题:一是在环境民事公益诉讼中适用一般举证责任分配原则后若不能认定被告行为损害了公共利益,是否会导致环境侵权私益诉讼中被告

---

① 贵州市人民检察院:《贵州省人民检察院关于办理及审批公益诉讼案件的工作规定(试行)》,载包头律师咨询网:http://www.baotoulawyer.com/info/1514.jspx,最后访问日期:2018年11月14日。

② 汝州市人民检察院:《检察机关民事、行政公益诉讼案件办案指南(试行)》,载汝州市人民检察院网:http://www.haruzhou.jcy.gov.cn/show.asp? id=1382,最后访问日期:2018年11月14日。

的侵权事实也不能认定,不利于保护弱者权利?二是在环境民事公益诉讼中适用一般举证责任分配原则是否会极大程度上改变原被告的诉讼能力对比,使通过公益诉讼保护环境的公益目的不能实现?

笔者认为,在现行法律制度下该原则在环境民事公益诉讼中的适用并不会导致以上问题,也不会出现较大的不良影响,适用该原则具有合理性。在前文中笔者已经分析过环境民事公益诉讼和环境侵权诉讼的性质区别,两种诉讼中的事实认定可以分开进行,在环境民事公益诉讼中若不能认定被告行为损害了公共利益,则不会导致环境侵权私益诉讼中被告的侵权事实也不能认定。在《环境民事公益诉讼司法解释》第 29 条中规定了环境民事公益诉讼不会影响环境侵权诉讼的提起;第 30 条又明确规定原告可以主张适用环境民事公益诉讼生效裁判的事实认定,人民法院应予支持。且被告主张直接适用对其有利的认定的,人民法院不予支持,被告仍应举证证明……依据这些法律条文,可知在环境民事公益诉讼中若不能认定被告行为损害了公共利益,不会导致环境侵权私益诉讼中被告的侵权事实也不能认定。又如前所述,《环境民事公益诉讼司法解释》等法律文件规定了被告不能进行反诉、法院可以依职权对案件进行调查、对原告给予更多的经济支持,可知即使在环境民事公益诉讼中适用一般举证责任分配原则而不再适用举证责任倒置原则,相关法律条文也给予了原告足够的制度保障,也不会导致通过环境公益诉讼以保护环境的公益目的不能实现。

对在环境民事公益诉讼适用一般的举证责任分配原则造成的影响进行综合考量,其积极影响远大于消极影响,故应适用一般的举证责任分配原则。

五、总　　结

在我国《民事诉讼法》《环保法》《环境民事公益诉讼司法解释》等一系列法律条文生效前,环境民事公益诉讼中的原告尚且包括公民个人,并且法律对原告的制度保障仍不足,环境民事公益诉讼仍具有适用举证责任倒置原则的基础;但当这一系列法律文件生效后,提起环境民事公益诉讼的主体不再是弱势群体,其往往具有较高诉讼地位较强和诉讼能力,且法律制度对其给予了充分的保障,此时如果再适用举证责任倒置原则,无疑将会导致被告的诉讼能力远远弱于原告,不利于实现诉讼中的平等和正义,还会给工业企业带来过重的负担,无益于实现环境保护和经济发展之间的利益平衡。

我国《民事诉讼法》《环保法》《环境民事公益诉讼司法解释》等一系列法律条文生效后,在环境民事公益诉讼中适用一般的举证责任倒置原则具有可行性和积极性,故而,在环境民事公益诉讼中理应适用一般的举证责任分配原则,而不再参照环境侵权诉讼适用举证倒置原则,将会更有利于实现环境民事公益诉讼相关规定的衔接,实现环境保护和经济发展之间的利益平衡。

同性婚姻合法化趋势在中国的研判

——从"中国同性婚姻第一案"说起*

张耀源**

摘　要　本文通过介绍"中国同性婚姻第一案"并进行相关的法律分析,从正反两个层面论证同性婚姻合法化的权利基础和法文化障碍,并对中国同性婚姻合法化的前景作出预判。大量医学研究证明,同性恋并不是传统意义上的疾病,更不是可以被矫正的性取向,而是部分人群与生俱来的自然属性,这为同性恋群体的权益保障提供了科学理论支撑——同性恋作为人类族群的客观现象之一,应当得到法律的承认和保护。目前,全球一些国家对同性婚姻所持的开放态度表明同性婚姻合法化已为主流意见所接纳,而同性恋权益保障的核心之一就是同性婚姻合法化。然而,同性婚姻合法化并不是一个一蹴而就的法律问题,它需要社会、家庭、婚姻、伦理等多领域之间的协调与配合。目前,同性恋权益保障在我国的法律层面尚无规定,也因此造成许多社会问题。消除对同性恋的歧视与不平等对待,将是我国法律当下所要面对的问题之一。

关键词　同性恋权益保障　同性婚姻合法化　权利

---

*　本文系作者于本科毕业论文的基础上修改而成,深圳大学法学院李薇薇教授对此文有过悉心指导,在此表示诚挚感谢,但文责自负。

**　华南理工大学法学院宪法学与行政法学硕士研究生。

基础　法文化障碍

引　言

2015年6月23日,孙某(男)携其男友去长沙市芙蓉区民政局办理结婚登记,被工作人员拒绝,理由是"只有一男一女才能结婚"。而孙某认为,和男友结婚,是自己的"天赋人权"。他认为同性婚姻在中国是合法的,只是没有人去实施它,因为"法无禁止即自由",而婚姻法中并没有明确禁止同性婚姻,所以孙某以"行政机关不作为"为由起诉了民政局。这场被称作"中国同性恋婚姻维权第一案"的诉讼引得众多媒体和学者的关注,诉讼双方的争议焦点在于《婚姻法》总则中所说的"一夫一妻"是否指的是"一男一女"。

2016年4月13日,"中国同性恋婚姻维权第一案"在湖南长沙市芙蓉区人民法院公开开庭审理,引起社会关注。这标志着中国同性婚姻合法化问题正式由幕后走向台前,第一次以诉讼的形式呈现在中国法律界面前。而随着越来越多全球主要发达国家对同性婚姻合法化的法律认可,对同性恋权益保障和跨性别少数群体的法律保护越来越成为法学界关注的焦点。如何在改善同性恋生存环境、促进婚姻平权与捍卫传统婚姻、坚守人类伦理上实现平衡和取舍成了多数法学家和法学学者关心的问题。

中国是一个拥有悠久历史传统的国度,同时也是一个正在实现现代化的人口大国,不应该也不可能回避这一问题,席卷全球的同性婚姻合法化趋势在中国的发展走向将会逐渐成为未来中国意识形态层面的重要问题之一,提前对于这一问题进行法律上的分析是有价值的。本文将以"中国同性婚姻第一案"为范例,从正反两个层面论证同性婚姻合法化背后的权利基础和法文化障碍,并对中国同性婚姻合法化的前景作出预判。

一、"中国同性婚姻第一案"的法学分析

针对上述的"中国同性恋婚姻维权第一案",法院认为,根据起诉状,本案孙某、胡某的诉讼请求是请求判令芙蓉区民政局为其办理结婚登记。根据我国《婚姻法》第2条、第5条、第8条等相关规定,办理结婚登记的必须是男女双方。二人均为男性,明显不符合法律规定的办理结婚登记的条件,其要求判令被上诉人

为其办理结婚登记,理由不成立。根据我国《行政诉讼法》第69条“原告申请被告履行法定职责或者给付义务理由不成立的,人民法院判决驳回原告的诉讼请求”的规定,其诉讼请求应予驳回。原告提出刑法中聚众淫乱罪的处罚对象包括同性,婚姻登记也应涵盖同性,婚姻法中的“男女平等”应当解释为男女可以平等地和男方结婚,也可以平等地和女方结婚等,其理解明显超出婚姻法相关规定中“男女”的文义范围,属于曲解法律,不予采信。原告认为根据宪法等关于平等和人权的要求,婚姻登记排除同性是歧视,对同性申请婚姻登记应予办理,该主张系否认法律的效力,理由不成立,不予支持。

根据上述判决书内容,法院实际上以三点理由驳回了孙、胡二人的诉讼请求:其一,我国实行婚姻登记制度,只有合法登记的婚姻才有效。而《婚姻法》第5条、第8条从婚姻登记的实践上否认了同性婚姻的可能①,也就否认了同性婚姻的合法性,所以民政局的行为合法;其二,法院认为“男女平等”适用于婚姻登记制度属于明显曲解法律;其三,对于同性婚姻中“反歧视”的人权与宪法保障,法院认为这是对现行婚姻法的否认,超出了法院的职权范畴。

学者郝铁川认为,在我国《婚姻法》第2条“实行婚姻自由、一夫一妻、男女平等的婚姻制度”中并未明确指出婚姻双方的性别要求,但与此同时,我国《婚姻法》实际上在第5条:“结婚必须男女双方完全自愿,不许任何一方对他方加以强迫或任何第三者加以干涉。”第6条:“结婚年龄,男不得早于二十二周岁,女不得早于二十周岁。”第9条:“登记结婚后,根据男女双方约定,女方可以成为男方家庭的成员,男方可以成为女方家庭的成员。”规定了“男女双方”的性别条件。而且,如果孙某“一夫一妻不是只有男女才能构成”的说法得以成立的话,那么按照现行法规,孙、胡二人一旦“登记结婚”,将永远不能离婚。因为《婚姻登记条例》第10条规定:“内地居民自愿离婚的,男女双方应当共同到一方当事人常住户口所在地的婚姻登记机关办理离婚登记。”而孙文林和他的“婚姻伴侣”都系男性,无法去办理离婚登记。②

---

① 《婚姻法》第5条“结婚必须男女双方完全自愿,不许任何一方对他方加以强迫或任何第三者加以干涉”,第8条“要求结婚的男女双方必须亲自到婚姻登记机关进行结婚登记。符合本法规定的,予以登记,发给结婚证。取得结婚证,即确立夫妻关系”,都在法条中明确规定了“男女双方”为结婚登记的前提。

② 郝铁川:《荒谬的同性婚姻第一案》,载法制日报:http://epaper.legaldaily.com.cn/fzrb/content/20160114/Articel07005GN.htm,最后访问日期:2019年8月5日。

笔者认为,虽然法律法规并未明确禁止同性婚姻,但却在法律实践层面限定了夫妻双方的“男女”性别要求。可是,如果我们从法理层面展开讨论,缔结婚姻属于一种民事法律行为,“法无禁止即可为”,而《婚姻法》的条文从一个侧面说只是针对异性恋的婚姻缔结做出规定,并未对同性婚姻有所规范,所以,同性婚姻从理论上说也是可以为之的。因此,这就造成了一种互相矛盾的局面,究其原因,其实是立法者的“立法回避”所造成的。

立法回避,即对于复杂棘手、争议极大而又暂时“不急迫”的法律问题,立法者常常会刻意回避,不触及不表态,但实际上却是支持了传统做法。这种立法上的“鸵鸟心态”因为不触及传统观念所以不会引起反弹,又因为不明确表态也不得罪于持新观念者,这是现如今中国立法者面对社会争议较大的法律问题所通行的做法。这种“立法回避”的做法有利也有弊,有利之处在于:一是通过“立法回避”可以先行搁置争议,避免进一步的社会分裂,给予社会各方面以缓冲时间;二是如果立法者草率地推出新的立法,则不可避免地会引起一连串的连锁反应,譬如,需要制定大量的配套法律法规,相关行政机关都要进行相应的改变等,这样做的立法成本会很高,而通过“立法回避”可以很好地节约这部分立法成本。但它的弊端也十分明显:一是立法回避实际上是在回避社会问题,这会造成社会矛盾的不断累积,一旦爆发将会严重危害全体社会成员。比如说社会上对于同性恋者的歧视和压迫造成了同性恋者大多会隐藏自己的性取向与异性恋者结婚,产生了很多“同妻”“同夫”,不利于婚姻和家庭的稳定以及个人对美好生活的追求。二是立法者的回避会将压力推至法院,造成法院的两难处境,不利于司法工作的开展和法院权威的树立。我国的权力体系架构造成了法院在面对诸如人大或有行政立法权的政府机关时实际上是处于劣势地位的,而且我国是成文法国家,不实行判例法制度,在法院的判决中对立法的重复强调要远多于对立法的灵活把握,故而单单一个法院的判决根本无法承担起同性婚姻合法化的重任。因为即便法院判决孙、胡二人胜诉,行政机关也没有配套措施履行判决,这对于法院的威信是极大的损害。

二、"同性恋"概念的产生与发展

"同性恋"一词首次使用,源于1896年出版的一本小册子①,这本小册子是由匈牙利人卡尔·玛丽亚·柯特本尼(Karl-Maria Kertbeny)所撰,其中在讨论对同性性行为的刑罚问题上作者使用了"homosexualtat"一词,源于希腊语,意为同性间的。1866年德国精神病学教授理查德·冯·克拉夫特·埃宾(Richard von Krafft-Ebing)在其《性的精神病》一书中沿用了这一用词。② 1892年美国精神病学教授查尔斯·吉尔伯特·查多克(Charles Gilbert Chaddock)将此书译成英语时使用了homosexuality和homosexual。③ 自此,homosexual成为指称"同性恋"的专用名词,该词从词义上尽管也是同性性行为,但却是精神病的一种,埃宾等人也许自己也没有认识到这一概念与精神病学的"联姻"使它第一次将行为与主体结合起来,从而使homosexual不再是一种行为的表现,也不再是单纯的一种现象,而是指这样一类人、一类病人,同性恋因而第一次具有了身份上的意义。福柯就此说:

"19世纪的同性恋者成为了重要的人物,他有自己的经历、历史与儿童时期,有自己的性格与生活方式还有一种轻浮的体态和神秘的生理现象……它与他是同体共存的和不可分割的,与其说是一种日常的罪恶,不如说是一种特有本性……过去鸡奸者只是个别的异端,而现在同性恋则成了一个种类。"④

我国民国时期多使用"同性爱"或"同性恋爱"等词,⑤中华人民共和国成立

---

① 柯特本尼公开出版了一本小册子,当时作者是匿名发表的,文中讨论了普鲁士刑法典对同性性行为的刑罚问题。

② 该书德文书名为*Psychopathia Sexualits*,1886年出版。书中作者将同性恋视为精神倒错,类精神病的一种。

③ 周丹:《爱悦与规训——中国现代性中同性欲望的法理想象》,广西师范大学出版社2009年版,第46页。

④ [法]米歇尔·福柯:《性经验史》,佘碧平译,上海人民出版社2005年版,第28~29页。

⑤ 如1936年中国健康学会《性科学》第2卷第4期"同性爱"专号;周作人在《关于提同性恋爱》一文中对同性恋的评论,载周作人自选集《苦茶随笔》,河北教育出版社、北京时代华文书局2002年版,第159页,以及1993年民国最高法院第二四□四号刑事判决书中的用词,载陈雪岭:《民国文坛公案》,江苏古籍出版社1998年版。

后普遍使用“同性恋”一词,同样也被纳入精神病学上精神病分类。

可以说,“同性恋”一词自产生之后,就被深深地打上了精神病学的烙印,有着严格的医学背景,因此,“同性恋”一词在其产生之后相当长的一段时间内是与病态、性变态等词语相联系的。同样地,“同性恋”一词也受到了同性恋人群的抵制,认为这构成了有区别的实质不平等划分。而酷儿理论(queer theory)是20世纪90年代在西方兴起的一个新的性理论。在过去数年间,一个新的指称“酷儿”(queer)从男女同性恋和双性恋的政治和理论中发展起来,该词语原来是西方主流文化对同性恋者的贬义称呼,有“怪异”的意思,后来被性激进派用来概括他们的理论,其中不无反讽之意。①

其实,随着各种反传统的非主流文化的兴盛,“酷儿”的语意范围已经逐渐扩大到了整个非常态化人群中了,这其中就包括了所有在性倾向中与主流文化和占统治地位的社会性别规范不符的人。这一概念范围不仅包含男女同性恋和双性恋的立场,也包括所有的其他潜在的、不可归类的非常态立场。这种称谓逐渐演变成了一种新的人类社会价值观,并向传统发起了挑战,这种价值观的主要内容是:一是向传统的“常态”宣战,即向“异性恋霸权”宣战,当然也包括那些仅仅把生育和性爱作为目的的婚姻关系的观点。二是向“非此即彼”的传统思维宣战,即依照男女性别不同简单地把社会分为两极的观点。这种观点实际上是对性少数群体的一种囚禁或者说是一种压制,因为这为反对同性恋、恐惧同性恋提供了理论基础。三是团结所有边缘性群体,为少数群体或者不为主流所容的人群发声。酷儿理论实际上不仅仅将性少数群体团结起来,他还将所有脱离主流社会的人群,诸如白人社会中的黑人、少数教派信仰者、行为异于常人者等都纳入了范围,以便在主流社会挤压下求得一线生机。

三、同性婚姻合法化背后的权利基础

学者李银河根据社会学依据的同性恋者占总人口4%推算,中国同性恋者数量约5000万②,这是一个庞大的数字,不能不引起重视。现代法治国家无一例外

---

① 李银河:《李银河:我的社会观察》,中华工商联合出版社、北京时代华文书局2014年版,第85~86页。

② 同上书,第94页。

地体现着保护人权、追求平等的原则，而同性恋的婚姻权则是宪法框架下所体现的人类基本权利之一，盖因婚姻乃是人类所创造出的针对爱情的合法保护模式。人人皆有追求爱情的自由，自然也享有保护爱情长久的权利，也就是婚姻，这一点不因疾病、贫富、身份、种族、肤色或性向等相关因素而有所改变。从宪法学中保护人权的角度展开来，对于同性婚姻的保护自然也就引申出针对异性婚姻结合的平等权讨论。“平等即非歧视”，异性婚姻作为传统婚姻的合法模式千百年来一直受到法律保护，可同性婚姻却遭人非议甚至被法律明文禁止，两者虽在生育、子女抚养等方面有所差别，但追究婚姻的本质，两者理应是平等的，这一点在联合国有关的人权公约中也有所体现。

保障权利，限制权力，这是宪法所追求的理想状态，而实现这一理想状态的三种方式就是：民主、法治、人权，即以民主为基石，以法治为手段，以保障人权为最终目标构建法治社会。作为一国法律体系的根本规范，宪法具有最高法律效力，是同性婚姻合法化必须争取的最高法律依据。而宪法不是一成不变的法律，在尊重程序正义的基础上，宪法条文和宪法解释应该因时而变、因势而变。盖因宪法不仅是保护一部分人权利的规范，也不是仅保护某些权利的规范，而是保护一国全部公民的全部权利的规范，因而对于多元文化和多元价值的回应对于宪法的制定与解释来说则尤为关键。通过修宪或是扩张性的宪法解释，作为基本权利保障法的宪法才能达成不同利益群体在不同社会历史条件下的和谐共处，这对于我们这样一个拥有13亿多人口的大国来说更具现实意义。

对同性婚姻合法化的宪法依据，当前法学界主流观点认为，同性婚姻权是包含在平等权内的一项宪法权利，对同性婚姻的限制构成“可疑分类”，违背了宪法的平等保护原则，①性少数群体的性取向和基于该取向而为的选择不应受到任何歧视和不公正待遇。“同性婚姻的法理基础在于宪法平等，即性的平等而非婚姻法中男女平等。性的平等不等同于男女平等。同性婚姻权保护的法律理论是宪法平等权的扩张。”②只有在承认不同群体差异的同时，为其提供平等的保护，要求国家和社会不得将某一类群体特定化或固定化并受到完全不同的宪法待遇，切实的尊重和保障每一个人的人权，才能有效防止“多数人的暴政”，实现多数与少数的和平共处。同性婚姻合法化实际上就是在宪法层面为少数性取向群体实

---

① Ronald Dworkin, *Sovereign Virtue: The Theory and Practice of Equality*, ISPPH, 2002, p. 458.

② 周伟：《国家与婚姻：婚姻自由的宪法之维》，载《河北法学》2006年第12期。

现与多数性取向群体相同的婚姻权而做的努力。

自由和平等是现代法治社会所推崇的两大基本价值,同性婚姻合法化的诉求实际上就是以此为价值基础提出的。首先,自由其实就是对一种无害于他人的行为排斥法律的干预,相反,基于个人自由意志做出的选择,法律应予以保护,正如洛克所宣称:"法律的目的不是废除或限制自由,而是保护和扩大自由。"① 婚姻所体现的自由即是一种典型的个人自由——选择什么样的人与你共度一生,而不论同性或异性,其实质上就是个人的一种选择,无害于他人,因此这种选择不应被无理地苛责。否认同性婚姻其实就是用传统价值观为借口对人选择自己伴侣的自由做出限制,是对自由价值赤裸裸地践踏。其次,平等权作为宪法最核心的权利之一,也是同性婚姻合法化的法理基础。同性恋与异性恋平等地享有权利,平等地获得法律保障是公正价值、公平法律、普遍人权的要求,也是人类进步的方向之一。人人生而平等是一句古老相传的法谚,因为平等地享有权利和尊严,所以在生活中每个人都有追求美好生活的权利,但由于性取向问题很多同性恋者无法在法律上获得这种权利,从而保障他们现有的生活方式。同性恋者们希望获得的是与异性恋同等的婚姻缔结权,法律不授予这项权利实际上就是剥夺了同性恋者的婚姻权,造成了法律上的不平等,违反了平等保护的基本法律原则,构成了歧视。最后,从人权法角度来看,《世界人权宣言》第1条宣称"人人生而自由,在尊严和权利上一律平等",之后《公民权利和政治权利国际公约》和《经济、社会及文化权利国际公约》均明确将不歧视原则列为基本规范,自此,平等与不歧视原则成了"人权法的核心"。② 但是人权法学者们争议的焦点在于对同性婚姻与异性婚姻在法律层面是否存在差别对待或差别对待是否合理。联合国人权事务委员会在报告中曾指出"并非所有的差别对待都构成歧视,如果该标准是合理且客观的,或其目的符合公约的规定,且为合法的,即不构成歧视"。③ 所以笔者认为,基于同性婚姻在生育功能、性行为方式等方面与异性婚姻的确存在较大差别,在法律层面给予二者差别对待是合理且合法的。这不仅有助于缓解传统婚姻捍卫者与同性婚姻支持者的矛盾,而且通过这种差别对待有利于保护不同性向者发展的多样化,真正实现同性婚姻与异性婚姻二者的实质平等。

---

① [英]洛克:《政府论》(下册),叶启芳、瞿菊农译,商务印书馆1991年版,第50页。

② 李薇薇:《论国际人权法中的平等与不歧视》,载《环球法律评论》2004年第2期。

③ 联合国文件A45/40(1990),第173~175页。

“差异有其存在的必然性,人与人之间的差异是自然现象,如果法律无视这些差异反而是不合理的……实质平等不仅是对形式平等的矫正和补充,而且是平等的最终目标和价值所在,是一种经常而又特别的平等保障方式。因为在某些情况下,不同对待比相同对待更重要。”①故而针对同性婚姻,将之完全与异性婚姻等同加以法律保护并不能实现真正的平等,注意到两者的合理差别,分别加以规定是实现同性婚姻平等权的最佳途径。但这也并不意味着可以用差别作为借口异化同性婚姻的法律保护,使两者的保护程度有所异同。合理差别应该以最适合同性婚姻生活为目标,以具体生活上的差别为着眼点,譬如同性无法生育的差别等,但对于基本权利的保护和保护程度的高低不应有所差别。因为针对婚姻的根本——“两方的互相爱慕”来说,异性与同性并无差别,不同的性取向皆有追逐爱情的权利,也皆具将爱情合法化的权利。所以把握同性婚姻与异性婚姻真正的“平等”才是实现同性婚姻合法化的关键所在。

相比于其他权利,笔者认为同性婚姻合法化还关乎着中国人一个羞于启齿的权利——性权利。就笔者理解,首先,性权利是一个人最为私密且必不可少的权利之一,没有人也没有哪一部法律有权利强制剥夺一个人的性权利,因为性权利是一个人的人格尊严的构成物,是人格权不可或缺的内容之一。其次,作为人格权,性权利不必明文规定在法条中,因为即便在一个成文法国家,人格利益没有写入法律,它也依然受到优先保护,这是一个人之所以称为人的根本所在,是不言而喻、不证自明的。最后,笔者认为这项权利至少应该包括两项内容:(1)排除一切形式针对同性恋的性干扰;(2)免予一切形式针对同性恋的性歧视。

四、同性婚姻合法化的法文化障碍

反对同性婚姻合法化的主流观点认为“同性恋不能生育以及同性家庭抚养子女的环境差异是同性婚姻不能与异性婚姻相提并论的主要原因”。因为随着社会文明的进步,虽然婚姻不再是以生育作为目的,但是生儿育女依然是人类族群的根本所在,同性婚姻会动摇人类的生息繁衍,而且在同性结合的家庭里成长的孩子更易受到社会的歧视,家庭环境的变化会使他们敏感而谨小慎微,对儿童

① 李薇薇:《平等原则在反歧视法中的适用和发展——兼谈我国的反歧视立法》,载《政法论坛》2009 年第 1 期。

成长不利,再加上现如今艾滋病在同性恋群体中的高发态势使同性婚姻更是成为人们避之不及的话题。

(一)同性婚姻与人类生育繁衍

生育问题是同性婚姻饱受诟病的一个方面,也是反对者们所坚持的“异性婚姻与同性婚姻的本质差别”。他们认为,同性结合将会影响人类族群的繁衍生息,从而影响整个人类社会的永续发展。然而,世界多数国家生育率不断下降的趋势表明,婚姻与生育已经或正在发生分离,婚姻不再单独取决于生育的功能与意愿,而且随着同性婚姻合法化在荷兰、比利时、西班牙、加拿大、英国、美国的全面铺开证明,同性倾向者在人口比例中基本恒定,同性婚姻合法化并不会影响人类的持续发展。

主要发达国家大部分都实现了同性婚姻合法化,但是他们的生育率却并没有受到影响,相反,由于这些国家的鼓励生育政策,他们的生育率大部分在世界前列。而在日本、韩国,虽然没有实现同性婚姻合法化,但是却也一直维持着较低的生育率。(如表1所示)由此看来,同性婚姻并不当然会影响生育率的高低,更与人口减少没有直接关系。如今,生育功能在婚姻关系中的色彩正在逐渐变淡,生育已不再是现代婚姻的必要条件,婚姻正在与生育剥离开来。

表1 世界主要发达国家的生育率一览

国家	生育率	国家	生育率
挪威	1.9	美国	2.0
澳大利亚	1.9	英国	1.9
加拿大	1.7	西班牙	1.5
瑞典	1.9	荷兰	1.8
瑞士	1.5	比利时	1.9
韩国	1.3	日本	1.4

资料来源:联合国开发计划署2014年人类发展报告,第228页。

但是不可否认的是,婚姻的性别基础在同性婚姻合法化之前任何社会的任何历史时期始终没有发生变更。生育功能从古至今不仅仅关乎着一场婚姻的成败、一个家庭的幸福、一个家族的兴旺,更关系着国家社会的持续发展。因此,生育从来就不是一个人的意思自治,而是一个家庭的义务,一个国家的政策,它受道德、伦理甚至法律的掌控。“公权力常常将个人作为生育的工具，正是在这样的意义上，性对人构成了最大的奴役。”①古希腊、古罗马、古中国以及大部分伊斯兰国家等均有鼓励生育的政策，目的大多是为了提供充足的兵源和劳动力，以此来繁荣经济和保卫国家。因此，同性结合客观上无法生育后代，是一个必须重视且不容回避的问题。“人类首先要实现自我生存，才谈得上其他需求的满足。自从有离婚制度以来，不育始终是影响婚姻稳定的负面因素之一，也是各国各民族人口离婚的理由之一。”②

（二）同性婚姻与未成年人保护

传统的观点认为，同性婚姻不如异性婚姻稳定，不能给未成年人提供有利于其身心健康成长的优良环境，而且同性伴侣所抚养的子女更容易受到家庭的伤害和社会的歧视，且更可能成为同性恋者。在这种观点下，赋予同性婚姻完整的婚姻权利，比如收养权和共同监护权是迎合婚姻平权诉求的不明智选择。

首先，反对同性婚姻的人认为同性恋的形成是社会影响的产物，也就是说，他们更倾向认为同性恋人群是由于其本人心理、生理和所生活的社会环境共同造成的，与其父母生活情况、个人心理或家庭变故相关，所以，同性结合家庭下成长的孩子更有可能成为同性恋者。其次，同性父母及其收养的子女往往会成为被社会歧视的对象，比如说对同性恋者设置事业或学业上的“隐形天花板”，剥夺其晋升或升学的机会；或者遭受同龄儿童、青少年的歧视与侮辱；或者因此成为社会上一些人的骚扰对象，造成严重的童年阴影。美国卫生部曾于 1989 年发表《卫生部长青少年自杀工作组报告》，发现“同性恋青少年企图自杀情况要比其他年龄青少年高 2 ~ 3 倍”。③ 最后，反对者们认为同性婚姻极其不稳定，不利于儿童的成长，而且同性伴侣往往缺乏性别区分，有可能造成儿童对于两性关系的模糊认识，对以后的性教育造成不良影响。因为在反对者看来同性结合的目的不是生儿育女或共同生活，也不意味着双方彼此的责任与承诺，同性婚姻更多的是

---

① 赵合俊：《作为人权的性权利》，载徐显明主编：《人权研究》（第二卷），山东人民出版社 2002 年版，第 242 页。

② 蒋月：《婚姻家庭法前沿导论》，科学出版社 2007 年版，第 312 页。

③ U. S. Department of Health and Human Services, *Gay Male and Lesbian Youth Suicide*, by Paul Gibson, in Report of the Secretary's Task Force on Youth Suicide, ed. Marcia R. Feinleib, Washington, DC, January 1989.

追求个人享乐。

(三)同性婚姻与艾滋病的传播

艾滋病的传播是同性恋饱受诟病的问题之一。据《新京报》2014年12月的一份调查显示,中国艾滋病人性传播感染比例高达91.3%,其中同性性传播比例占25.1%。① 同性恋成了艾滋病传播的源头之一,使同性婚姻在性伦理和性医学上并不受支持,但是笔者认为,正是因为同性婚姻迟迟不能得到主流社会的认可,缺乏相应的法律保护,才使同性恋变得更加隐蔽,更加不稳定,更加难以管理,不仅使国家每年投入了高昂的艾滋病控制成本,也使同性恋在社会中备受道德谴责,加剧了社会对同性恋的不理解甚至恐惧。

同性婚姻合法化与艾滋病的性传播并不是水火不容的两个事物,恰恰相反,他们是一件事情的两个方面。如果能够将同性恋和同性婚姻纳入法治化的轨道,以法律的明文规定承认同性恋的社会地位和同性婚姻,同性恋将不再成为所谓的"不稳定的现实炸弹",并且将会与传统的异性恋婚姻一样确立起互助、互爱、忠实、诚信的婚姻原则。

五、同性婚姻合法化在中国的前景研判

托尔斯泰说过:"幸福的家庭总是相似的,不幸的家庭各有各的不幸",将之放到国家层面来说也是一样的。这个世界是多元化的,每个国家都有各自不同的价值观,每个国家也都拥有不完全相同甚至大相径庭的法律制度,而根植于每个国家法律文化土壤深处的某些历史因素、地理因素、宗教因素等影响因子都会给予这个国家的法律生态环境以重大改变。对于同性婚姻合法化来说,相对宽松的宗教环境、历史上长期以来对同性恋的非罪化态度等都是中国所拥有的西方国家没有的优势条件,但是传宗接代的思想观念、道德法律化的法律理念、对个人自由的漠视等却是中国同性婚姻合法化绕不过去的门槛。

① 陈璐:《中国新增艾滋病90%因性传染 同性传播占1/4》,载新京报网:http://www.bjnews.com.cn/graphic/2014/12/01/344035.html,最后访问日期:2019年8月5日。

(一)同性婚姻合法化在中国的可行性分析

自改革开放40余年来,中国已经基本实现了对同性恋的"非罪化"→"去病化"→"人性化"的三步走历程,为同性婚姻合法化在中国的发展奠定了良好的基础。而国人也随着对同性恋以及同性结合的认识逐渐深入,对同性恋的态度日益宽容,为同性婚姻合法化创造了良好的舆论环境。

1. 同性恋的"非罪化"

中国同性性行为长期以来一直未有法律规定明确禁止,一直到《大明律》中方有涉及。这是中国历史上记载最早的有关同性性行为的定罪量刑规则。清乾隆五年时颁布《大清律例》,其中的刑律部分将"和同鸡奸"(成年男性之间自愿的私下性行为)定罪,[①]这是中国历史上第一次针对同性性行为进行明确的定罪量刑,也是针对同性性行为最严厉的制裁措施。

中华人民共和国成立后1957年出台的《刑法》未将自愿同性性行为规定为犯罪,1957年4月29日最高人民法院出台了一个司法解释(法研字7929号),认为这种情况在法律无明文规定的情况下以不办罪为宜。[②] 1979年《刑法》第160条新增了"流氓罪",由于缺乏相关的犯罪构成的详细规定,这个罪名成为司法机关常用的"口袋罪名",即流氓罪可适用一切同性间的"有伤风化"的活动。1984年最高人民法院、最高人民检察院联合出台了一部司法解释《关于当前办理流氓案件中具体应用法律的若干问题的解答》,其中关于"其他流氓活动情节恶劣构成流氓罪"所列举的6种情况中包括鸡奸行为。[③] 而后随着1997年修订后的《刑法》删除了"流氓罪",1984年关于鸡奸行为的司法解释当然便失去了法律效力,自此,同性之间非强制性的性行为法律不再调整,这也被认为是现代中国同性恋非罪化的重要标志。2015年8月29日出台的《刑法修正案(九)》将猥亵罪中"猥亵妇女"改为"猥亵他人",扩大了本罪的犯罪对象,将男性也列入被猥亵可定罪的范围内,实际上是将同性恋强制性性行为纳入了法律调整范围,但同性之

---

① 《大清律例》卷三十三:《刑律·犯奸·恶徒伙众例》,张荣铮等点校,天津古籍出版社1993年版,第554页。

② 《最高人民法院关于成年人间自愿鸡奸是否犯罪问题对黑龙江省高级人民法院的批复》,1957年4月29日。

③ 最高人民法院、最高人民检察院《关于当前办理流氓案件中具体应用法律的若干问题的解答》第2条,1984年11月2日。

间自愿的性行为仍然不作调整。

2. 同性恋的“去病化”

在中国,同性恋被“病理化”是在《中国精神障碍分类与诊断标准》(第二版)中确定的,一直到1997年8月1日,《精神卫生通讯》刊登了著名精神医学专家贾宜诚的《我国是否应该取消同性恋诊断》的文章,引发了我国精神卫生领域关于同性恋去病化的大讨论,同性恋去病化在中国由此肇始。

2001年4月20日《中国精神障碍分类与诊断标准》(第三版)(以下简称CCMD-3)出台,在其中仅仅将“自我心理障碍”的同性恋作为疾病处理,而同性恋作为一个整体概念并不是疾病或者说能够实现“自我认知”的同性恋不再被认为是一种病态,这被认为是中国同性恋去病化的一个重大突破。当然CCMD-3相比起世界卫生组织的ICD-10针对同性恋的去病化是不彻底和谨慎的:第一,CCMD-3只是说“(同性恋)本身不一定异常”,这比ICD-10“单纯的性倾向不能被视作一种障碍”语气上要弱得多;第二,CCMD-3并未详细说明什么是真正的“自我心理障碍”,导致人们对于同性恋是否是疾病还是存在疑问。这些问题仍然留待我们去改进和提升。

3. 同性恋的“人性化”

在迈入21世纪以前,同性恋在我国基本上是处于一种“销声匿迹”的状态,并没有媒体主动关心这个特殊群体。而2000年后,随着国外思想浪潮的冲击,同性恋这一群体开始逐渐引起媒体的重视,媒体对这一群体的态度也越来越积极,增加了有关同性恋生存状况的报道,为同性恋展示自己提供了公共平台,为消除人们对同性恋的偏见、推进社会对同性恋的理解起了重要作用。诸如湖南卫视“有话好说”栏目在2000年播出的《走进同性恋》、中央电视台“央视论坛”栏目在2004年播出的《同性恋:回避不如正视》、中央电视台“新闻调查”在2005年播出的《以生命的名义》。

21世纪前十年之后,随着网络的兴盛和国外电视电影等文化产品的进入,越来越多的人开始主动了解同性恋群体,同性恋文化从“不登大雅之堂”开始“飞入寻常百姓家”。欣赏男同性恋的“腐文化”开始在女性群体间传播,电视剧和电影开始或多或少地影射同性情,而美国最高法院在2015年裁定“同性婚姻合法化”更是在中国的社交网络上掀起了轩然大波,更是让同性婚姻合法化的问题重新出现在中国人面前。可以说,中国同性婚姻合法化的舆论环境已经初步建立起来,将之纳入法律化的进程条件业已成熟。

(二)同性婚姻合法化在中国的法文化障碍

法文化是指影响一个国家法律制度和法律体系的民族传统以及风俗习惯。它深植在一个国家或一个民族的文化土壤中,看似与法律风马牛不相及但却能够影响这个国家的立法、司法以至于执法工作。重新审视当代中国法律文化,虽然诸如行政司法合体、以刑为主、皇权凌驾法律之上等制度文化已然改变,但是行政干预司法、人情关系妨碍司法公正等陋习依然存在于人民群众的意识当中,非一朝一夕所能够扭转,这种与当今主流法文化相背离的思想观念和如今越来越受倡导的法治社会相抵触相对峙,深刻影响着同性婚姻合法化的进程。

1. 法律道德化

法律道德化是中国人法文化传统的重要特征之一。传统的中国法是以"礼"为核心的宗法式行为规范,讲究"君君、臣臣、父父、子子",强调依据儒家经典"以德治国"。这一法律模式于西周时形成,至汉武帝"罢黜百家,独尊儒术"时正式确立独尊地位,成为后世中国皇权社会最根本也是最重要的行为规范。孟德斯鸠曾评价过中国的法律"他们的风俗代表了他们的法律,而他们的礼仪代表了他们的风俗。"①黑格尔认为,"在中国人那里,道德义务的本身就是法律、命令的规定。所以中国人既没有我们所谓的法律,也没有我们所谓的道德。那乃是一个国家的道德。"②

法律道德化至今仍影响着绝大多数中国人的价值观,其结果就是许多人仍然以伦理道德的标准去判断一个行为是否合法,制约了现代法律权威的建立和普通人自我意识的觉醒,阻碍了同性婚姻合法化在中国的推进。首先,法律道德化会压制同性恋群体为自己权利发声争取的空间与机会,因为这在大多数人看来是"不道德的",也不愿给予他们帮助和报道;其次,这种思想使我们的立法司法执法机关不愿触碰社会敏感问题,经常造成笔者前言里说的"立法回避"现象的发生,他们消极地甚至持打压态度地对待同性婚姻问题,不愿走出第一步,不愿去"摸着石头过河";最后,法律道德化容易使人成为"社会人"而不是"自我人",使许多同性恋人群更倾向于牺牲自己以成全社会,而不敢也不愿争取自己的幸福,从而抱憾终生。凡此种种都对同性婚姻合法化造成极大的阻碍。

---

① [法]孟德斯鸠:《论法的精神》(上册),张雁深译,商务印书馆1982年版,第194页。

② [德]黑格尔:《历史哲学》,王造时译,商务印书馆1963年版,第170~171页。

2.家庭中心理念

家庭,无论在古代中国还是在现代中国都有着极其重要的含义,它不仅是国家治理的基本单位,更是中国人社交活动的最小单位。家庭中心理念则衍生出了“孝道”“不孝有三,无后为大”等传统的中国道德伦理,在这种理念的压迫下迫使相当一部分同性恋不堪家庭的压力和父母的指责走入“异性婚姻”,成为所谓的“形婚”,造成许多社会问题,使同性恋群体在社会的声誉逐渐下降,也严重阻碍同性婚姻合法化在中国的发展。

《礼记·婚义》云,“婚姻者合二姓之好,上以事宗庙,下以继后世”,强调的是婚姻对于宗族、社会乃至整个国家的义务,所以结婚生子乃至离婚不单单是当事人自己的意志,更是一个家族的意志。这种传统中国式的家庭中心理念在如今仍有很大影响力。而罗马法中则明确规定“不愿意结婚的男女之间不能缔结婚约”,“婚姻不仅要同居而且要有婚意。”很明显,在西方更强调双方当事人对婚姻的共同意思表示。

时至今日,虽然中国经济发展日新月异,普通人的思想观念也发生了很大变化,但是结婚生子、养儿防老却依然是中国根深蒂固的婚姻家庭观,因为这不仅仅是繁衍生息的需要,更是一个家庭想要生存下去的未来家庭保障。同性婚姻合法化在中国因为不能“传宗接代”,不能够有效地缔结家庭关系网而遭到了传统家文化的抵制,在家庭、伦理与道德层面受到的压力要远远大于西方同性婚姻所受到的这方面压力。所以,很多急于推进同性婚姻合法化在全国铺开或者进入全国人大立法程序的建议至少在当下还是没有很大的群众基础的,如果贸然推进很有可能引起社会的强烈抵制,产生严重的“社会分裂”,这是为智者所不取的。

(三)中国同性婚姻合法化可能的路径选择

在中国目前的情况下,同性婚姻合法化并不能够一蹴而就,它是一场涉及方方面面的社会工程。固然婚姻平权是同性恋的基本诉求,也是人权保障的一项重要要求,但是这并不意味着我们可以无视同性婚姻与异性婚姻存在的质的差异和传统的根深蒂固的性别理念。立法也要充分考虑民众的接受度和一国的社会容纳程度,这是立法工作的注重点之一,所以,笔者建议中国同性婚姻合法化应该秉持循序渐进的原则:首先是政府应该放开对同性恋问题的讨论,不再压制同性恋争取权利的有利于同性婚姻平权的舆论声音;其次,立法机构应该通过反歧视同性恋的法案，从法律的角度为"同性结合"正名，以此来表示同性恋也受法律保护，享有和异性恋相同的人格权利；再次，推进同性以"伴侣"的模式进行民事结合，达到"准婚姻"模式；最后实现同性婚姻合法化，变得与异性婚姻一般无二。

目前，同性婚姻合法化在中国的可能路径有三条：第一，全国人大进行新的立法工作，颁布《同性婚姻法》之类的新法，将同性婚姻与异性婚姻独立出来，专门规定、专门调整；第二，全国人大对现行《婚姻法》进行修改，将其中仅支持"一男一女"结婚的相关法律法规全面修改；第三，最高人民法院可以通过颁布相关司法解释的形式承认同性婚姻。但是，从中国当下法制实践来看，这三种路径又都有其不足之处：

第一种，推进新立法。优点是这样的方法可以彻底地承认同性婚姻，不会给法院或相关政府机构的工作留有法律隐患；缺点是新立法的制定阻力大、争议多、时间长，不符合当前国人的传统价值观，可能会引起社会的强烈反弹，造成社会分裂，不利于社会和谐。

第二种，修改《婚姻法》。优点是对比新立法工作，不用进行烦琐的立法程序，节约立法成本，减缓社会阻力，缩小争议范围；缺点是《婚姻法》的修改会引起相关法律法规的变动，产生连锁反应，比如说《法律适用法》关于"结婚条件"的部分以及《继承法》《收养法》都需要修改，导致修法工程量加大，法律体系内部发生紊乱，不利于法制统一。

第三种，最高人民法院颁布司法解释。优点是社会阻力小，效率高；缺点是司法解释毕竟不是法律，在效力上低于法律，实际操作中会产生较大法律争议，而且用司法解释来承认同性婚姻也违背了立法公正原则，造成同性婚姻与异性婚姻在法律层级上的不平等。

结　　语

任何一个法律的制定和实行都要受本土的政治环境、文化环境、民族习惯以及传统风俗的影响，中国的同性婚姻合法化进程也应当考虑中国的本土性因素。中国对于同性婚姻合法化的问题不在于所谓的立法保护，而在于建立一个保障同性恋人格权不受歧视的社会基础。如果这一点都没有做到，同性婚姻合法化只能是"空中楼阁"。所以，笔者认为，在今日之中国对于同性恋的任何保护措施或人权努力都应首先以消除一切对于同性恋的歧视为起点。认可同性恋的身份权益,不在学校、军队、医院等专门场所设置针对同性恋的“隐形门槛”,不在生育问题、性爱方式上对同性恋无理指责;保障同性恋群体的发声渠道,不再刻意淡化同性恋群体的问题,压制有关于同性恋群体在传媒和相关文化产品(诸如电视剧电影)上的出现;鼓励社会宽容,政府应该主动承担起化解社会对立的任务,而不是制造社会对立(如官方媒体每年渲染“艾滋病通过同性传播的比例的增加”的报道),倡导多元文化、开放宽容。

借鉴国外有益的立法经验,参考世界先进的立法理念,推进符合中国国情的同性婚姻立法模式,是一个开放中的中国所应考虑的,而这更加有赖于立法者的眼光和睿智。在中国法治化浪潮扑面而来的今天,同性婚姻的合法化其实是和中国人权与法治进程休戚相关的一个话题,同时也是中国国家政治朝法治化方向纵深发展的重要节点,更是中国文化如何实现新旧融合、兼容并包的一个重要考量。因为,已经实现同性婚姻合法化国家的法律实践都说明:有效的合宪性审查制度、真正的法治政府、充分的人权保障、足够的文化宽容是同性恋权益保障的基础。

论共享经济下产物和资源的行政法规制

黄文凯*

摘　要　随着互联网与科学技术的高速发展,人工智能、共享经济一时间成为焦点,引领了整个时代的风潮。共享经济的出现,使经济机制一分为二,即传统经济和共享经济。作为共享经济下产物和资源,在原有的市场自由竞争机制下得到了快速发展,但传统经济模式的治理或是规制并不适用于共享经济的管理,同时基于对广大用户安全、财产以及交通秩序和城市容量的需要考虑,共享经济当前缺乏政府在行政法上的规制、引导等行政行为。为此,我国应当建立以"政府+公司"合作规制模式的中国特色的机制,具体应以公司自身治理为核心,以政府的规制行为为辅助,并完善当前市场准入和准出机制。

关键词　共享经济　闲置资源　规制

引　言

共享经济概念来源 Felson 和 Speth 等于20世纪提出的"协作消费"(Collaborative Consumption),随着互联网

* 华侨大学法学院,硕士研究生,研究方向:诉讼法。

信息时代的到来,这种模式才真正得以流行。① 共享经济是指拥有闲置资源的机构或者个人有偿让渡资源使用权给他人,分享者利用自己的闲置资源创造价值,从而实现闲置资源的最大化利用,②其特点是闲置资源的所有权与使用权分离,将闲置资源的效用发挥到极致,使所有权人与使用权人实现共赢的局面。而共享经济下产物就是控制资源的公司抑或是平台,闲置资源则是产物所控制、所使用的具体实物,比如,共享单车(摩拜)和滴滴平台等平台控制的顺风车等(以下凡指共享经济下产物、资源均分别简称产物、资源)。有学者将共享经济分为闲置型共享经济和经营型共享经济,其中闲置型共享经济是利用闲置资源,经营型共享经济利用的资源从商业角度看更似是产能,增加了该类社会资源③,另外还有学者有不同的观点,认为共享经济和分享经济的定义划分存在区别,也重复交叉④,但也有学者认为共享经济也称分享经济,是指借助互联网而实现各种闲置社会资源的有偿共享。⑤ 对于上述不同学者对共享经济的定义,笔者认为,不能简单以资源是否闲置为标准直接认定其是否属于共享经济,应当以提供的服务是否是闲置资源还是依产物所生产或制造的资源,将共享经济分为广义的共享经济以及狭义的共享经济,而广义的共享经济即包括闲置型共享经济与经营型共享经济,狭义的共享经济等同于闲置型共享经济。⑥ 共享经济作为当前新兴经济模式,是由当前社会市场和互联网相结合所迸发而出,与传统经济有所不同,体现出其复杂性,也不可避免给社会带来诸多负面影响,有必要结合实践中实例来剖析当前面临的问题,从而推动共享经济的良性发展。

---

① Felson M. ,Spaeth J. L. Community Structure and Collaborative Consumption:A Routine Activity Approach[J]. American Behavioral Scientist,1978,21(4):23;转引自相博、陈可可、田龙伟:《共享经济视角下新型绿色交通的个体需求影响因素分析——以共享单车为例》,载《大连理工大学学报》(社会科学版)2018年第2期。

② 郭德雨:《共享经济下网约车的法律规制》,载《河北企业》2018年第4期。

③ 于莹:《共享经济法律规制的进路与策略》,载《法律适用》2018年第7期。

④ 分享经济是某人(企业)创造或者整合了新的资源来让使用者分享,而共享经济则是利用某种途径将现有资源提供给使用者共享;前者是资源的创造者和整合者,后者是资源的使用者和消耗者,前者主要是创造和整合了新的资源,后者主要是为现有资源的共享而为使用者提供服务和便利并从中获得收益。参见叶林、杨雅雯:《共享经济发展与政府治理挑战》,载《兰州大学学报》(社会科学版)2018年第1期。

⑤ 分享经济发展报告课题组:《认识分享经济:内涵特征、驱动力、影响力、认识误区与发展趋势》,载《电子政务》2016年第4期;转引自马亮、李延伟:《政府如何监管共享经济:中国城市网约车政策的实证研究》,载《电子政务》2018年第4期。

⑥ 本文中共享经济所指代的就是广义的共享经济(其他地方无须赘言),共享经济下产物指代公司抑或是平台,共享经济下的资源则是指公司抑或是平台控制下的具体实物。

一、实践中共享经济下产物和资源的现实困境

(一)案例一存在的现实困境

自2015年5月开始,第一辆无桩限制的共享单车ofo首次在北京大学校园里出现,[①]继而,其他共享单车平台(如摩拜)呈现出爆炸式的增长,产生共享单车投放超过城市容量、无秩序停放、缺乏监管等问题,甚至有些城市被戏称为"单车坟地",在短时间内共享经济下产物从万人追捧之态陷入饱受质疑之境。另外,超负荷运转的产物不断循环于投放再融资再投放的怪圈之中,如未能承受内外竞争挤压的产物则被淘汰出市场也是可能的,但尚在市场运营中的产物也是岌岌可危,经不起再一轮的内外竞争挤压。2017年,悟空单车、酷骑单车等平台或产物相继停止运营,而这些共享单车平台退出市场后,广大用户者的权益未能得到保障,反而受到了侵害。据相关报道,以"小鸣单车"为例(以下简称"小鸣案"),该公司到即将破产清算阶段,仍然无力退还70万用户者的押金。

上述事件简称为案例一,从案例一可以得知:第一,产物虽然能利用社会闲置资源,使闲置资源的效用最大化,但产物和资源同时也是一把"双刃剑",如果过度放纵产物在市场上的盲目竞争以及产物为支配市场地位而对资源以接近无限制的方式进行投放,反而会加剧社会资源的闲置程度,对城市秩序管理上产生影响。第二,对于产物和资源并没有受到政府在行政法上有效规制,而是任其盲目自由竞争,达到最高峰时已有20多家共享单车平台入驻市场,未能合理控制产物和资源进入市场,进而呈现出供过于求的市场经济现象,导致产物相继退出市场的结果。另外,若未能制定产物退出市场的规则,则会导致社会资源再次被闲置抑或是所制造出的新的资源被闲置化,得不到优化,还会占据着市场空间,同时产物退出市场之前,未对广大用户权益提前设定应有的保护以及事后的保障。导致上述案例出现的原因既有产物自身的治理问题,如对自身的管理能力和治理能力存在不足的情况,无节制的市场竞争加速产物走向极端,也存在政府是否有效规制的问题。

---

① 云掌财经网:《共享单车危局下,ofo如何体面"卖身"?》,载凤凰网财经:https://finance.ifeng.com/a/20180905/16488227_0.shtml,最后访问日期:2018年9月30日。

(二)案例二存在的现实困境

共享经济下另一产物滴滴出行平台,从其产生的法律关系分析,滴滴出行平台适用于“三极关系”(分别为滴滴平台与用户的法律关系、滴滴平台与司机的法律关系、司机与用户的法律关系),与此不同,案例一中的共享单车平台,则适用于“一极关系”(平台与用户的法律关系)。所以“三极关系”的滴滴出行平台比“一极关系”的共享单车平台在法律层面上、现实情况等关系中更为复杂,问题也就更为突出和明显化。

从2018年5月初,空姐李某从河南省郑州航空港驻勤酒店搭乘滴滴出行顺风车前往郑州市区途中不幸遇害,再到2018年8月浙江乐清年仅20岁的赵某搭乘滴滴出行顺风车在途中遇害。① 第一起事件发生后滴滴平台对其项下的顺风车进行了多项整改措施,但似乎整改措施并未起到相应的作用,相继发生第二起事件,使滴滴平台被推上了“风口浪尖”。对于滴滴平台在处置用户的投诉时,往往表现出不作为,未能及时为用户提供相应的保障,同时上述两起事件的结合发酵引起了广大社会公众对于共享经济的再思考与质疑,主要问题在于线下操作难以像线上操作那样可以实地有效地控制,它却往往无法对人、物形成有效、严格地管理,暴露出其领域内业务本身存在的漏洞。

以上两起事件统称为案例二。作为资源(如顺风车)因符合共享经济模式,迅速得到了相关部门的认可,被认为是解决拥堵、减轻排放的优化办法之一。不过滴滴出行作为软件平台,仅能在软件层面对司机加以约束,但在线下操作并未发挥既定的效果。同时,政府也未发挥其监管规制的功能,而是让滴滴出行平台下的顺风车业务盲目自由发展,看似符合了市场上自由竞争的态势,但其背后所产生的负面影响被忽视了,再加之市场的准入门槛过低等原因,结合在一起,致使许多当前从未被人们所意识到的问题也随之爆发出来了。

---

① 陈亦凯、王双兴:《漩涡中的滴滴客服》,载新浪新闻网:http://news.sina.com.cn/c/2018-08-27/doc-ihifuvph2992511.shtml,最后访问日期:2018年10月7日。

二、共享经济下产物和资源的再思考

（一）共享经济与传统经济的碰撞

对于共享经济与传统经济是否不同，有学者以“专车”为例，提出这样的疑问：如果共享经济是与过去迥然不同的经济模式，这就意味着仿造出租车行业搭建起来的规制模型便是错误的；反之若共享经济只是外表新颖，实则与传统产业并无二致，那么共享经济下“专车”便难逃针对出租车行业的规制手段。[①] 笔者认为，共享经济一直存在于传统经济当中，并未被传统经济所同化，例如，早期的租赁汽车或者是电话亭（前者是闲置型共享经济，后者是经营型共享经济），这两样生活工具是早期生活中较为常见的，一直与传统经济同时存在。自传统经济分裂出共享经济后，共享经济颠覆传统经济模式，引领了“闲置资源 + 共享平台 + 众人分享”的新经济模式运行，重新解构社会关系，使新型社群组织不断地规模化，[②]如何去调节共享经济与传统经济之间的紧张关系，也是一个难题。

1. 从熟人社会分离出陌生人社会

共享经济与传统经济会发生碰撞的点在于两者所处的社会背景不同，传统经济多以熟人社会为主，而共享经济多以陌生人社会为主。共享经济从根本上说是一种数据驱动的经济，其促成的是陌生人之间的合作，是一种点对点的经济模式，如何建立“陌生人”之间的信任成为最大难点。[③] 两种不同的经济机制在实际生活中交织在一起，如同以滴滴出行平台为代表的共享经济冲击着出租车行业的传统经济。共享经济下的陌生人社会更多依赖于彼此之间的信任，基于共享经济下产物的不同类型，有的将信任置换为押金，要求用户缴纳一定数额的押金，也有的要求将信任以虚拟信任分的形式呈现，相较之下，传统经济下的产物，则不存在上述种种的限制或要求。而共享经济下陌生人社会与其“三极关系”相对应，则体现了共享经济具有的复杂性，这也是与传统经济下熟人社会相对应“一极关系”的不同。

2018 年 5 月 24 日，重庆爆发了数百辆出租车围攻滴滴出行车辆的事件，后

---

① 张力：《共享经济：特征、规制困境与出路》，载《财经法学》2016 年第 5 期。

② 陈婕、孙国峰：《共享经济对我国公共行政的挑战及应对路径——基于行政生态学的视角》，载《行政与法》2018 年第 2 期。

③ 齐爱民、张哲：《共享经济发展中的法律问题研究》，载《求是学刊》2018 年第 2 期。

来引发大规模群殴案件。[①] 在连续发生两起顺风车杀人案后,滴滴出行平台停止晚间运营,多地出现不同程度的打车难,有的出租车拒载、黑车要价太高,滴滴夜间停运暴露了城市公共交通体系中的缺口。[②] 根据上述两个事件综合来看,体现出共享经济与传统经济在实践中的紧张关系,一旦未能处理好这层紧张的关系,此类恶性事件仍然会不断的衍生,共享经济与传统经济的紧张关系也就越加剧,矛盾事件将进一步升级。

2.资源的所有权与使用权的分离

奇美尔曼(Eilene Zimmerman)认为,在新的共享经济中,使用权的价值高于支配权(也可称为所有权,下同),产权在商业利益追求的驱动下裂变为支配权(ownership)与使用权(access),共享经济带来的产权裂变是最重要的经济特征之一,[③]Belk 等强调共享经济的利益是物品的使用权代替所有权。[④] 不管是何种类型的共享经济都存在资源的所有权与使用权的分离情况,也不排除传统经济下的资源也存在资源的所有权与使用权的分离情况。而这两者的区别在于使用权的价值是否高于所有权的价值以及何种权能在社会上使用的程度更高,共享经济体现出使用权的价值高于所有权的价值以及使用权在社会上使用程度较高;反之则是传统经济的特征。

所有权人似乎无须让渡任何传统权利就能获益,该交易模式也在收益权能上有所创新,交易权利的性质进化,使基于所有权设计的既有法律框架难以直接、完全适用于共享经济规制。[⑤] 一方面,在交易模式上,传统经济多以让渡权能来获益,而共享经济更能凸显其资源使用权的价值,使其可以不断地循环使用同一资源。另一方面,在既有法律框架下完全以传统经济为原型而规定的,既有的法律多以所有权权能为重点进行详细地规定,若按照既有的法律框架适用于共享经济,则存在格格不入的问题,共享经济以使用权权能为核心,突出使用权的

---

① 《滴滴与出租车之争,丑陋了谁?》,载搜狐新闻网:http://www.sohu.com/a/79025250_108024,最后访问日期:2018年10月7日。

② 陈晓双、郑洁瑶:《没有滴滴的夜间出行:出租车拒载黑车坐地起价》,载新浪财经网:http://finance.sina.com.cn/chanjing/gsnews/2018-09-12/doc-ihiycyfx5283381.shtml,最后访问日期:2018年9月30日。

③ 宋逸群、王玉海:《共享经济的缘起、界定与影响》,载《教学与研究》2016年第9期。

④ Belk R. Sharing Versus Pseudo-Sharing in Web 2.0[J]. Anthropologist,2014,18(01):7-23;转引自贺明华、梁晓蓓:《共享经济模式下平台及服务提供方的声誉对消费者持续使用意愿的影响——基于滴滴出行平台的实证研究》,载《经济体制改革》2018年第2期。

⑤ 蒋大兴、王首杰:《共享经济的法律规制》,载《中国社会科学》2017年第9期。

价值，需要以另一种思维去设计规制共享经济。

3. 共享经济所涉及的范围广

在过去的传统经济社会中，人们通常共享的资源大多数为个人以及个人工作范围内所产生的社会或生活资源，并且在进行共享过程中凭借对对方的信任完成整个行为。[①] 新兴模式下共享经济利用社会闲置资源或是增加社会资源已经超过了传统经济下个人以及个人工作范围，不管是在规模扩大的范围上，还是涉及社会公众中用户范围上，这都是共享经济下陌生社会带来的“蝴蝶效应”。共享经济所涉及的范围变广，线上操作对线下操作的控制距离拉长，共享经济与传统经济不同也体现在共享经济需要更多地通过线上操作控制线下操作，而线下操作的情况又是复杂多变的。同时，共享经济存在明显的缺陷，需要降低门槛让大量非专业人员进入，去建立一个庞大的商品和服务提供者“蓄水池”，这有可能产生大量监管模糊和规则真空的地带，[②]市场准入门槛过低，则增加了恶性事件发生的概率，但是，如果不建立这样一个大型的“蓄水池”，则共享经济将很难在市场上运转，到最后共享经济仍然得回归到传统经济模式。

与传统经济不同的是，共享经济下产物和资源更需要相对人的信任，而这种信任需要转化为可控的，能使大量模糊的真空地带受到公司的管理以及政府的规制，从而降低恶性事件发生的概率。传统经济下交易的双方只能通过面对面的交流来获取对方是否可靠、可信，归因于传统经济所涉及的范围相对于共享经济范围较小，对恶性事件能够进行有效的预防和事后处理。

（二）共享经济及其社会风险

由于共享经济下产物尚处于起步阶段，共享经济产物对资源的管理仍然有些“力不从心”。产物和资源的社会化运用带来了一系列的社会风险，从而威胁到市场经济的正常发展、城市的秩序良性运转以及公众的生命安全、财产等权益。

1. 共享经济下产物对线下操作安全的保障

从传统经济下产物到共享经济下产物，对应着熟人社会向陌生人社会的转

---

① 李政：《“互联网+”背景下共享经济的发展及其应用研究——以滴滴专车为例》，载《经济论坛》2018年第5期。

② 唐清利：《“专车”类共享经济的规制路径》，载《中国法学》2015年第4期。

变,也可以认为是双方对向消费向多数人协同消费模式①的转变,共享经济在交易模式下是多数人意思表示方向一致,两者不同之处在于人数上意思表示方向是否呈现出一致性,传统经济往往是一对一之间的对向交易,而共享经济是一对多之间的多数人方向一致的交易。

共享经济下产物以互联网平台为主,以线上操作控制线下操作的运转,而线下操作的情况常常多变,未能有效受到线上平台操作的控制,尤其是涉及用户的人身安全,如何保障用户的人身安全是当前共享经济起步阶段所需要予以重视的。受到上述案例二内两起事件的触发,笔者认为,线上操作与线下操作的互相结合、配合程度仍然需要完善,这两起事件的"导火索"来源线上操作与线下操作未能良好结合,导致恶性事件发生并威胁到广大用户的安全,产物经过改善却达不到能够预防恶性事件的作用,仍会继续威胁到用户的人身安全。因此,产物的发展能否得到广大用户的认可,最为重要的是能否保障广大用户者的人身安全。

2. 共享经济下产物对用户权益的保护问题

产物与用户之间最为看重的是诚信(或是信任),而如何保证用户能够实施诚信行为并能够有效地约束用户,体现在押金的缴纳,通过缴纳押金,可以有效防止用户对资源的破坏。与之相反的是产物却无法提供对用户财产的反保障,以保障公司能够履行对用户财产的保管,这种诚信应当是双向的。同时用户使用资源的前提需要经过产物设置的"双重质押",如果不能及时退还用户押金,容易引起用户对产物设置"双重质押"动机的怀疑,用户以较高的使用成本接受共享产品的服务,资源配置没有达到最有效,②尤其共享租赁市场的退押金纠纷增长,其中共享单车、共享汽车"押金难退"问题较为凸显。③ "小鸣案"发生破产的原因,是由于公司为了占据市场支配份额,不断融资不断投放的循环模式,这是

① "协同消费模式"一词最早在1978年由美国伊利诺伊大学香槟分校社会学教授马科斯·菲尔逊(Marcus Felson)和琼·斯潘思(Joe L. Spaeth)提出,并由雷切尔·波茨曼(Rachel Botsman)和鲁斯·罗杰斯(Roo Rogers)合著的《我的就是你的:协作消费的崛起》中延续了协同消费的理念,消费者的需求从获得私有物品转移到适用需求满足,形成了新的消费模式。参见Botsman R., Rogers R. What's mine is yours: the rise of collaborative consumption [M]. Harper Collins, 2010;转引自宋逸群、王玉海:《共享经济的缘起、界定与影响》,载《教学与研究》2016年第9期。

② "双重质押"是指信用质押和资金质押。参见宋振东、雷宏振:《是共享经济还是互联网金融?——基于双重质押的共享产品市品悖论》,载《中国经济问题》2018年第3期。

③ 《小长假网购投诉占8成共享单车退押金难成投诉热点》,载中国网:https://finance.china.com/consume/11173302/20180925/34005109.html,最后访问日期:2018年9月25日。

属于公司自身的因素造成的，但是更应该去探究平台如何保障用户的权益，使用户免受平台所带来的社会风险，防患于未然。同时，产物其所涉用户范围较多，甚至是全国范围内都有所存在，广大用户也难以对其权益进行有效的维护，往往会发生群体性事件。因此，用户的财产权益如何进行保障，也是当前共享经济面临的一大难题。

3. 共享经济下资源对交通秩序的威胁

以共享单车为例，其可以在任意地方停放，可以直接用手机的软件搜索到附近的单车进行扫描骑乘，虽然给公众带来了便利，但也给交通带来了不便，随意的停放占据着公共空间，造成交通堵塞。如何管制资源也是当前亟待解决的问题，一旦社会闲置资源抑或是增加的资源大于市场上的需求，就会对市场的运转带来威胁，造成交通秩序的混乱。

导致资源对交通造成不便的原因有三：第一，自身影响。为了追求公司自身的利润以及收益，不断融资以及大面积投放本公司的资源于市场当中，并未考虑对交通秩序会造成何种的影响，过量的投放占据了市场上的利用空间，反而不利于市场的经济运转。第二，外界影响。引起了大量的同行竞争，同样为了追求自身利益的其他公司也会通过不断融资以及投放本公司的资源于市场当中，进一步加剧了市场上的供过于求，社会闲置资源或是增加的资源最终从利用阶段演化为闲置资源，额外增加了社会闲置资源，使原本并不属于社会闲置资源的产品，在供过于求的市场趋势下成了新的社会闲置资源。第三，政府对产物并无过多的行政法上的规制以及引导，市场虽然是以自由竞争为主，但规制和引导是必要的。这对于政府而言仍然是“陌生”的，甚至是以不作为的方式来对待，如何去规制还在探索之中。

三、共享经济下产物和资源的规制需求

共享经济下产物在新兴模式下受到追捧，却催生出当前社会从未遇见的一系列问题，加之现代法治体系对共享经济下产物和资源缺少明确的规定，更使社会公众对产物和资源的规制需求远远大于保护意愿。从秩序价值而言，规制包含着对守法者的奖励和对违法者的惩罚，规制不仅承载着秩序建构的任务，还承

载着效率实现的功能,[①]同时行政法是客观法秩序,即便没有当事人的申请,也必须为公共之法和公共福祉而运用,[②]即对产物和资源在行政法上的规制是必须的。具体而言,政府对产物和资源的行政法规制主要基于以下几种需求。

(一)基于对广大用户安全的需要

共享经济下资源的社会化运用对政府和广大用户而言,无疑是各有利弊:一方面,产物可以良好地利用社会闲置资源或是利用增加的资源,促进整个社会的经济发展,让广大用户享受产物和资源带来的实惠以及方便的效用,并且有利于资源供多数人共享循环利用。另一方面,产物的发展迅速带动社会资源的快速运转,当前仍然会出现一些传统经济下难以遇见的问题,这些问题甚至严重涉及社会公众安全。基于对广大用户安全的考虑,政府的规制显得至关重要,这就意味着在资源的应用上,"基于对广大用户安全的需要"可以成为政府规制的正当性理由之一。

当产物和资源成为对广大用户安全的一种潜在威胁时,政府充当规制市场良性发展的角色显得尤为突出,基于对广大用户安全的一种保护,也是政府所管辖范围内的职责所在,政府强有力的规制能够降低恶性事件发生的概率,政府也并非全面地否定产物所带来的经济发展,而是应该积极、合理地引导产物的发展,同时也需要对资源进行合理性的规制。广大用户安全是规制需求首要解决的问题,甚至可以说是产物能否经得起市场考验的一块"试金石"。

(二)基于对广大用户财产保护的需要

由于共享经济下产物所涉及的用户范围较为广泛、人员较多,同时与传统经济下产物不同的是,共享经济为线上操作控制线下操作的模式,涉及广大用户财产也就较多。传统经济下产物的基础在于熟人之间的交易,共享经济下产物的基础大多数在于陌生人之间,如共享单车就需要社会公众缴纳一定数额的押金,相当于社会公众的诚信、信任保证金,同时共享经济下产物也是多数人协同消费模式,涉及财产数额巨大。基于对广大用户财产保护的需要也是需要政府进行

---

① 王首杰:《激励性规制:市场准入的策略——对"专车"规制的一种理论回应》,载《法学评论》2017年第3期。

② R. Gneist, Der Rechtsstaat und die Verwaltungsgerichte in Deutschland, 2 Aufl. (1879), S. 270;转引自[日]小早川光郎:《行政诉讼的构造分析》,王天华,中国政法大学出版社2014年版,第14页。

规制的正当性理由之一，从保护公共利益的角度出发，广大用户的财产也是可以认为是属于需要保护的公共利益的一部分。

共享经济下产物自身对广大用户的财产进行保障仍然不够具有安全性，而且广大用户的押金只是作为一种诚信、信任的保证金，而不是广大用户用于投资到产物的资金，产物是无权对该巨额押金进行处分的，上述的小鸣案中公司破产后未对广大用户进行退还押金，因公司私自对用户的押金进行处分，未能保障用户的权益。因此，如何对广大用户财产进行合理化的保障，是一个较为复杂的问题。广大用户的押金需要政府进行监管以及规制，政府对于广大用户财产的监督有利于稳定市场的资金正常运转。

（三）基于对交通秩序以及城市容量的规制需要

共享经济下产物利用社会闲置资源抑或是增加资源，一旦将其应用到社会、市场中，必须考虑城市容量、交通秩序等可能涉及的方方面面，否则产物对此“乐此不疲”，不断地增加投放资源，容易对交通秩序造成混乱。另外，原本城市容量就存在不足，加之产物的大量出现，加大资源的投放，城市容量显得更为不足，致使城市根本承受不起产物的增加以及资源的再投放。因此，共享单车给一部分使用者和企业带来利益的同时，将支付成本和隐形风险转移到另一部分人身上，具有“流氓企业”色彩，这种粗放式的翻车投放如果不注重管理，则既不公平也不合理，甚至会以违规为代价。①

无论是交通秩序还是城市容量的问题，这与政府是否有效规制是息息相关的，因为市场的准入与交通秩序抑或是城市容量是相关的，放宽前者等于是让更多的产物和资源进入市场，交通秩序抑或是城市容量也就呈现出拥堵或是不足。关于交通秩序抑或是城市容量是政府所能够规制的范围，了解该城市的规划以及相应的数据，基于交通秩序以及城市容量的需要，政府的规制是必不可少的，适当在市场准入阶段进行有效的引导、规制，使交通秩序以及城市容量呈现良好的状态。

---

① 周亚平、游勇：《分享与共荣：共享经济的扩散机制研究——以共享单车的扩散为例》，载《兰州大学学报》（社会科学版）2018 年第 1 期。

四、共享经济下的行政法规制

在创新和法律的互动过程中总是面临的巨大不确定性:互联网经济在快速演进的过程中,共享经济的实际效果、副作用等难以准确、全面的判断,[①]这是当前我国市场经济所面临的一个重大问题之一。共享经济冲击着传统经济,传统经济反作用于共享经济,两者存在一种既冲突又紧张的状态。共享经济的特征使政府和公司之间的合作监管更加具有效率、更加具有吸引力并且成为政府有效监管的唯一可行路径。[②] 笔者认为应当建立具有中国特色的行政法规制机制:“政府+公司”的合作规制模式,以公司自身治理为核心,以政府的规制行为为辅助,同时完善市场准入以及准出机制。

(一)建立“政府+公司”的合作规制模式

当面对创新的商业模式时,监管部门往往会采取“全有或全无”的监管策略,将其视为传统工业经济的一种形态,进而套用现行监管框架,或者放任不管,任其野蛮生长。[③] 对于传统监管框架的治理模式被称为传统治理模式,传统治理模式存在以下几点缺陷:(1)仅以政府规制市场的变化,也就是以“看得见的手”来操作市场自由竞争的变化,从以往的经验来看,单单依赖于政府的规制在市场上往往是“行不通”的,政府的过多规制反而形成政府不当干预,扼制市场上公司的自由竞争。(2)仅以公司自身管理来适应市场的变化。基于传统经济与共享经济之间存在诸多不同的特征,适用于传统经济的管理模式并不一定适用于共享经济管理模式。在进入现代社会以后,由于各种社会关系、社会矛盾的复杂化,应适当发挥政府对市场的宏观调控作用,否则整个社会经济可能因无序和恶性竞争而陷入瘫痪和崩溃。[④] 荀子说过:“人生不能无群”,而“群”指代“合作”。笔者认为,探索建立“政府+公司”的合作规制模式能够应对产物所演化出来问题,

---

① 赵鹏:《平台、信息和个体:共享经济的特征及其法律意涵》,载《环球法律评论》2018年第4期。

② 张效羽:《通过政府监管改革为互联网经济扩展空间——以网络约租车监管为例》,载《行政管理改革》2016年第2期。

③ 孙瑜晨:《互联网共享经济监管模式的转型:迈向竞争导向型监管》,载《河北法学》2018年第10期。

④ 姜明安:《行政法》,北京大学出版社2017年版,第165页。

我国传统的行政治理模式既缺乏风险规制的前期经验，又难以抵御（和消化）共享经济所带来的潜在危机，一旦这种潜在危机转化为现实问题，社会及公众将面对一个充满安全风险的社会。① 为了能够更好地保障广大用户的合法权益，消除产物发展和资源应用中带来的负面影响是势在必行的。

共享经济的发展对市场经济来说既是危机也是转机，危机表现在共享经济带来了更多复杂的负面影响。政府和公司必须有意识地通过合作变化规制模式来克服并适应种种的副作用，而这种能克服并适应的模式就是“政府 + 公司”的合作规制模式。以 Uber 为例，其在纽约与政府合作，通过披露其收集的交通信息，供政府进行全面的城市交通研究，②可见合作能够弥补彼此的不足。有学者认为私人主体对规制的贡献从“纯粹”咨询性的作用直至全面承担决策权力，③同时政府不再是唯一的治理主体，实现多元化、多主体治理通过动员利益相关者共同为共享经济的治理找寻最合适的解决方案，④而这种模式是将政府、公司甚至是市场融合起来，形成多元化、综合化的合作规制模式。由于市场监管和公司自身治理的低效性，未能很好地扼制恶性事件发生，进而要求建立“政府 + 公司”的合作规制模式来对抗产物和资源所带来的风险，共同形成相互作用力以此来降低共享经济下产物和资源的规制成本，提高政府以及公司之间的合作规制效益，促进共享经济下产物良性发展。

（二）合作模式下规制行为的边界

构建“政府 + 公司”的合作模式更能够适应市场的变化，但应当以公司自身治理为核心，政府在行政法上的规制行为只是辅助，如果反向的以政府规制为核心，反而会形成政府的不良干预，过多的政府干预会压制公司在市场的自由竞争下的发展。“政府 + 公司”的合作规制模式下仍需要对政府的规制行为设定边

---

① 张玉洁：《论无人驾驶汽车的行政法规制》，载《行政法学研究》2018 年第 1 期。

② 张衡：《共享经济时代政府监管的困境与变革》，载《信息安全与通信保密》2016 年第 1 期。

③ 道格拉斯·C. 迈克尔（Douglas C. Michael）：“联邦行政机关以受监督的自我管制作为管制技术”（Federal Agency Use of Audited Self-Regulation as a Regulatory Technique），载《行政法评论》总第 47 卷，1995 年，第 171 页起；转引自［美］朱迪·弗里曼：《合作治理与新行政法》，毕洪梅、陈标冲译，商务印书馆 2010 年版，第 323 页。

④ 单蕊、李景春：《论道德责任困境及其治理方略》，载《燕山大学学报》（哲学社会科学版）2014 年第 3 期；转引自盖宏伟、郭诚诚、佟林杰：《共享经济发展中政府监管困境与策略研究》，载《管理现代化》2018 年第 2 期。

界,也就是政府规制行为的范围,明确政府规制行为不能逾越边界,否则将会成为以政府为主导的模式。再者,传统经济模式追求的是自由的竞争,也是以公司自身管理为核心,但传统经济模式与共享经济模式有所不同,共享经济更需要政府的规制行为介入,而当前共享经济并无立法上或者是行政法规上的限制,产物的自身管理以及发展也无“参考物”踪迹可循,是否合法以及合规,仍然是个未知数,加之政府一方如何规制才不会形成实质性的干预也在探索当中,笔者认为,需要建立以公司自身治理为核心,以政府规制以及引导为辅助的合作模式,良好的政府规制以及引导能够将公司的发展带入“正轨”。以市场的自由竞争为核心,也是政府行使行政法上规制权力的边界,适当的政府规制以及引导才能够解决当前传统经济与共享经济在实践中的冲突问题,同时还能防止政府超过规制权力的边界。

政府辅助规制以及引导行为的边界前提在于市场上的自由竞争,不能妨碍市场的自由竞争,否则超过该设定的边界,会形成政府干预。有学者认为“公平竞争审查应成为政府干预经济权力的边界,共享经济的政府监管应当以公平竞争审查为中心……一旦共享经济平台危及公众利益,可以及时采取政策措施,控制经济创新所带来的法律风险。”①从政府干预到谦抑干预的过程,实际上表明市场在资源配置和经济治理中的作用从“基础性”作用正式转向为“决定性”作用。② 笔者认为,无论是自由竞争还是公平竞争,其共同点在于政府的干预或者是规制行为不能阻碍市场的自我调节,防止政府过当的行为,设置规制权力边界是政府行使合理规制权力的关键点。

(三)规制市场准入与准出机制

在社会适应中,监管者接受、了解、熟悉新事物需要适当的时间,对新情况进行调研,通过立法和决策程序有效平衡和控制社会各种力量和意见的博弈,在诸多难题中,监管者面临的困境是最难以解决的。③ 产物和资源的行政法规制是一

---

① 孙晋、袁野:《共享经济的政府监管路径选择——以公平竞争审查为分析视角》,载《法律适用》2018年第7期。

② 丁任重、李标:《供给侧结构性改革的马克思主义政治经济学分析》,载《中国经济问题》2017年第1期;转引自刘辉:《论互联网金融政府规制的两难困境及其破解进路》,载《法商研究》2018年第5期。

③ 王静:《中国网约车的监管困境及解决》,载《行政法学研究》2016年第2期。

个融合了政府规制与公司自我管理甚至是市场调节的复杂“工程”,而建立有效、可行的风险预防合作规制模式就成为降低市场风险的一种新方法。对于产物和资源的行政法上的规制采用以下两种具体方式:第一,规制市场准入,控制产物和资源进入市场的门槛。产物之所以能够快速发展,是因为受到广大社会公众的青睐,往往也会受到其他同行的向往,导致市场的供求大于社会公众的需求。良性的市场运转,并不是说更多的公司进入市场,就能代表市场正呈现利好的态势,就能促进经济发展。政府一方对于进入市场的公司的门槛设置,影响到整个市场的运转,在资质方面、对社会的影响以及当前市场承受度等方面,对不符合门槛要求的,应当不予准入。第二,规制准出机制,进入市场的产物经过自由的竞争,而有竞争必然就会有淘汰,在广大用户的财产保护方面,如何规制即将退出市场的公司从而有效保护广大用户的财产,准出机制起到了至关重要的作用,政府如何让属于广大用户的财产能够返还到用户手中,政府的规制准出机制能够保障用户的权益,保证市场良好的运转不受影响。

政府的规制涉及公司的市场准入以及准出机制,在市场准入以及准出阶段中并不会形成行政的不良干预,并不会影响或者妨碍市场上的自由竞争,且政府在市场运行中引导、监管共享经济下产物和资源不具有行政强制力,也未妨碍到市场的自由竞争。有学者认为,“市场准入与准出机制改变了传统经济模式下公平、公正的市场竞争状态,转而向‘特许经营合同’这种资格竞争模式发展”,①这是基于对涉及公共利益的考虑而设置的竞争模式。产物并不是单单为了自身的盈利,而更需要有提高社会服务的能力,将社会闲置资源或增加的资源有效地利用。因此,政府的规制市场准入和准出行为能够体现出政府在市场上发挥的重要作用。

五、实践案例在行政法规制上的应用

以“小鸣案”为例,该公司经营不到短短两年就宣布破产,回想当初,共享单车市场份额基本上被三大巨头“摩拜”、“ofo”和“哈罗单车”所占据,加入市场或者是抢占市场份额的公司都陷入了一个怪圈:利用资本快速地进行扩张,不断地投放不断地融资再投放再融资,给共享经济市场上造成了“胜者为王、败者为寇”

---

① 张玉洁:《论无人驾驶汽车的行政法规制》,载《行政法学研究》2018 年第 1 期。

局面,其根源是货币资本青睐那些规模和发展潜力较大的企业,[1]导致市场自由竞争场面出现混乱。政府应当对此设立相关机制规范市场,即市场准入机制,政府对市场准入机制的运用应考虑综合的因素,如城市容量,一旦共享公司所带来的社会资源超过城市容量,城市承担不了,就会造成城市的拥堵以及公共场地被占据。再如对共享公司的审查问题,并不是说所有的公司都能进入市场,对共享公司的审查不仅仅是资金方面,同时还包括对资质和风险的承受能力的审查,这是由共享经济的特性所决定的,共享经济所提供的是一种涉及社会公众的生命、财产的服务,容易产生群体性事件。市场准入机制能够良好地规制市场的不良竞争,从而使市场良性运转,政府的规制在市场上发挥的作用显得尤为重要。

在上述案例一涉及市场准入机制,同时也涉及政府规制的市场准出机制,在"小鸣案"中小鸣共享单车公司破产,面临着清算、破产的最主要原因是为了占据市场的份额,扩大服务的范围,不断地融资不断地投放所引起的资不抵债。基于小鸣单车公司在提供其服务的同时要求用户提供一定数额的押金,虽然民法上对货币的占有认为是"占有即所有",但押金的性质不同,不同于出借抑或是赠与,产物对押金的占有并不能任意使用,需要对用户的押金实施一定的监管措施,有效维护广大用户的权益,而这与政府的准出机制也是息息相关的。另外,在共享经济的快速运转过程中,产物退出市场所遗留下来的社会资源应当如何处理,该情况要分为两部分去看待:第一部分,该社会资源是狭义的共享经济下产物所遗留下来的,基于所有权与使用权的二分制,其不影响该社会资源的再次被利用,需要考虑的是大量的社会资源会在市场竞争中被悬空,甚至存在大量人员的失业。第二部分,广义的共享经济同时并不包含狭义共享经济的类型,如共享单车,虽说所有权与使用权也是相分离的,但与上述狭义共享经济不同的是,资源归属于共享单车公司,一旦共享单车公司破产,遗留下来的社会资源如何处理,政府的准出机制不仅仅包括共享公司的简单退出问题,还应当包括市场的维护问题。

案例二中关于连续发生的两起顺风车命案,因共享经济下公司对于线下操作的控制往往是薄弱的,线下操作容易造成难以控制的事件发生,这关系到用户的人身安全,仍然需要政府的规制。以滴滴出行平台为例,存在三方关系:滴滴

---

① 刘秀光、马会媚:《共享经济的货币经济学分析——以"网约车"和共享单车为例》,载《西部学刊》2018年第3期。

平台与司机的关系,司机与乘客的关系以及滴滴平台与乘客的关系,属于线上操作的分别是滴滴平台与司机关系、滴滴平台与乘客的关系,属于线下操作的是司机与乘客的关系,容易发生的问题存在于司机与乘客之间,加强控制司机与乘客之间的关系,能够避免上述事件的发生。滴滴出行平台在两起事件发生后,再次进行了整改,增加录音功能防止事故发生,笔者认为滴滴出行仍然是在线上操作方面的加强抑或是只涉及线下的边缘,并不能对线下操作进行有效的监管。但不能忽略的是市场上还存在另外的规制主体(政府),政府的规制范围恰恰是对线下操作的规制,当然对线上的规制也是存在的。政府在规制方式上有以下两方面:(1)对司机资质以及风险进行充分的审查和评估,判断司机是否符合要求,能否进入市场并提供相应的服务,将风险防范于未然,这就是对线上和线下操作的控制,政府的规制可将不合格的司机淘汰在市场外,强化政府与公司在信息方面上的互通合作,可以更加充分地获取以及解读信息,公司的单方面治理恰恰需要政府规制,两者的合作全面地遏制恶性事件的发生,形成线上与线下的配合,"政府+公司"合作规制模式在线上操作与线下操作合作就得到了诠释。(2)交通部门及相关政府机关对运行中相关车辆和人员进行排查抑或是抽查,对于司机是否存在违规行为,可以第一时间知情并及时予以制止,这属于实地、线下的检查,也能起到一定的监管作用,如排查以及抽查共享单车是否在指定的位置停放,骑车人是否遵守交通规则,同时政府可以利用产物对资源的定位,为政府的规制开展工作提供了便利。

共享经济下产物和资源不应当成为行政法的治理盲区,可以"依法重整治理"(reinventing governance by law),但是不能认为"对于互联网来说",依法治理是一个罕见的例外。[①] 笔者认为,共享经济单单依赖于公司自身的治理,并不能有效地控制不良事件的发生,唯有与政府合作,才能使无论是治理上还是监管上、时间上还是空间上、线上的还是线下的都能得到一定成效的改善。更何况市场上不良行为的规制也是政府的职责所在,在尊重市场自由竞争的前提下,需要形成有利于市场的秩序,而这种秩序则归于政府与公司之间的合作。

---

① Christoph Engel,"The role of law in the governance of the internet",Internationgal Review of Law,Computers & Technology,Vol 20. Numbers 1 - 2(2006),pp. 201 - 202;转引自杨海坤、郝炜:《共享单车的行政法调控——兼评互联网新经济的行政法调控模型》,载《法治研究》2018 年第 4 期。

结　语

美国华盛顿特区经济趋势基金会主席杰里米·里夫金说过:"共享经济带来了一场改变人类生活方式的资源革命……将会超越传统的资本主义市场模式"。① 共享经济下产物的管理和资源的社会化应用反映出公司自身治理、政府规制与广大用户之间的多样化矛盾,深层次演化为自由竞争与政府规制的对决抉择,但不管是自由竞争还是政府规制,"政府+公司"的合作规制模式在共享经济面前是必不可少的,是一种融合了公司自身治理与政府规制甚至是市场自身调节的合作模式。

在互联网高速发展的时代,共享经济下产物和资源并不会停下"创新"的脚步,反而一直在加快,从早期的共享人力自行车到现在的共享电动自行车,演化时间不足一年,共享经济带来便利,提高了服务水平,但共享电动自行车是否合规,是否属于产物的生产范围,对于该类电动自行车是否有限速要求以及刹车功能是否能够控制电动自行车的速度,笔者对此提出了种种疑惑。在不断创新的过程中,有些"创新"已经超出了"想象",如"共享女友"以及"共享男友",该类"创新"已经完全的颠覆了共享经济的定义,既不属于狭义共享经济,也不属于广义共享经济。上述发生的种种事件,警示着我们在加快创新的道路上,需要停留脚步,去思考如何使共享经济步入"正轨"。当然共享经济时代的到来是不可避免的,何不选择一种合作规制模式来规制共享经济的发展。

① 张孝荣、俞点:《共享经济在我国发展的趋势研究》,载《新疆师范大学学报》(哲学社会科学版)2018年第2期。

疫苗生产企业行政责任的配置

李燕飞*

摘　要　疫苗规制遵循最严格监管原则，采用风险管理、全程控制、科学监管的方法配置行政责任、民事责任和刑事责任，使疫苗企业承担主体责任。在疫苗企业行政责任方面，因疫苗的特殊性，应落实风险预防原则，强化疫苗企业在规制过程中行政责任的承担，构造以过程责任为基础，以结果责任为补充，以风险责任为主，以过错责任为辅的行政责任体系。同时，疫苗企业行政责任的承担，也要符合疫苗风险规制的客观规律，按照风险收益比要求在各责任主体间公平分配责任，以保障和促进公众健康。

关键词　疫苗企业　行政过程　风险责任

2018年7月15日，国家药品监督管理局发布"关于长春长生生物科技有限责任公司违法违规生产冻干人用狂犬病疫苗"的通告，继而暴露出2017年11月长春长生生物科技有限责任公司和武汉生物制品研究所有限责任公司生产的两个批次百白破疫苗效价指标不符合规定标准问题。长生疫苗事件引起社会的广泛关注，国家重视，

* 华南理工大学法学院2017级硕士研究生，研究方向为宪法学与行政法学。

立法迅速。

法学界比较关注此次疫苗事件的刑事责任问题,[①]较少讨论疫苗事件中的行政责任问题。但“2010年山西疫苗案”“2013年乙肝疫苗致死事件”“2016年山东疫苗事件”“2018年长春长生疫苗事件”,均暴露出疫苗监管存在的制度缺陷。疫苗事件频发,既反映了疫苗监管不到位的诸多漏洞,也反映了疫苗监管法律责任存在的制度缺陷,尤其是疫苗企业的行政责任配置问题。为回应疫苗事件,完善疫苗管理制度,立法机关迅速启动了立法程序。[②] 但从《疫苗管理法(征求意见稿)》的内容来看,仍存在疫苗企业行政责任制度设计的主导类型定位不明、过度加重疫苗企业行政责任、放松监管机关行政责任等问题。本文以行政过程论作为理论工具,以风险预防原则为基础,分析疫苗企业行政责任的配置。

一、疫苗监管制度

(一)疫苗特性

疫苗是用于人体预防接种的预防性生物制品,属于特殊药品。[③] 疫苗的特性决定了疫苗监管制度的特殊性。

疫苗的基本特性是其危险性。疫苗是将病原微生物或其代谢物,经过人工减毒、灭活或利用基因工程等方法制成的用于预防传染病的自动免疫制剂。因疫苗保留了病原菌刺激动物体免疫系统的特性,其本身就成为危险物。即使是合格的疫苗产品,在任何人均无过错的条件下,也可能产生预防接种异常反应,对人身造成损害,故有人将其称为“恶魔抽签”。[④] 基于疫苗的危险性,风险预防原则成为疫苗监管的首要原则,风险监管成为疫苗管理的基本方式,风险责任成为疫苗责任的基本责任形式。

---

① 2018年7月29日,长春新区公安分局以涉嫌生产、销售劣药罪对长春长生生物科技有限责任公司董事长高俊芳等18名犯罪嫌疑人向检察机关提起批准逮捕。法学界对其犯罪行为是涉嫌生产、销售劣药罪,还是涉嫌生产、销售假药罪,生产、销售伪劣产品罪,以危险方法危害公共安全罪讨论较多。

② 2018年11月11日,国家市场监督管理总局发布《中华人民共和国疫苗管理法(征求意见稿)》及其说明;2018年12月23日,《中华人民共和国疫苗管理法(草案)》首次提请十三届全国人大常委会第七次会议审议。

③ 《中华人民共和国药品管理法》第100条规定疫苗属于药品。

④ 杜仪方:《“恶魔抽签”的赔偿与补偿——日本预防接种损害中的国家责任》,载《法学家》2011年第1期。

疫苗的基本属性是其公益性。疫苗属于公共卫生产品,目的在于通过预防接种建立公共免疫屏障。《疫苗流通和预防接种管理条例》(以下简称《条例》)第1条阐明其立法目的是“为了加强对疫苗流通和预防接种的管理,预防、控制传染病的发生、流行,保障人体健康和公共卫生。”《疫苗管理法(征求意见稿)》(以下简称《征求意见稿》)第1条阐明其立法目的是“为保证疫苗安全、有效、可及,规范疫苗接种,保障和促进公众健康,维护国家安全。”相对于《条例》而言,《征求意见稿》进一步强化了疫苗的公益性,突出了疫苗的战略性。疫苗的公益性不仅为强制预防接种提供了正当性,也为自愿预防接种适用最严格监管原则提供了合法性。

(二)监管模式

《条例》将疫苗分为两类。① 第一类疫苗是政府免费向公民提供,公民应当依法受种的疫苗,属于国家免疫规划品种。该类疫苗是国家向公民提供的基本公共卫生产品,由国家制定免疫规划,具有公益性和强制性。第二类疫苗是公民自愿自费受种的其他疫苗,如水痘疫苗、甲肝疫苗、流感疫苗、狂犬病疫苗等。

疫苗作为特殊生物制品,是具有不确定性的风险物,亦是风险社会下的典型产物。风险社会要求行政法的转型,从而催生了行政风险规制体系。② 世界上大多数国家在对疫苗进行监管时都采用风险管理的方式。③ 与传统管理方式相比,风险管理模式侧重过程性与预防性。一方面,对疫苗监管进行流程化处理,在每个疫苗环节均设置相应的监管手段,未达到一定标准的疫苗不得进入下一环节;另一方面,风险预防原则始终贯穿疫苗监管全过程,在管理链条中将疫苗的风险控制在最低。

我国已经建立起覆盖疫苗全生命周期的监管体系,④以产业链环节为区分节

---

① 《条例》第2条对强制接种疫苗和自愿接种疫苗予以规定。

② 宋华琳:《风险规制与行政法学原理的转型》,载《国家行政学院学报》2007年第4期。

③ 如美国对疫苗的监管包括非临床研究和临床研究、疫苗生产许可、疫苗生产过程的质量控制、疫苗储存和处理、疫苗标签和说明书、疫苗不良事件、疫苗处置和召回等。日本疫苗的品质管理规定采取的是专门的生物制剂标准,并且非常注重疫苗投放市场之后的售后服务体制和预防接种健康危害救济制度。德国的疫苗管理采用自我规制模式,主要通过行业规范进行自治,极大地促进疫苗行业的创新与公益功能的实现。

④ 安慧娟:《我国已建立覆盖疫苗全生命周期监管体系》,载中国医药报:https://www.cn-healthcare.com/article/20180525/content-503740.html,最后访问日期:2018年8月5日。

点,不同环节的主要监管制度包括以下几种:(1)疫苗研制环节实行实验室研制和临床试验监管,疫苗的研制与临床试验均需获得审批许可。(2)疫苗注册环节实行行政许可制度,包括药品注册证许可以及 GMP 证书。疫苗企业必须同时拥有注册批件和 GMP 证书,才能正式生产用于上市的产品。(3)疫苗生产环节主要实行批签发制度。即企业按照已批准的工艺流程进行采购、生产、检定、灌装等操作生产出疫苗后,需将每批疫苗送至我国食品药品检定研究院进行检验,检验合格后签发批签发证明,产品方可上市销售。(4)疫苗流通环节监管制度较为多样,分别从采购模式、疫苗储存和运输质量抽检以及疫苗购进、储存、分发、供应记录进行监管。(5)疫苗预防接种环节主要由卫生主管部门负责预防接种的监督管理工作。疾病预防控制机构或接种单位发现质量可疑的疫苗,应当立即停止接种、分发和供应,并上报给药监局和卫生部门。

(三)责任形式

风险监管模式对应风险监管责任,体现在疫苗领域主要是行政监管机关与疫苗企业在整个疫苗生命周期里所需承担的责任。

风险责任的第一责任形式是行政责任。由于风险社会面临的是大规模的现代风险,如技术性风险、工业社会风险、环境风险等,国家权力结构类型中的立法权和司法权均因其滞后性和被动性无法对风险进行及时、有效的回应,应对现代风险最好的权力类型只能是主动的行政权,行政机关必须应付这种"集体性的危险情况"[①]。这就导致在风险行政过程中,首当其冲的是企业的监管人,或者更准确地说,是那些应当监管企业的人。[②] 处于积极地位的行政权强制介入,拥有主动权,占据了主导地位。于是,原有的责任结构被重新调整,原有的责任被重新界定。处于第一责任形式的民事责任被行政责任取而代之,行政责任成为风险责任的主要责任形式。

疫苗生产企业作为生产疫苗产品的民事主体,原本仅处于市场经济和民事法律关系中。但行政机关以全过程的管理模式强制干预疫苗市场,使疫苗企业从一开始就被纳入行政法律关系之中,并在事实上形成"以行政监管法律关系为

---

① [德]尤尔根·哈贝马斯:《在事实与规范之间:关于法律和民主法治国的商谈理论》,童世骏译,三联书店2003年版,第537页。

② [德]乌尔里希·贝克:《风险社会——新的现代性之路》,张文杰、何博闻译,译林出版社2018年版,第87页。

主线,以民事法律关系为辅线"的运行配置。第一类疫苗的设置目标是公共卫生和公众健康,[①]国家以给付行政的方式强制实现该目标,并采用政府购买服务的方式进行,买卖双方均须受到行政法律关系的制约。第二类疫苗不属于国家提供给公民的基本公共卫生服务,公民是否受种由公民自愿选择、费用由公民自行负担,采取市场方式运作。此类疫苗在法律性质上虽属于市场产品,但由于国家将一部分疫苗的公共责任放到市场中,是旨在通过市场机制更好地实现公共卫生目标,属于公共责任的部分市场化。[②] 疫苗产品的目的性设定决定市场运作机制并没有免除国家对疫苗产品的行政责任,相反行政机关在疫苗监管过程中的主导性加重了其行政责任,并使疫苗企业的民事法律关系始终处于从属地位。因此在构建疫苗企业行政责任体系时,处理好其与国家责任之间的分配关系就成为问题的关键。

二、疫苗企业行政责任制度反思

(一)主导责任类型定位不明

"责任"一词在使用时有两种含义:一是指应尽的责任;二是指应该承担的过失。[③] 其中,应尽的责任对应"过程责任",应该承担的过失对应"后果责任"。传统的行政责任论认为,行政责任是指行政主体以及行政相对人由于违反行政法律规范的规定,所承担的相应的行政后果。实际上,这指的是责任的第二重含义,即"后果责任"。英国行政法学家卡罗尔·哈洛和理查德·罗林斯在反思规制者的正当性时提出了"负责任性"[④]的概念,"负责任性"欲处理的是规制者要如何通过各种不同的方式真正负起责任的问题。与传统的行政责任论不同,"负责任性"强调的是"过程责任",即规制者如何使自己和被规制者在规制过程本身

---

① 《条例》第 1 条认为疫苗管理的目的在于"保障人体健康和公共卫生",《征求意见稿》第 1 条认为疫苗管理的目的在于"保障和促进公众健康,维护国家安全"。

② 尽管近年来我国的疫苗监管能力有了较大提升,疫苗监管系统分别在 2010 年和 2014 年通过了世界卫生组织的评估,得到了 WHO 的认可。但第二类疫苗的市场化仍然给国家疫苗监管体系提出了严峻的挑战。继"2013 年乙肝疫苗致死事件"后,2016 年爆发的"山东疫苗事件"再次震惊全国,当时许多观点认为疫苗安全问题的根源在于市场化,随后我国迅速收紧对疫苗的管控,包括修改《疫苗流通和预防接种管理条例》,加强对于第二类疫苗的监管。

③ 杨解君:《行政违法与行政责任对应关系论》,载《法制与社会发展》2000 年第 4 期。

④ [英]卡罗尔·哈洛、理查德·罗林斯:《法律与行政》(下卷),杨伟东等译,商务印书馆 2004 年版,第 620 页。

就负起责任,而不是依赖于产生不利结果之后再去讨论后果责任的承担。

对于疫苗产品而言,概率性风险使疫苗管理的"过程责任"远比"后果责任"更为重要。这并不是否定后者的重要性,而是强调前者一直以来被人们所低估的程度。一旦疫苗发生"恶魔抽签"的异常不良反应事件,受害者很有可能面临落下终身残疾或者死亡的严重后果,因此我们不得不重视疫苗监管过程中的责任。风险预防原则作为疫苗监管的首要原则,亦要求我们充分重视过程责任,将疫苗不确定之风险控制于过程责任之中。负责任的最好方式不是等到不利结果发生后再去积极地承担责任,而是将责任内化为风险管理的每一环节,即只要行为人在整个过程中负责任,那么该行为人基本上就是负责任的主体。当然,"后果责任"是当过程控制之后,仍然出现最坏结果抑或是行为人严重违反相关规范,行为人所承担的相应的后果。相比于过程责任,后果责任具有补充性和辅助性,而不是主要责任和占据主导性的责任类型。

(二)强化规制不等于过度规制

行政规制往往是指行政机关针对具有社会价值的活动进行的持续、集中的控制。规制远非仅仅通过一部法律那样简单,规制必须要对规制行为有详细的了解并与之保持紧密而持续的联系。① 自19世纪政府规制机构兴起并扩散到全球,关于究竟要不要规制以及如何进行规制的问题引发了非常多的讨论。② 但基于疫苗产品本身的危险性和公益性,对疫苗行业实行严格的政府规制是目前世界上各国的主流做法。我国对于疫苗行业的规制虽然较其他药品规制更为严格一些,不过目前仍然处于"放松规制"模式,具体体现在以下几点。

第一,行政责任规范分散、笼统,且缺乏针对性和连续性。有关规定主要集中于《药品管理法》和《条例》。其中《条例》所涉条文共4个,仅规范了疫苗销售记录、最小外包装、违法销售疫苗行为以及冷链不合格行为,规制其他违法行为的条文散见于《药品管理法》《生物制品批签发管理办法》《药品管理法实施条例》等法律和行政法规。

---

① [英]卡罗尔·哈洛、理查德·罗林斯:《法律与行政》(下卷),杨伟东等译,商务印书馆2004年版,第557页。

② 见[美]史蒂芬·布雷耶:《规制及其改革》;[美]凯斯·R.桑斯坦:《权利革命之后:重塑规制国》;[美]乔治·斯蒂格勒《经济管制论》;[英]罗伯特·鲍德温:《牛津规制手册》以及关于"放松规制"的学术讨论。

第二,对疫苗企业的行政责任规定总体较轻,缺乏震慑性。以违法生产、销售不符合国家药品标准的劣质疫苗行为为例,2018 年“长春长生”疫苗事件中长生公司违法生产、销售不符合国家药品标准的劣质疫苗,按照《药品管理法》第 74 条的规定进行处罚。[①] 长生公司 7 月 18 日收到吉林省食药监局《行政处罚决定书》,罚没款总计 344.29 万元。[②] 纵使该行政处罚已是法律规范中的最高罚款,然而与“长春长生”疫苗事件带来的社会疫苗恐慌和被影响的数万个家庭相比,该处罚的力度显然过轻,难以达到惩戒效果,亦难以服众。

第三,以刑事或民事责任代替行政责任。无论是《药品管理法》还是《疫苗流通和预防接种管理条例》,都按照不同的责任承担主体,对疫苗生产者的责任进行了划分:一类是以疫苗企业为责任主体的行政责任,另一类是以疫苗企业直接负责的主管人员和其他直接责任人员为责任主体的行政责任。其中,落实到个人的行政责任多为行业准入资格限制,如法条规定“对其直接负责的主管人员和其他直接责任人员十年内不得从事药品生产、经营活动”。然而,在现实中该行政责任常被低估和忽视,并在现实处罚中以其刑事或者民事责任代替行政责任。[③] 生产者以其刑事或者民事责任代替行政责任,行政责任长期被免除,违法人员从业禁止制度长期被忽视,行政责任履行不充分严重影响行政法规的惩戒效果和后续的行政监管过程。

以上种种放松规制的监管方式引发了一系列的不良后果,疫苗规制亟须强化成为学界和实务界的共识。然而强化规制并不等于过度规制,行政规制的科学性应当体现在疫苗规制手段正当有效、疫苗责任类型划分清晰、疫苗责任承担配置合理以及责任承担形式现实可行四个方面。

在 2018 年“长春长生”疫苗事件爆发后,国家迅速出台了“史上最严”的疫苗管理立法草案,空前加重了疫苗企业的行政责任。从《征求意见稿》的内容来看,

---

① 《药品管理法》第 74 条规定:“生产、销售劣药的,没收违法生产、销售的药品和违法所得,并处违法生产、销售药品货值金额一倍以上三倍以下的罚款;情节严重的,责令停产、停业整顿或者撤销药品批准证明文件、吊销《药品生产许可证》、《药品经营许可证》或者《医疗机构制剂许可证》;构成犯罪的,依法追究刑事责任。”

② 处罚决定为:(1)没收库存的“吸附无细胞百白破联合疫苗”186 支;(2)没收违法所得 85.88 万元;(3)处违法生产药品货值金额三倍罚款 258.4 万元。罚没款总计 344.29 万元。

③ 以“2016 年山东非法疫苗案”为例,主犯庞红卫曾在 2009 年就因“非法经营人用二类疫苗”被判处有期徒刑 3 年,缓刑 5 年,并处罚金 50 万元,是个有前科的犯罪人员。然而就在获刑一年后,她不仅重操旧业,还直接被鲁越生物公司聘请为员工进行二类疫苗的销售。庞红卫借着合法的外壳干着非法的勾当,躲过了行政机关的监管,最终酿成了震惊全国的山东非法疫苗惨案。

国家不仅从疫苗的研制、生产、流通、预防接种、异常反应监测、保障措施、监督管理、法律责任八个方面对疫苗管理进行了全链条的统筹整合，提出了对疫苗的风险管理、全程控制等目标，还极大地强化了疫苗企业的行政责任，严惩重处违法行为。①

(三)疫苗企业与监管机关的行政责任分配不均

我国现行法律法规以疫苗的生产链为基础建立起一套较为完整的监管体系。以往的立法实践和学术研究多以行政行为为中心讨论疫苗中的行政责任，只关注行政行为最终形成的静态的“点”，而未能结合疫苗风险管理全程性和持续性的本质，看到疫苗链条式管理的“面”。欲考察疫苗上市许可持有人之行政责任，还必须采用行政过程论的理论视角。

如前所述，《条例》以产业链环节为节点进行监管，从研发、许可、生产、流通到预防接种，环环相扣。若以行政合同的角度对第一类疫苗进行考察，第一类疫苗因其采用行政给付和政府采购的方式实施，由行政机关的监管主导着疫苗的整个过程，该行政监管法律关系覆盖了疫苗企业本身的私法关系，故疫苗企业的行政责任必然是轻于行政监管机关的，同时亦低于第二类疫苗中的行政责任。若从监管角度对第二类疫苗进行考察，第二类疫苗虽是市场化的运作，但行政机关对第二类疫苗的监管责任并不因市场化而脱责。公众所选择的第二类疫苗是经由生产许可与行政监管的疫苗，由于信息不对称，公众的主要选择根据是行政许可和行政监管，该选择行为与行政行为之间实际上建立了一种事实上的信赖关系。当第二类疫苗侵权时，疫苗企业对受害人承担民事侵权责任既具有法理依据，也具有法律依据。但现行法排除公众选择行为与行政行为事实上信赖关系的法律评价，仅以疫苗企业的民事侵权责任代替行政机关应承担的行政责任，完全免除国家补偿或赔偿责任，既不利于受害人权利保障，也不利于监督行政机关充分履行职责。

《征求意见稿》在上述国务院管理条例的基础之上，新增了全过程信息化追溯制度、严格的生产准入和产品退市制度、风险报告制度、重要信息公示制度、强

---

① 行政责任方面，一是加强了对疫苗上市的监管；二是实施更为严格的生产管理；三是对疫苗上市后的研究进行管理；四是推行疫苗全程信息化追溯制度；五是实行疫苗责任强制保险制度；六是异常反应报告制度；七是异常反应补偿责任和损害赔偿责任；八是对违反疫苗管理规定的，存在从轻、减轻与从重适用的情形；针对上市许可持有人有严重违法行为的，法定代表人、主要负责人和其他关键岗位人员设定了行政处罚。

制保险制度等,极大地强化了对疫苗行业的监管。行政机关作为行政过程的主导者,本质上是疫苗产品的第一责任人。我们必须注意到,越是强化对疫苗行业的监管,就越是加重了行政机关在行政过程中的行政作用和行政责任,削弱了疫苗企业和其他主体的行政责任。然而,《征求意见稿》在"法律责任"一章中并未相应地增加行政机关的责任,反而在顺位上将"疫苗上市许可持有人"的法律责任放置于行政机关之前,着重强调疫苗企业的行政法律责任,实为有失偏颇。

三、疫苗企业行政责任的平衡

(一)产品质量责任

疫苗产品承载着公共卫生安全的职能,疫苗企业作为疫苗的生产主体,须承担相应的产品质量责任。按照产品缺陷的类型,产品质量责任一般分为产品制造责任、产品设计责任和产品警示责任。

1. 疫苗产品的制造责任亦被称为疫苗产品的生产责任,主要是指疫苗在制造时是否按照国家已批准的疫苗工艺流程进行采购、生产,疫苗产品是否通过行政监管部门的质量检验;是否符合国家标准和行业标准;以及在后续的流通过程中是否符合冷链储运的要求。疫苗产品的制造责任表现在产品的规范性标准和生产程序中,可经由国家标准以及行政监管过程实现相应的排除、矫正和追责。

2. 疫苗的设计责任对应疫苗的产品设计缺陷,即指由于设计因素导致产品存在的不合理危险。我国疫苗的研发和设计均在国家的严格监控之下进行,所有疫苗设计均经批准后方可进行临床试验,所有疫苗均需按照已注册产品生产技术和流程进行生产。在这种制度设计下,疫苗产品的设计责任已转为由行政监管机关和生产主体共同承担。侵权责任法和产品质量法一般认为产品责任适用的是无过错责任,其中设计责任乃基于过失的责任。[①] 我国的疫苗损害救济体系分为民事责任体系和无过错补偿体系,在无过错补偿体系中,仅承认因第一类合格疫苗造成的异常反应,国家承担无过错责任。而没有考虑到即使第一类疫苗是合格的,也存在产品设计缺陷,该产品设计缺陷如何救济的问题。对于第二类疫苗,无过错补偿体系则对其采取完全排除的态度,被侵害的受种者只能通过民事责任体系向疫苗上市许可持有人要求救济,然而却难以证明疫苗上市许可

---

① 程啸:《侵权责任法教程》,中国人民大学出版社2011年版,第206~209页。

持有人的设计责任是一种过失责任,从而陷入救济困境。

对于因疫苗设计缺陷而造成的损害,不应该让疫苗企业单独承担设计责任。首先,由于科学技术水平的限制和疫苗本身的不确定性,疫苗产品的设计缺陷总是不可避免的,是必然存在的。将必然存在的风险责任全部转移给疫苗企业有失公平,美国法院亦拒绝对含有设计缺陷的处方药品及医疗设备追究侵权责任。① 其次,若将疫苗产品的设计缺陷责任归于疫苗上市许可持有人,那么势必会导致其责任过重,从补偿的可行性来说是不现实的;再次,疫苗产品过重的设计责任将会导致企业最终将无力承担产品责任,从而面临破产或者被迫选择离开行业,不利于行业的创新激励和可持续发展。最后,从监管模式进行考量,疫苗生产主体与其他产品的生产主体有着最大的一个不同之处在于,疫苗产品的设计和研发全过程都被置于国家的监管之下,如此一来疫苗设计责任不可能由疫苗企业单独承担,而应通过完善国家补偿计划将其纳入异常反应补偿体系中。

3. 疫苗产品的警示责任主要体现在疫苗上市许可持有人是否对受种者提出警示,告知产品的使用属性、方法、效果、异常反应等情况。从我国疫苗接种的实践操作来看,疫苗上市许可持有人一般采用知情同意书、产品说明书等方式履行告知义务,或将告知疫苗风险的责任指派给预防接种机构。从《管理条例》等规范来看,其立场同样是倾向于将疫苗产品的警示责任转移给接种医疗人员。② 故一般而言疫苗上市许可持有人只需履行疫苗产品说明书的格式条款告知义务即可,并不承担疫苗产品的警示责任。

(二)程序瑕疵之行政责任

疫苗风险管理重在过程,要求"风险规制对各个环节的合法性问题作出评价,提供全过程的保障,不能偏废其中任何一个环节"。③ 疫苗企业的行政责任也主要落实在行政过程中。我国对疫苗实行全生命周期监管涵盖了疫苗的研制、

---

① 冯珏:《民事责任体系与无过错补偿计划的互动——以我国疫苗接种损害救济体系建设为中心》,载《中外法学》2016年第6期。

② 《条例》第25条第1款规定:"医疗卫生人员在实施接种前,应当告知受种者或者其监护人所接种疫苗的品种、作用、禁忌、不良反应以及注意事项,询问受种者的健康状况以及是否有接种禁忌等情况,并如实记录告知和询问情况。受种者或者其监护人应当了解预防接种的相关知识,并如实提供受种者的健康状况和接种禁忌等情况。"《征求意见稿》第52条亦明确了接种单位的告知和记录义务。

③ 戚建刚:《风险规制的兴起与行政法的新发展》,载《当代法学》2014年第6期。

上市、上市后研究评价、变更和许可延续等环节，主要手段包括生物制品批签发制度、跟踪检查制度、冷链储运制度、评价性抽检制度、疫苗接种异常反应报告制度、最小包装规范等。从行政规制角度而言，风险规制工具包括了标准设定、行政许可、信息工具、行政契约、行政强制等；从行政行为角度而言，所涉行政行为包括行政合同、行政许可、行政强制、行政处罚等。面对现实管理需要，更加多元、灵活的行政风险管理手段应运而生，但在这过程中需要注意以下几个问题。

第一，过程性纠错和矫正机制的建立。疫苗过程性监管通过对重要节点或者环节的控制，尽可能排除不符合实质标准和形式标准的疫苗产品，并最终达到每一个受种疫苗产品质量合格的目标。环环相扣制度类似一种过滤筛选机制，制度设计的关键还在于如何处理好每个环节之间的关系问题，即疫苗企业必须拥有得以在环节与环节之间纠错的机会。疫苗企业在每个环节均需承担一定的行政责任，并且这种行政责任是连续性的。若在某一环节疫苗企业的合法性评价没有达到要求，那么其必须履行一定的行政责任；行政责任一旦得以履行和实现，疫苗企业方能继续疫苗的生产和经营活动。

第二，现代交互性程序的设计。风险行政是指向未来的，规划乃至预测未来的决策过程。[①] 疫苗安全风险管理呈现出来的更多是协商性和价值权衡的色彩，这要求疫苗流程管理不应该是全封闭性的设计，而应具备交涉性和利益整合的特点。与行政监管机关相比，疫苗企业是疫苗行业的专业性群体，其对疫苗技术、疫苗风险、疫苗异常预测等专业领域的知识储备远多于行政机关，在疫苗的管理过程中必须强调与疫苗上市许可持有人的协商和对话，赋予疫苗企业发言权和参与权，方能提高风险决策下的科学性和合理性，增强疫苗上市许可持有人的法治意识。

第三，司法审查制度的引入。虽然基于尊重疫苗管理机制和医学专业知识的原则，司法不应该介入到行政规制中去。但是，即使司法无法决定疫苗的具体内容或性质，但司法审查可以通过保障程序的合法性来影响行政监管机关决策的质量。疫苗管理过程中存在大量不同于传统行政的管理工具，非正式方法和非典型行政行为预示着其将更多依赖正当程序和规则达到目标，而这正为司法审查制度的引入留下了一定的空间。

---

① 张恩典：《作为过程的风险行政——以行政过程论为视角》，载《南昌航空大学学报》（社会科学版）2016年第2期。

(三)异常反应补偿行政责任的转移

疫苗接种失败带来的异常反应后果,主要是由于医学上疫苗设计无法避免的技术风险所导致的,国际上对于此类损害事件的补偿机制有四种模式:第一种是由政府部门组织,资金来源于政府预算的财政补偿模式,如英国、法国;第二种是由政府部门组织成立疫苗异常反应补偿基金,通过对每一剂量的疫苗额外征税的方式将税金放入补偿基金,如美国;第三种是基于保险的补偿模式,由疫苗厂商购买保险的方式,将疫苗的不良反应补偿风险分担给保险公司,如瑞典;第四种是基于以上三种模式的混合模式,如中国和日本。①

从实践运行效果来看,我国疫苗存在民事责任体系和国家无过错补偿体系的双重互动体系,但此体系下存在以下两个不足之处:一是国家无过错补偿体系只针对因接种第一类疫苗引起的异常反应予以补偿,第二类疫苗损害完全被排除在适用范围之外,转而采用"由生产企业承担民事责任以及国家鼓励通过商业保险"的形式予以赔偿②,《征求意见稿》亦采取类似的态度。③ 这不仅不当加重了疫苗上市许可持有人的责任,亦不符合风险分散分担的基本原理。二是从构成要件来看,双重体系下过错、因果关系等核心概念在两个体系之下的含义并不完全一致,可能导致救济漏洞的存在。④

从损害救济可行性角度而言,如何既能妥善处理疫苗异常反应补偿费用的来源问题,又能平衡行政监管机关与疫苗企业在不同类型疫苗下的行政责任,并且尽可能完成填补受害人损害的基本功能,是异常反应补偿机制构建的重中之重。事实上,在第一类疫苗由国家免费提供,每位适龄儿童都依法享受免疫疫苗接种权利,都必须履行接种免疫疫苗义务的情况下,宜采用社会医疗保险的运行机制,将疫苗异常反应的补偿纳入社会保障体系的范围之内,均衡分担风险,保

① 岳大海等:《国际上疫苗接种异常反应补偿机制借鉴》,载《中国卫生经济》2014年第1期。

② 《条例》第46条第2款规定:"因接种第一类疫苗引起预防接种异常反应需要对受种者予以补偿的,补偿费用由省、自治区、直辖市人民政府财政部门在预防接种工作经费中安排。因接种第二类疫苗引起预防接种异常反应需要对受种者予以补偿的,补偿费用由相关的疫苗生产企业承担。国家鼓励建立通过商业保险等形式对预防接种异常反应受种者予以补偿的机制。"

③ 《征求意见稿》第61条第2款、第3款规定:"……因接种非免疫规划疫苗引起预防接种异常反应需要对受种者予以补偿的,补偿费用由相关的疫苗上市许可持有人承担。国家推进疫苗上市许可持有人投保疫苗接种意外险等商业保险,对预防接种异常反应受种者予以补偿。"

④ 冯珏:《民事责任体系与无过错补偿计划的互动——以我国疫苗接种损害救济体系建设为中心》,载《中外法学》2016年第6期。

证受害者均能获得较为合理的补偿。对于第二类疫苗，由于其是由公民自愿选择受种的疫苗类型，自由选择度较高。而仅实行强制责任保险制度对于疫苗上市许可持有人而言责任负担过重，且保险之商业模式亦可能存在为追求盈利而实质上缩小责任领域的情况，宜采用以疫苗基金模式为主，财政补贴基金为辅，同时个人自愿投保商业保险为补充的方式运行。疫苗企业在不提高疫苗价格的前提下，每卖出一支疫苗，则需支付相应的税金，所有税金汇入疫苗损害补偿信托基金，用以补偿接种疫苗而死亡或受损害的人，并设计相应的索赔程序，一旦发生疫苗致损事件受害人可以通过司法途径快速实现救济。同时，每一年考虑具体的运行情况，由国家财政予以疫苗基金相应的补贴，减轻企业独自承担风险的负担。商业保险则可以由受种者自愿进行投保，作为补偿机制的补充机制。

（四）行政责任具体承担方式

疫苗企业既需要承担风险行政过程中的过错责任，又需要承担异常反应补偿机制中的无过错责任，具体如下：

1. 过错责任。疫苗企业的过错责任承担应重点考虑两个要素：一是要区分行政监管流程的具体环节，二是要区分行为的情节轻重。

根据宏观行政过程的阶段性法律构成方式，[①]可将整个疫苗行政过程划分为疫苗监管标准制定和计划阶段、疫苗监管行为阶段、疫苗监管执行阶段和救济阶段。其中最重要的，与疫苗企业息息相关的应为疫苗监管行为阶段，行政监管机关在这过程中的行政行为与非行政行为包括行政许可行为（如研发许可、试验许可、生产许可与批签发许可）、行政合同行为（如签订疫苗采购合同）、各类行政监管行为（如疫苗全程追溯制度、跟踪检查制度、人员准入制度、生产销售与记录制度、风险报告制度）、行政指导行为等。对于在不同微观行政过程情况下因疫苗企业的过错而导致的后果，应及时给予合法性评价，并由疫苗企业承担具体的过错责任。例如，疫苗在生产过程不符合要求、疫苗质量管理规范执行不到位的，依据相应规定给予警告、责令改正、罚款、销毁产品等处罚。疫苗企业每进入下一环节之前均需对前一个环节的行为进行审查，只有前一个环节符合法定要件，方能进入下一环节；疫苗上市许可持有人的每一批疫苗产品均需经过所有的环

---

① 江利红：《行政过程的阶段性法律构造分析——从行政过程论的视角出发》，载《政治与法律》2013 年第 1 期。

节,不能因为上一批产品已经通过流程获得合法性授权,就豁免对下一批产品的合法性评价。同时,对疫苗企业的行为进行法律评价时,并不必然依据行政法律规范,这是因为在疫苗的采购阶段引入了行政合同的形式,行政合同并不排斥民事法律规范的适用,在某些可以适用民事法律规范的情况下,可以适用相应的规定。值得注意的是,在讨论疫苗企业的过错责任时还存在一种混合过错的情形,即同一种损害后果或事实后果可能不仅是由于疫苗企业有过错,受种人本身也有过错,此时应以行为为对象,由多个主体按照责任比例共同承担法律责任。

而对于过错责任的确定还须根据违法行为的情节轻重予以具体判定。疫苗产品是特殊的药品,其产品责任应当严于一般的药品。以基本违法情节为基准,将违法行为按照主观恶性和不利后果程度具体分为三档:轻微、较为严重、非常严重,并在相应的责任上进行轻重分类处罚。这不仅有助于优化责任体系,提升责任构建的科学性和合理性,更有助于打击违法行为,形成有层次性的震慑力度。

2. 无过错责任,即异常反应补偿机制的责任承担。第一类疫苗的异常反应补偿宜由国家采取社会保险的方式进行,故疫苗企业主要承担的是第二类疫苗的异常反应补偿责任。为更充分救济受害人的利益,第二类疫苗的异常反应补偿应实行无过错补偿原则。因接种第二类疫苗所致死亡、残疾或者器官组织损伤等异常后果,受害人有权要求疫苗企业承担相应责任。如前所述,本文倾向于建立疫苗基金向符合规定的受害人进行补偿。

3. 惩罚性责任。我国《侵权责任法》第47条规定,明知产品存在缺陷仍然生产、销售,造成他人死亡或者健康严重损害的,被侵权人有权请求相应的惩罚性赔偿。疫苗上市许可持有人明知疫苗产品存在质量隐患仍然销售的,亦须承担相应的惩罚性责任。同时,由于疫苗损害事故通常涉及一批数量较大的不特定受害者,这些受到影响的人群分布在全国各地,分布地域广,往往涉及公共卫生安全问题。此时疫苗上市许可持有人的行为很有可能触犯刑法。因此,行政监管机关发现涉嫌犯罪需要追究刑事责任的,应当及时移送至公安机关,防止违法者最终逃脱法律的制裁。

(五)展望:行业的自我规制

规制本身是一个复杂的相互过程,它处于公私两分法的边缘地带,规制机关与被规制者均有许多不同且相互冲突的利益,而专门化规制机构有可能因自身能力的局限性和知识的专业化程度而陷入规制失灵的窘境,尤其是在疫苗这种高度技术化和专业化的行业。因此除了行政规制之外,疫苗行业的自我规制不失为一种可行的办法。

新行政法与新公共管理运动将自我规制看作是一种方法,"用来克服超负荷的问题以及与直接的国家干预相关联的国家政策实施问题。"①与传统的政府规制相比,自我规制设置、修正和重新界定民主的自我调节机制,既尊重子系统的规律性,又施加社会的制约;既追求正当的社会自治,又不会为结果承担全部责任;最终以有效的内部控制代替干预性的国家控制。② 自我规制以其自身的专业性、全面性与正当性,能够有效进行内部控制,降低行政规制成本,提高规制效率,并且缓解风险规制与行政法治之间的紧张关系。在自我规制的前提下,并不排除行政规制的存在。相反,行政规制通过将管理权力进行相应的授权和保留,只需实现对行业内部自我规制机构良好的管制,便能够取得适当干预的预期效果,规避规制失灵的风险。

首先,国家须倡导疫苗行业形成一个独立的行业规制组织,国家授权该组织一定的管理权限,由该组织负责召集和管理所有疫苗企业;其次,该组织就疫苗领域的相关事项自行制定出调控科技风险的同业规范和规制方案,集中体现全行业的意志,并交由政府批准;再次,政府批准规制方案后,与疫苗企业按照规制方案对疫苗行业进行共同治理;最后,每一年度或者每一季度由第三方机构对规制方案的运行进行评估,不断修正和完善自我规制模式。

---

① [英]卡罗尔·哈洛、理查德·罗林斯:《法律与行政》(下卷),杨伟东等译,商务印书馆2004年版,第638页。

② 张青波:《自我规制的规制:应对科技风险的法理与法制》,载《华东政法大学学报》2018年第1期。

司法机关人财物"省级统管"改革的再审视

梁洁莹*

摘　要　本轮司法改革的重要内容是将地方法院、检察院的人财物收归省级统管，以去除影响地方司法机关司法公正的地方化、行政化因素。但是改革的实施首先要注意其合宪性、合法性的问题，其次各地在试点过程中要结合实际情况，制定符合地方特性的改革方案。本文将本轮改革的内容对照现行立法做了分析，并研究了地方化、行政化的成因与司法机关人财物管理权的关系，发现本轮改革提出的措施存在不同的问题。这些问题阻碍着本轮改革目标的实现，必须要予以重视并寻求有效的解决方法。

关键词　省级统管　地方化　行政化　可行性　有效性

一、司法机关人财物"省级统管"改革的主要内容

（一）改革思路

党的十八届三中全会拉开了司法改革的序幕，首次

* 华南理工大学法学院2017级硕士研究生。

提出了司法机关人财物省级统管，由省一级统一管辖省级以下的法院、检察院经费、财务和人员的选任、管理。改革前，人民法院的院长由同级人民代表大会选举产生①，法院副院长、审判委员会委员等审判员以上的工作人员，则由院长提名，由同级人大常委会任免，对助理审判员本院院长有权直接任免。② 而省以下检察院的检察长先由同级人大选任，然后由上一级检察院检察长提请同级人大常委会批准。副检察长、检察委员会和检察员的任免跟法院相似。这是改革前地方法院和地方人民检察院的人事任免机制。根据我国《宪法》的规定，上下级法院之间是监督与被监督的关系，同级法院是对同级人大负责，受同级人大和同级检察院的监督，上下级检察院是领导与被领导的关系，检察院同时对同级人大和上级检察院负责。对于财政、物的规定则是遵循“分级负担、分灶吃饭”的规则，由地方行政机关根据预算划拨支出，收入亦上交地方行政机关。司法机关人财物省级统管改革后，在省一级法院设立法官、检察官遴选委员会，全省范围内的法官、检察官由遴选委员会根据法定的标准和规定遴选出适任的人选，再提请同级人大任免。遴选委员会成员包括优秀的法官、检察官、律师、法学学者等专业人士，确保遴选出来的法官和检察官具备专业素养和优秀的办案能力。遴选办法使在基层工作的优秀的法官、检察官能够到上级法院、检察院任职，不仅大大地增加了司法工作人员的工作积极性，而且还更大限度地保证了上级法院、检察院的工作人员的专业素养和办案能力。此外，改革方案还提出优秀的律师及具有法律职业资格的法学学者可以被法院、检察院直接聘请加入司法工作队伍中，此举是尝试拓宽法官、检察官的选任渠道，使更多的优秀的法律职业工作者能有更多的渠道进入司法系统，另外，此举还有效地为构建法律职业共同体搭建了平台。对于法官、检察官选任后的管理，大部分试点地区的基层、中级法院的院长由省委党委(党委组织部)管理，市、县检察院的检察长是由省委党委(党委组织部)管理，领导班子的其他成员可以委托市级党委管理。③ 对司法机关财务的改革，是在把省级以下法院、检察院的财政统一收归省级政府管理，省级以下

① 《宪法》第101条第2款规定：“县级以上的地方各级人民代表大会选举并且有权罢免本级监察委员会主任、本级人民法院院长和人民检察院检察长……”

② 《法官法》规定法院院长提出副院长、审判委员会委员、庭长和副庭长和审判员的人选后由同级人大常务委员会任免。本院院长有权直接任免助理审判员。

③ 第十二届全国人大常委会第三十次会议分组审议的《最高人民法院关于人民法院全面深化司法改革情况的报告》和《最高人民检察院关于人民检察院全面深化司法改革情况的报告》。

法院、检察院的财政支出,由省级政府的财政部门在各地经济发展状况的基础上,按需分别划拨资金,其收入亦上缴省级政府的财政部门,此举在一定程度上确保至少在同一省级统筹范围内检察院、法院的办案经费、人员收入和福利的满足需求,并且减少差距,也为检察院、法院的办公、办案活动提供充足的物质保障。

(二)改革目标

我国《宪法》第131条、第136条的规定,人民法院、人民检察院依照法律的规定独立行使审判权和检察权,不受行政机关、社会团体和个人的干涉。但又在第133条规定地方各级人民法院对产生它的国家权力机关负责,第138条规定地方各级人民检察院对产生它的国家权力机关和上级人民检察院负责。并且根据前文所述的本级检察院的检察长和法院的院长以及主要的领导班子由同级人民代表大会及其常务委员会选任。本级法院、检察院的收入上缴本级政府,支出由本级政府根据预算划拨,因而实践中常常会出现干预司法的情况发生,地方保护主义难以避免,这明显是违反法院、检察院独立行使职权的要求的。另外,法院和检察院内部的人员组织主要是按照行政机关的架构,法院、检察院司法工作人员也是按照公务员的编制,因此,法院的行政气息比较浓厚。而对于检察院而言,上下级检察院之间是领导与被领导的关系,检察院内部架构也与行政机关一样,领导干预案件、个人干预案件的情况时有发生。

二、司法机关人财物“省级统管”改革的可行性分析

(一)合法性问题

党的十八届四中全会指出,重大改革必须于法有据。宪法是我国法律体系的基石,所有的改革都不得违背宪法。根据前文所述,法院的院长由同级人大任免,院长提名副院长、审委会成员等审判员及以上职位人员,再递请同级人大常委会任免。检察院检察长由同级人大任免,后由上一级检察院检察长提请同级人大常委会批准,副检察长等其他检察人员的选任和法院相似。改革后,创制了一个新的机构——法官、检察官遴选委员会,在法院体系,基层法院先由省一级法院遴选委员会甄选出优秀法官然后向与该法院同级的人大及其常委会提名,由其选任。中级法院和高级法院也一样,由省一级法院遴选委员会在甄选出基层或以上法院甄选出优秀的法官,后向与该法院同级的人大及其常委会提名,由人大及其常委会任免。

(二)可操作性

根据上文的论述,司法机关人财物“省级统管”改革的目的是去地方化、去行政化,维护审判独立保证司法公正。改革方案中设立的遴选委员会,根据各地的经验,遴选委员会一般由专门委员和专家委员组成,专门委员会是常任委员,多数省份采用职务委任式,由法官、检察官遴选过程中的重要党政机构委派代表参加,各省委员会一般有6～8名专门委员。而专家委员从资深的法学家、律师,审判、检察业务的专家中选任,体现了遴选委员会的专业性和社会性。专门委员的人数固定在7～10名,专家委员的人数则在几名到几十名,有的地方成立专家委员会库,每次通过随机抽取的形式抽选一定数量的专家和专门委员共同组成遴选委员会。有的地方专家委员却数目固定与专门委员组成遴选委员会。但个中存在一些弊端,如非常任的委员并非固定在遴选委员会,无法制度性的参与到遴选委员会的日常运作中,遴选委员会的权利很容易过度集中在专门委员(或主任委员会议)及其办事机构中,恐怕难以保障遴选委员会运作的社会性。① 在财物的管理方面,改革以后,省级以下法院、检察院的财政就收归省级政府财政部门管理,由省级政府财政部门根据各地的财政收入和经济状况以及需求等因素划拨经费。财政省级统管在试点下各地有各自的经验,如广东、辽宁等省,采取“省地联合”模式进行财物统管改革②、安徽省采取“一处两中心”模式③、吉林和青海等省采用省财政统一管理的模式。④ 无论是采取哪一种模式,都面临如何保证财力、物力得到充足的投入和保障以及投入能否及时跟上的问题。不同地区的经济差异使政府财政部门对政法机关的投入不一,在省级统筹后如何实现地区之间的平衡和供给充足,以及省财政部门要应对一级预算单位将有成百乃至数百

---

① 于晓虹:《“去地方化”与“去行政化”的博弈与平衡——2014年以来法检人财物省级统管改革再审视》,载《中国法律评论》2017年第5期。

② 广东在“统分结合”的总原则下规定,基本工资由省级统管,但地方津贴补贴则由地方财政负担。全省284家市县级法院作为一级预算单位,由省财政直接拨付资金;深圳则在市级层面统管两院人财物。

③ “一处两中心”财物省级管理模式即省财政厅政法处为归口管理处;省高院、省检察院分别设立系统财务省级管理中心,负责办理系统财务管理具体工作。周瑞平:《安徽法院加强司法保障工作纪实》,载《人民法院报》:http://jlfy.chinacourt.org/article/detail/2017/08/id/2986042.shtml,最后访问日期:2017年8月31日。

④ 青海省规定,自2016年1月起,全面取消省以下法院、检察院非税收入过渡账户,各项非税收入全部作为省级财政收入缴入省级国库。

的增长,如何应对工作量的骤增等的问题都亟待解决。笔者认为,每一个制度的创建或革新都会伴随一系列随之而来需要解决的问题,只要正视问题,采取适合的、合乎规律的措施,问题也能迎刃而解。

三、司法机关人财物"省级统管"改革的有效性分析

(一)讨论的前提

要讨论司法机关人财物"省级统管"的改革是否能有效地去地方化、去行政化,首先必须要明确司法事务是地方事务还是国家事务。如果司法事务仅仅是地方事务,那就没有去地方化之谈了,因为没有可能也没有必要。如果司法事务是国家事务,只是由于错误的配置使其客观上成了地方的事务时,司法机关人财物"省级统管"的改革才有实施的必要。① 而司法事务作为国家事务的论据也有以下几点:(1)根据我国《宪法》的规定国家行政机关、审判机关、检察机关都是国家机构,由人民代表大会产生,对其负责受其监督,人民法院、人民检察院行使职权的唯一依据是法律,不受行政机关、社会团体和个人的干涉。可知审判机关和检察机关都是独立的国家机构,地位与行政机关平等,并不受行政机关的制约。根据作为宪法性法律的《立法法》规定的上位法优于下位法的原则,即使其他的法规、规章有其他的规定,法院、检察院也必须依照法律的规定行使职权。同样,人民代表大会即使作为产生它、监督它的机关,也无权干涉法院、检察院独立行使职权。再者,《立法法》也规定,司法制度属于全国人大及其常委会立法的绝对保留事项。因此,在机构、地位、职权方面都不难得出司法事务是国家事务的结论。(2)我国《宪法》第129条、第135条也分别规定,法院、检察院的组织由法律规定。所以法院、检察院的内部如何组织按照宪法的规定也必须由法律规定,地方政府、地方人大不得干预。因而,在机构的内部组织方面的事务都是国家事务。(3)我国是单一制国家,除了特别行政区外,所有法律、法规的制定都必须以宪法为依据,国家的法制建基于宪法之上。而法律是全国人大及其常委会制定的,在全国施行且通用,虽然民族自治地区人民代表大会有权根据当地民族政治、经济、文化的特点制定自治条例和单行条例对法律进行适当的修改,但需要报省或自治区人民代表大会常务委员会批准后生效,并报全国人大常委会备案,

① 王广辉:《司法机关人财物"省级统管"改革的法律反思》,载《法商研究》2016年第5期。

并不得违宪。以此防止各级法院、检察院适用的法律不因地域的差异而存在迥然不同的情况。司法权具有公开性、独立性、终局性、权威性等属性,必须统一行使,因此在性质上只能属于中央事权。这也是我国维护法制统一的内在要求。

(二)地方化、行政化与司法机关的组织结构的联系

司法机关人财物“省级统管”的目的是去地方法院、检察院地方化、行政化的氛围气息,在论证了司法事务的性质是国家事务后,应该进一步探讨地方化、行政化氛围气息的形成与司法机关本身的组织结构有无相当的联系,如果地方化、行政化的形成本来就与司法机关组织结构无相当的联系,司法机构改革就没有很大的意义了,而如果地方化、行政化的形成与司法机关组织结构的错误设置有因果关系,司法机关的组织结构改革就有讨论下去的必要。就法院而言,法院的独立分为外部独立和内部独立。在外部独立的层面,法院独立于行政机关、社会团体和个人。就法院与行政机关而言,法院管辖的划分与行政区域划分大致是一致的,实践也中出现了很多“地方保护主义”妨碍司法的现象,是不是就此就能说明法院司法管辖权的划分与行政区划的划分大致一致是造成地方化的重要原因?笔者认为,可以再深入分析,综观全球多数的经验,很多国家都是把法院的管辖范围和地方行政区划相统一,目的是保证不同层级或统一层级之间权力的分配衡平,却也没有出现“地方保护主义”氛围浓厚的现象。法院按照行政区域的划分设立,即司法管辖区与行政区域一致,并不意味着就是地方化。再者就是行政机关对司法机关财物的管控,改革前规定司法机关的收入上缴同级政府,支出根据同级政府的预算划拨,行政机关在这一方面的确有可能干预司法,最后就是人大干预司法这个老生常谈的问题了。外部独立涉及了法院司法事务地方化的问题,而对行政化的问题的,应该讨论的就是法院内部独立的问题。而就内部独立而言,上下级法院之间的关系是监督与被监督的关系,彼此之间存在监督和纠错的功能,如对法院的裁判不服的,则是通过向上级法院上诉或者申诉等方式实现监督和纠错。因而,法院上下级之间不能是指导,更不能是领导的关系。但在实践中也有下级法院通过口头或书面形式向上级法院汇报案件的审理情况,上级法院对下级法院审理的案件进行指示的情形,更存在最高人民法院通过司法解释、司法批复的方式来指导或指示下级法院办案的问题。① 一方面,在法院

---

① 张建伟:《司法机关人财物:谁来管,如何管》,载《中国党政干部论坛》2015年第4期。

的内部组织上,行政化的主要成因是法院的内部组织和运作机理与行政机关的一致,内部存在各级领导,办理案件仍然采用审批的方式进行控制,通过审委会再决定案件如何办理,这些都是司法事务行政化的体现。另一方面,法院工作人员的体制采用公务员制,审判人员及其他审判辅助的人员既是司法工作人员也是公务员,其待遇由行政级别决定,对其的管理,如职务级别的晋升、考核、退休的核准等,参照公务员管理办法由政府的人事部门和地方党委的组织部门执行。将司法工作人员的职业保障与行政机关挂钩,司法工作人员就不能独立地判断,仅把他们的工作看成是服务于法官、服务于领导,从很大程度上也造成司法事务的行政化。检察机关与法院是相类似的,检察院机关要求外部独立,但也常常基于上述的原因而受到"地方保护主义"的笼罩。虽然检察机关内部是领导与被领导的关系,但是检察机关独立办案也是法律所要求的,如果说检察机关上下级之间是领导关系,那么检察机关去行政化的研究重点就应该是个人对检察工作的干扰,因为领导是机关与机关之间的关系,但是如果个人对机关工作有所领导或干预,就会影响检察机关的独立办案,这是法律不允许的。总体来说,笔者认为,司法机关的独立性无法保障可能是制度本身的问题也有可能是制度背景中独立个人的问题。

(三)司法机关人财物"省级统管"改革能否去地方化

根据前文论述,行政机关对司法机关财物的管制以及司法工作人员采取公务员的编制并在内部进行行政化的管理,都有可能导致司法机关的职能受到破坏。而将司法机关人财物收归省级统管后,在财物方面,地方法院、检察院的支出和收入直接与省级政府的财政部门对接,法院、检察院的财物脱离了市级统筹,但也仅脱离了市级统筹收归省级统筹而已,省级财政部门对地方法院、检察院财政的统筹实际上也只是一种地方统筹,只是升高了一级而已。一方面,这一举措能减弱司法事务受到地方化的影响的程度,但是并不能完全使司法事务脱离地方化的影响。另一方面,对于人员的管控,造成地方化的原因是法官、检察官的选任由同级人大及其常委会决定,对法官、检察官以及其他司法工作人员的管理则是按照公务员管理系统由同级公务员主管部门管理,造成人大和政府都有可能干预司法。对于人大干预司法的问题,一如前文论述,选出法官、检察官的人民代表大会是一个机关,而且法院、检察院本来就要对人大负责、受人大监督,因而机关对机关的监督是合法的。违法干预司法往往是人大代表本身,实践中出现了很多人大代表以自己在本级人民代表大会上的表决权为利器指导司法机关办案。行政机关也存在类似的情况,行政机关中的个人以自己在行政机关所拥有的职权指导司法机关办案,这些都是违法干预司法的行为。在改革的举措中,省一级法院设立法官遴选委员会,挑选出优秀的法官然后交给同级人民代表大会表决,削弱了人民代表大会的职权但是没有解决人大代表或者其他行政机关工作人员干预司法的问题,也似乎忽略新增遴选委员会后,可能同样出现遴选委员会成员干预具体案件的裁判的行为。笔者认为,司法事务地方化、行政化的问题在每个时代都屡见不鲜,在每个时代不同的社会制度下都多有发生,因为制度可能只是造成司法地方化的背景以及个人干预司法的途径,要去除地方化、行政化也应加以重视。

(四)司法机关人财物“省级统管”改革能否去行政化

司法行政化包括两个方面。首先,在司法机关上下级的关系之间,就法院而言,法院上下级之间的关系性质是监督,同时也是分属两审级关系,上级法院认为下级法院有错误的裁判,可以通过上诉、抗诉或者再审的机制纠错,其职能更重要的是纠错。就纠错的职能而言,上下级法院的裁判应该是独立的,案件上诉到上一级法院,上一级法院就应该重新进行事实审和法律审,根据证据重新审视案件,不能被一审的判决和证据的认定影响。但在现实中经常存在上级法院干预下级法院审判事务的问题。司法机关人财物“省级统管”似乎没有关注到此问题,这是亟待解决的。其次,司法机关内部的行政化管理以及法官和司法工作人员都是公务员编制,都是导致司法事务行政化的重要原因。但是司法机关人财物“省级统筹”的改革,仅将司法机关的人财物收归省一级管理,并没有实际改变司法机关内部的行政架构和运作机理,仍仿照行政机关的模式来设置并实行,仍采取审批的方式对案件的审理进行控制。

四、司法机关人财物“省级统管”改革的完善建议

司法机关人财物“省级统管”改革的目的是去地方化、去行政化,但是改革的前提必须要解决合宪性的问题。宪法作为国家法律的根基,所有的法律、所有的政策都不得违背宪法,更要避免那些以“良性违宪”为由将政策与守宪对立起来的问题。因此,需要启动宪法修改程序,为“省级统管”的改革提供宪法的基础。

解决了“合宪性”的问题后,究竟如何完善司法机关人财物“省级统管”的改革目标以及如何从根本上去地方化、去行政化,还需要构建一套更精良更紧密的制度架构和变革措施。

(一)谨慎把握“去行政化”的限度

“去地方化”和“去行政化”是两个不同的过程,两者既有联系之处也有重大的区别。从一定程度上看“行政化”有助于去除地方化,各地的经验可以看出,去除“地方化”的有效措施就是加强行政化管理,无论是上下级法院的关系,还是法院内部的行政审批的关系,都在一定程度上对“地方化”的影响起到了抵御的作用,只是过甚者也容易导致司法事务过度“行政化”的问题。在“去地方化”尚未完成即过快地强调同时“去行政化”,降低了法检在人事统管和财物统管中的作用和地位,忽视了两者之间的关联性,对改革的效果是适得其反的。两者的关系有此长彼短之嫌,平衡两者的关系才有助于维护司法事务的独立性和司法公正。本次司法改革的多项措施都指向了“去行政化”,而且都取得了不俗的成就,例如,司法责任制改革以及相关的法官奖惩保障体系的进一步发展,都对“去行政化”有重大的作用。因而,在司法机关人财物省级统管的改革中注重平衡“去地方化”和“去行政化”两者之间的关系,谨慎把握“去行政化”的限度对改革目标的实现至关重要。

(二)遴选委员会进一步制度化

法官、检察官遴选委员会是本次司法改革中新增的机构,各地的试点也在努力寻求其运行模式,以求最大限度发挥法官、检察官遴选委员会的潜能。目前各地都处于“摸着石头过河”的阶段,法官、检察官遴选委员会虽已成立,但是在立法上并没有规定法官、检察官遴选委员会的归属、职能、内部章程的问题,法官、检察官遴选委员会在法律上是于法无据的。从各地的实践中也可以看出,虽然各省在建立法官、检察官遴选委员会的过程中也同步制定了相应的章程,但对遴选委员会的章程如何制定?如何修改?委员会的日程如何设定?委员会审议结果的法律效力如何?委员会的决议与人大的决议发生冲突该如何解决等问题都没有给予解答。法治国家的建设要求改革措施都要有法可依、于法有据,因此,必须要在立法上确定法官、检察官遴选委员会的地位和职能,对法官、检察官遴选委员会的归属作出明文的规定,立法上更要为地方建立法官、检察官遴选委员会制定相应章程和构建决议方式、决议效力的制度框架,保证遴选委员会建立的合法性。地方在制定法官、检察官遴选委员会章程的时候要根据法律的规定制定相应的遴选办法和内部机构的运作模式,将遴选委员会进一步制度化,以解决遴选委员会地位归属不确定、内部机构运作紊乱、效能不明确以及决议效力不确定等问题。

(三)中央加大力度投入财物统管改革

目前司法机关人财物“省级统管”的改革要求将司法机关的财务收归省级统管,以摒除地方行政机关利用财政管理的权力非法干预司法事务的行为。但是省级行政机关也是地方行政机关,其纵然能在一定程度上消除市级机关的干预,但无法消除省级行政机关的影响。此外,在实践中,各地在实施省级统管以后要解决财力、物力是否充足投入以及投入速度是否跟得上的问题,如何实现地区之间的平衡和供给充足,以及省财政部门要应对一级预算单位将有成百乃至数百的增长,如何应对工作量的骤增等的问题。为此,多省份采取的是“省市结合”的方式,一定程度上解决工作量激增与地区平衡的问题,但是此举将使司法机关人财物“省级统管”的改革效果大大降低,改革是为了消除地方财政的影响,但是“省市结合”并没有实现此目标。因而,中央作为改革的强大后盾,应该发挥其应有的作用。一方面,中央应加大对地方司法机关的财政投入,确保地方司法机关财力、物力的充足投入,保障地区之间的投入和供给充足。另一方面,由中央制定地方司法机关的财政管理方案,省级、市级行政机关作为执行机关执行中央的财政管理方案。既可消除地方行政机关利用财政管理权对司法机关事务的干预,消除行政化,也可以把执行工作交给省、市级行政机关,解决一级预算单位大量增长,工作量激增的问题。

(四)建立符合法官、检察官职业特点的人事管理制度

对审判、检察业务中案件办理上的最有影响的部分是“行政化”。因为法院、检察院内部的人员管理体制适用行政机关的管理体制,案件办理以外的其他事务的管理本身就具有行政管理的性质,不可能也没有必要完全去除“行政化”。司法实践中经常有下级法院向上级法院汇报案件的审理情况等的上级法院干预下级法院审判事务的举措,这些举措对司法的公正性有重大的影响。要去除办理案件的“行政化”,首先就要去除司法工作人员本身身份的“行政化”,对法院、

检察院系统建立单独的录用程序,不再纳入公务员系列,且不再对其规定行政级别。只有将法院、检察院工作人员的公务员身份取消,去除其公务员身份,作出裁判只根据案件的证据以及法官的自由心证,减少错案的产生及法官、检察官的职业风险,才能真正实现让审理者裁判,由裁判者负责的目标。审判案件只根据案件的证据、法官的自由裁量权以及法律适用,才能让裁判者心甘情愿对自己的裁判负责。除此之外,之所以会出现领导审批案件、审判委员会讨论决定案件,主要是担心审判员本身的能力、资历不足,其实对于增强法官、检察官的业务能力这个问题已是老生常谈,并不是只在“去行政化”的问题上被讨论。这个问题的解决方法可以从提高法官、检察院的准入条件以及加强对法官、检察官的培训等几个方面解决。另外,新建的法官、检察官遴选委员会也有挑选优秀的初任法官以及挑选业务能力强的法官、检察官到上一级法院、检察院工作的职能。另外,为保障法官、检察官独立办案不受其他机关、个人的影响需要在法官、检察官的职业保障的问题上加大力度,不宜再通过行政级别确定法官、检察官的工资待遇。而可以采取“资历制”,即在担任法官、检察官以后凭借其资历、业务成绩、水平决定应该享受的工资和福利待遇,不仅能充分体现其工作的专业性,也能增强职业的荣誉感。[①] 在“省级财政统筹”的制度下实现省级范围内法官、检察官的工资水平和福利待遇的平等化,使其不用到上级法院也能实现自己的职业价值和待遇收入,吸引更多的法官、检察官到基层工作,提升基层审判工作和检察工作的办案能力。

“去地方化”“去行政化”的根本是实现司法机关的职能,不受行政机关和其他组织的干扰,促进司法公平公正。推进司法机关人财物省级统管的制度改革是其具体的措施,但在操作中不能简单地把司法机关的人财物收归省级统管,必须要从根本出发,寻其究竟,对准问题的中心制定改革方案,改革过程中精心构建“去地方化”改革与“去行政化”措施之间的平衡机制。

---

① 李拥军:《司法改革中的体制性冲突及其解决路径》,载《法商研究》2017年第2期。

宪治理念下综合行政执法权的研究

王　霏*

摘　要　综合行政执法权是行政执法权力的重新配置结果,用宪治理念分析综合行政执法权存在的问题,发现其在宪法中缺失定位使其合法性地位遭到质疑,并且在实践运行中存在诸多障碍,例如组织结构不完善、权能界线模糊、责任主体不清等,加上缺少一套有效的监督机制,说明综合行政执法权在宪治理念下存在诸多问题。进而将宪法规制国家权力的理念,类比到综合行政执法权角度完善综合行政执法制度,实现建设法治政府的目标。

关键词　综合行政执法权　宪治理念　法治政府

一、引　　言

自1996年《行政处罚法》颁布起,我国便开启了综合行政执法的改革之路。2002年9月,在《国务院关于进一步推进相对集中行政处罚权工作的决定》(国发〔2002〕17号文件)中,国务院赋予省一级政府在自己的管辖区里进行相对集中行政处罚权的权力。在2003年《行政许可法》第25条中也有相关的表述。经历20余年

---

* 华南理工大学法学院2016级硕士研究生。

的实践证明,综合行政执法对行政执法体制有着深远的影响,同时也是行政体制改革的重点。虽然理论界对综合行政执法的理论研究不少,但其在运行过程中却依旧存在权能界线模糊、责任主体不清、组织结构混乱等问题,而这些问题必然影响综合行政执法制度。

宪法的地位与作用在建设社会主义法治国家的背景下犹为凸显。综合行政执法权的行使与保障人权和稳定社会休戚相关。宪法是具有维护公民利益的最高位阶的法律,在宪法视野下对综合行政执法权进行研究,运用宪治理念剖析综合行政执法权实践中存在的问题,不仅符合建设法治国家和法治政府的要求,也能为此提出相应的完善综合行政执法制度的有益措施和解决其实践后所暴露的问题。

所谓的宪治理念,从政府行政层面来理解,具体分为三方面:(1)权力法定,即权力由宪法和法律规定;(2)有限政府,即权力有限性;(3)责任政府,即政府有义务为自己的行政行为负责,行使权力时必须接受监督。在宪治理念下研究综合行政执法权,是指用宪治理念分析综合行政执法权存在的问题,因为这一理念是在宪法四大基本原则指引下形成的。政府代表国家行使权力的目的就是要保障人权,在这一过程中为了保证权力不过度膨胀而破坏公民私权,则需要将权力有限化,但即使权力受限定也不能够保证权力的有效实施,所以还需要建立责任制来确保权力的正确实施以及提供相应救济手段,形成法治政府、责任政府。

二、综合行政执法权的概述

(一)综合行政执法权的概念和性质

1. 综合行政执法的概念

理论界对综合行政执法的理解存在差异:(1)综合行政执法机构指相对集中行政处罚权的机构,二者含义相同,综合的权力内容只包含行政处罚权。[①] (2)行政综合执法是新部门机关统一行使若干原部门机关权能的行政执法制度。[②] (3)"综合行政执法"与"行政综合执法"别无二致,[③]后者内涵为:在行政事务指向的行政执法主体模糊、权能交错时,有相应权能的机关部门移转该权力

① 周春莉:《行政权的整合——我国综合执法机构研究》,华东政法学院2004年硕士学位论文,第9页。

② 罗许生:《行政综合执法研究》,西南政法大学行政法学院2006年硕士学位论文,第3页。

③ 程瑶:《综合行政执法主体的分析与建构》,中央民族大学法学院2009年硕士学位论文,第6页。

到新成立的机关部门,由新成立的机关部门承担该项重叠交错的权能,以此解决相关的事务和调整相应的社会关系。①

在论文《综合行政执法的理论界定》(李国旗)②中,作者首先指出学界中关于"综合执法"的相关术语未经区分地在实践中使用的现状。将"综合行政执法"与"行政综合执法"、"综合执法"与"综合行政执法"两对名词对比分析,笔者认为,学界应确认统一表述,以防止它们在运用上出现错乱。首先,关于"综合行政执法"与"行政综合执法"。作者的观点是前者倾向于指执法时的各项特征,后者则倾向于指出它的独立性。而综合行政执法只是将处罚、监察等行政执法权集中统一地实施,没有创造出一种新的执法形式,因此不能将它当作一项单独的执法形式,它本质上只是我们行政执法方式的改革尝试,所以更倾向于选择前者的概念。其次,关于"综合执法"与"综合行政执法"。作者倾向于选择"综合行政执法",原因在于执法是政府实施法律的行为,行政执法是指行政机关执行法律的行为,不仅实行的主体有差异性,而且所适用的法律范畴也有差异。因此,笔者认为"综合行政执法"的概念更恰当。

2. 综合行政执法权的概念

在改革初期,"相对集中行政处罚权"与"综合行政执法权"两个名词常常出现在法律文本中,实务中对它们却没有明确的区分。随着改革的进一步推进,综合行政执法的发展趋于稳定,十分有必要对基础概念进行明确。而且,它们在内涵上确实有差异,所以必须厘清它们之间的关系,弄清综合行政执法权的概念与性质,才能对其展开更加深入的研究。

相对集中行政处罚权,这一概念其实仅仅是《行政处罚法》第16条的概括,即将原属于若干个部门的行政处罚权抽取出来并重新调整,汇整到某一单独的部门处一并执行,而原有部门丧失了实施转移的权力。简言之,相对集中行政处罚权只包含行政处罚权。

综合行政执法权,则是指在根据法律的授权或者在其他政府机关的委托,由单独的机关或享有社会公共管理权能的组织依法在相应的社会领域内,实施若干原由不同机关享有的不同行政执法权。③ 简言之,"综合行政执法权"所囊括

---

① 熊文钊:《城管论衡:综合行政执法体制研究》,法律出版社2012年版,第1~2页。

② 李国旗:《综合行政执法的理论界定》,载《天津行政学院学报》2008年第2期。

③ 王雅琴、沈俊强:《城市管理监察综合行政执法之理论与实践》,法律出版社2013年版,第10页。

的权力内容相较于“相对集中行政处罚权”更加多样化,但还是以行政处罚权为主。因此,可以说二者的主要表达一致,但表示的角度迥然。二者实际上有区别也有联系,相对集中行政处罚权是综合行政执法权的前提和条件,综合行政执法权是相对集中行政处罚权的突破与提升。

3. 综合行政执法权的性质

根据国家权能二分法,国家权能包括立法与执法。立法是指立法机关通过制定法律表达国家的意志,关键点在“表达”;而执法是行政机关执行表达了国家的意志的法律,关键点在“执行”。在执法权能中,又进一步包括司法执法和行政执法。司法执法是司法领域的机关经由当事人提起诉讼而使用法律的过程,且强调程序的重要性。行政执法,意思是行政机关主动的执行法律的过程,更注重的是行政活动的高效,因此具有灵活性。行政执法权,则是行政执法的权力要素,指行政机关拥有的执法权力内容。广义理解行政执法权,其实就是行政权,因为政府的属性在中国法治化的进程中完成了从“管理”到“执法”的伟大转变,行政权的特性便体现在它的执行性。而狭义上则为行政权的再进一步应用,是最集中体现行政权的一项权力。①

综上所述,综合行政执法权是将行政执法权力重新排列组合而得到的综合结果,综合行政执法权是综合行政执法的权力要素。综合行政执法权作为行政执法权的一种形式,其性质与行政执法权有相似的地方,当然也有其特殊之处,具体如下:(1)法定性。在宪治理念下,行政执法权属于法定权力。综合行政执法权的法定性体现在行政机关须在宪法和法律的指引下行使。(2)主动性。综合行政执法人员体现的是国家意志,他们承担社会责任,有义务维护社会公民的权利与保障社会的和谐发展。(3)强制性。因为综合行政执法权的权力来源为法律,它在行使时以强大的法律作为后盾,公民不可随意变更和违反,表现出鲜明的强制性。(4)综合性。综合行政执法权是若干个部门的权能重新配置之后的产物,它的权能是不同部门的不同权能的综合结果,内容不仅多样且囊括不同的领域,因此具有综合性。(5)准司法性。综合行政执法权突出表现的还是处罚权的统一行使。处罚权的统一行使,则将违法调查权和处罚决定权区分,也达到了类似于司法机关中立性地控制处罚权的效果,具有准司法性。

---

① 肖金明、冯威:《行政执法过程研究》,山东大学出版社2008年版,第62~67页。

(二)有关综合行政执法权的法律文本演变

法律文本,既包含法律法规,也包含行政规范性文件。在实务界的运作中,基本只在行政规范性文件中能看到"综合行政执法"的踪影,法律法规占少数。

1. 从相对集中行政处罚权的试点初始阶段到全国推进阶段

1996 年我国《行政处罚法》颁布施行之后,开始了"相对集中行政处罚权"的试点性工作。从该法的第 16 条出发,北京市原宣武区(现西城区)首先进行试点。集中的内容主要是城市管理领域内的 9 个部门,共 311 项行政处罚权。2002 年国发〔2002〕17 号文件和国务院办公厅转发中央编办《关于清理整顿行政执法队伍实行综合行政执法试点工作的意见》,文件中决定在全国推进试点,涉及领域也从城市管理扩展到其他的行政执法领域,如表 1 所示。

表 1　各社会管理领域中关于相对集中行政处罚权的规定

社会管理领域	年份	法律性文件	内容
文化市场	2003	《上海市人民政府关于本市进一步推进文化领域相对集中行政处罚权工作的决定》	在市县新建文化管理行政执法局,实施原有多个部门行使的处罚权
资源环境	2003	《广东省综合行政执法试点方案》	明确指出将重整国土部、环保部的行政处罚职能,在省、市、县国土部、环保部内综合设立行政执法机构
农业管理	2005	《陕西省人民政府关于进一步加强水行政执法工作的通知》	将深入水行政综合执法的试点,把水资源、河道的管理、水利工程和渔政等执法工作进行整合,建立相对集中行政处罚权等的水行政执法新体制
交通运输	2005	《重庆市人民政府关于在全市交通领域实行综合行政执法试点工作的意见》	以交通综合行政执法局的名义实施路政、运政、港航、征费稽查、高速公路等 5 项行政处罚权

相对集中行政处罚权的发展已经从试点阶段转变成全国,从单一的社会管理领域拓展到更多层次的社会管理领域。

2. 从相对集中行政处罚权到综合行政执法权

而后的行政体制改革也并未停止于"相对集中行政处罚权"这一层面上。从以下两方面可以简单看出:(1)从规范性文件名称上看,改革初期的文件名称多带有“相对集中行政处罚权”字样,但在全国开始推行行政体制改革阶段起,规范性文件的文件名出现“相对集中行政许可权”甚至取而代之的是“综合行政执法”字样。(2)从规范性文件内容上看,改革初期的文件内容仅涉及行政处罚权,未涉及其他行政执法权力,而在改革推进阶段,文件内容里所规定的新的行政机关享有的权能也在扩展,从单一的行政处罚权扩展到了其他形式的行政执法权。

在相关法律性文本的历史发展角度上看,可分为以下两类:(1)直接规定相对集中行政许可权、行政强制权的法律法规的发布与施行:2003 年《行政许可法》第 25 条、2012 年《行政强制法》第 17 条第 2 款。(2)在不同领域内综合行政执法的行政规范性文件的颁布:2011 年文化部制定的《文化市场综合行政执法管理办法》,把不同文化部门的行政处罚权、行政强制权,调整到单独的文化综合执法机构。2014 年交通运输部颁布的《关于全面深化交通运输改革的意见》中指出,将行政监察权、行政强制权、行政处罚权等统一划归交通运输综合行政执法机构。

由此可见,相对集中行政处罚权逐渐衍生为综合行政执法权,所覆盖的领域拓展至更多的社会管理领域,所涉及的行政执法权力也更多了。

(三)综合行政执法权出现的原因及其必要性

过去,行政执法一直处于一种执法人员多,但执法力量与效果不明显的状态。主要原因在于,改革开放后政府职能并未紧跟时代发展步伐,才会出现行政与经济发展不协调的局面。针对这些问题,国家政府也尝试各种解决途径:

途径一:通过完善对具体行政部门权能的立法工作,明确各部门行政执法权的界线范围,达到解决权能交错多头执法的目的。但是这一途径不能很有效地解决机构臃肿、效率低下的问题。因为过度强调权力的精细划分,造成的就是机构庞大臃肿的问题,执法人员数量过多,执法素质则难以保障,执法水平难以达标。并且在同一领域内,不同的行政机关部门依据不同的法律进行执法,还会增大重复执法的可能性。

途径二:各部门之间进行联合执法,在特定领域中相关部门共同进行整治活动,以解决多头执法下的重复执法问题。但是这一途径也存在一定问题,表现为执法推诿和行政协调困难。多个部门一起执法,在执法过程中存在执法推诿之嫌,容易在利益指引下选择性执法,与此同时,各部门之间的协调配合难以控制且不经济高效，处理同一案件的过程会耗费大量资源成本在各部门之间的沟通协商配合上。

途径三：综合行政执法，在同一领域内不同机关的部分执法权转移到另一新的部门，由该部门在相应的领域统一行使。综合行政执法的出现，彻底改变了之前权能交错、多头执法、执法推诿的窘境，同时也缩小了行政机构组织规模，提高了行政办事效率。因为综合了各部门的相应执法权统一行使，在行政事务发生时只需要一支队伍的出现就能解决问题，在很大程度上降低了行政成本，杜绝了多头执法的现象。相应的行政执法权力也不再过度细分，减少了机构的总数，达到“简政”的目的。而且，“大盖帽”的执法也达到了高效便民的效果，例如行政许可，多项行政审核事务“一个窗口”就能解决。当然，综合行政执法制度虽然解决了之前各行政部门之间的权能交错问题，但是它与原来的机关部门又存在权能交错的可能，而且其产生依据的法律位阶不高，难以成为其合法性的有力依据。

这三个途径各有利弊，途径一、途径二的核心点是行政执法的公正性、合法性。而途径三的核心点是行政执法的便民与高效。其实三种途径不是只能选择其中一种来作为行政体制改革的最终方案，因为侧重点不同，所体现的价值也就不同。上文提到综合行政执法权在行使的过程中也出现了很多问题，有人就认为既然综合行政执法存在缺陷，不能与时俱进，应当撤销这一制度。① 但是，从我国现阶段经济高速发展，社会问题极易发生的社会背景，以及党中央不断提出的“群众路线”的要求出发，行政体制改革应该往“精简、高效、便民”的方向改革。而综合行政执法权这一种创新式的执法权力，与行政体制改革发展精髓如出一辙，通过它进行行政执法整顿，主要修缮执法过程中的“大”问题。而综合行政执法所体现的缺陷，只是其执法过程中的“小”问题，例如综合行政执法臭名昭著的主要因素还是执法人员素质不高，而非该制度本身设置存在问题。因此我们需要的是对其进行规制和完善，而不是彻底否认它的价值进而撤销这一制度。其实三种途径并不自相矛盾，可以共同适用于行政体制改革中。但是，也应当突出综合行政执法的重要地位，证明综合行政执法权确实有其存在的必要。

---

① 详见冯堤：人民政协吉林省第十一届委员会第二次会议提案《关于撤销城市管理行政执法局的建议》。

三、综合行政执法权在宪治理念下存在的问题

综合行政执法在改革征程中创下了诸多成效,也反映出了许多弊病与不足。本节,试从宪治理念的指引下对综合行政执法权存在的问题进行研究与分析,以待下文对其进行完善的构想作铺垫。所谓的宪治理念,从政府行政层面来理解的话,具体就是:(1)政府代表国家行使的权力是法定的。(2)政府的权力必须是有限且清晰的。因为,倘若公权力没有限制则意味着私权利随时随地都有遭受侵害的可能性,在本质上其实是违背了当初人们建立政府以保障人权的宗旨。(3)政府行使权力有义务对自己的行政行为负责,即责任政府。因为政府即便是权力法定,权力界限清晰明了,也存在政府越权行政的情况,必须有监督机制对其约束,同时要求要对行政活动负责。

(一)宪法定位的缺失,合法性地位遭质疑

综合行政执法权作为一项法定的行政执法权,宪法和法律应当是它的效力依据,但是它却从没有出现在任何一部法律或者行政法规中,基本出现在行政规范性文件中。虽然我国《宪法》第89条、第107条以及《地方各级代表大会和地方各级人民政府组织法》第64条中都确定了行政机关设立的权力界限与原则,但是由于综合行政执法权在宪法定位的缺失,又因为行政规范性文件的效力位阶低,而且发布的内容不规范等因素使综合行政执法权的合法性遭到合理性质疑。

关于综合行政执法权不合法的理由,主要有:(1)综合行政执法权违反了依法行政。依法行政基本原则一般指:法律的保留,指政府的各项行政行为必须要有法律的明确规定,即有法可依;法律的优先,指政府的各项行政行为不能与法律规定相冲突,也不能改变或终止法律的适用。职权法定、越权无效也是由此而衍生的。在综合行政执法的各个领域里,国家原先已经做好了配套的法律工作,对于各项行政执法权的归属机关有了清楚的指定,而在行政体制改革过程中出现的一些行政规范性文件却"变更"了法律和行政法规,把明文规定的职权进行转移,这显然不满足"依法行政"的要求。综合行政执法的行为同时也违背了"职权法定",该行为属于"越权无效",即超出了权能界线而采取的各种集中后的处罚权、许可权等都视为无效。(2)《行政处罚法》第16条、《行政许可法》第25条

的规定存在违背宪法规定之疑。《行政处罚法》第 15 条已经阐述了“职权法定”的含义,且该“法”不能与《宪法》和《组织法》冲突的原则。然而,《行政处罚法》第 16 条其实是第 15 条的规定的一个例外情况。并且,它还成为《宪法》第 89 条的例外情况,因为宪法中只赋予国务院规定中央和省一级的国家行政机关的权能细分的权力,但并没有明文规定授权给国务院将权能细分的这一项权力赋予省一级的政府,由此得出结论,《行政处罚法》第 16 条的规定违反了宪法,属于违宪规定。关于《行政许可法》第 25 条的分析同上,也属于同类情况。

我们不得不承认综合行政执法的合法性存在缺陷,这是改革先于立法的必然结果。也正因为改革,我们也还是应该承认这些行政规范性文件是有法律效力的,并建立起一套综合行政执法的法规范体系。想要做到立法先行于改革,不仅需要强大的制度,还需要适合的背景。面对我国执法遗留的诟病和复杂的社会背景,难以选择先立法再改革的路径。因此,这其实也是对改革实际的妥协之举。但是,我们要明确行政规范性文件的效力层次,它们不如法律和行政法规的效力层次高,而且它们个性化突出,常常有出入和矛盾的地方,因此在宪法定位的缺失会动摇综合行政执法权的合法性。

(二)实践运行的障碍,影响有限政府建设

综合行政执法权在宪治理念下存在的问题不仅体现为宪法定位的缺失,在其实践运作中也存在障碍。改革首选领域是城市管理领域,因为实践的时长和经验关系,在城市管理领域内进行综合行政执法改革所显露的关于综合行政执法权的运作障碍就会越多和越明显。因此,本小节则以该领域的综合行政执法现状作为参考系,总结综合行政执法权在实践中存在的障碍。

1. 综合行政执法组织结构不完善

执法组织称谓不一。[①] 在试点之初,全国范围内实施相对集中处罚权的组织机构有各式各样的称谓,有“某某局”“某某大队”“某某总队”“某某支队”等。随着改革的深入进行,现在全国的城市管理综合行政执法机关的组织称谓开始趋于统一,多用“局”来表述。而机构名称不一的原因与它的法律地位不同有直接关系。目前,综合行政执法主体的法律地位可以分为以下几种类型:(1)从属机构,即原有职权的部门调整组建一支新的队伍,这样一支新的队伍从属于其他机

---

① 熊文钊:《综合行政执法体制研究》,法律出版社 2012 年版,第 8 ~9 页。

关,由该机关以自己的名义对外行使综合行政执法权,进而开展工作。(2)合署办公,[①]即同一批行政执法人员,冠以不同名号。如珠海市的城市管理领域范围内的行政执法人员就是由该市人民政府内部组成的。(3)独立部门,即该综合行政执法队伍的权能界线较为清晰,自成单一的行政部门。例如大连市"城管综合执法局"就是该市政府负责领导的部门。

领导体制不一。从实践情况来看,在市、区两级中都设立了城管执法组织,领导体制大概可分为以下类型:(1)垂直管理,第一级是市级、第二级是区级、第三级是基层这样三级垂直领导的执法队伍。(2)市区的两重领导,即市辖区内的执法组织接受市和区政府的二重领导。(3)区街二领导,区级机关下设若干队伍以区级机关的名义行使执法权,队伍受区机关领导与监督,日常工作则归属于街道办事处(镇)指挥、调度和考核。

人员编制不一。许多地区的城管,他们的执法出勤人员是划归到事业单位的编制系统,不是经由国家考核而成的公务员。因为综合行政执法机关只是原有部门机关权力的移转而产生的,并没有真正取代原有的部门机关,所以综合行政执法机关在编制上往往存在空缺。而实行综合行政执法的领域又是工作量极其庞大,需要大量执法人员的领域,因此许多城市采取了不同的变通方式。例如北京市设置行政执法专项编制,上海市设置行政事务执行机构编制,参照公务员法管理的形式解决问题,同时也有采用编外人员签署临时合同,作为临时工协助城管执法人员进行执法的。上述的制度虽然能够解决执法人员数量少的问题,但是在组织与立法上并未得到明确支持。

综合行政执法组织结构不完善,存在产生政府执法部门冗杂,执法人员资质参差等新的问题,又有逆向发展成为权责交叉、多头执法现象的风险。

2. 综合行政执法权权能界限模糊

在综合行政执法的权限方面,主要有以下几种情况:(1)新成立的机关直接享有原有部门机关移出的执法权能;(2)新的机关的权能是由若干个部门机关的权能汇集而成。原有部门机关转移的权能是不能再行使了,只能由新的部门机关来行使。但实际情况是,综合行政执法机关与原有部门机关仍保有很多权能交错、需要衔接合作的问题。其中关键性因素在于:(1)综合行政执法的队伍并

① 陈宇宁:《行政执法体制改革与行政组织法的完善》,中国人民大学法学院2005年硕士学位论文,第14页。

非接受原机关的所有执法权力，可能只是它们原有权力的其中一项或几项，未被综合的权力仍然由原有部门机关享有，加上综合执法权内容界线不确切，导致在综合行政执法权与原有部门机关的执法权之间还有权能交错的情况；(2)有些只是移交行政执法权给综合行政执法机关，可是相关的执法资源与技术并没有移位，反而产生了新的权能交错现象；(3)有些综合行政执法权是从原有部门机关解构出来的，部分执法活动必须在原有部门机关的帮助下才能完成，而原有部门机关往往会平衡利益来选择是否对综合行政执法机关进行工作上的支持与配合，进而影响了执法效率。

综合行政执法权的权能界限模糊，有可能影响综合行政执法权的滥用或不用，也会导致责任主体难以确定的尴尬局面。

3. 综合行政执法权责任主体不清

在宪治理念基础上提出的责任政府，就要求综合行政执法机关权力的有限性和责任性。而从实践结果来看，综合行政执法机关不仅权能界限不清，而且责任主体也指向不明，既缺少权力的有限性，也匮乏权力的责任性。主要原因有以下几种情况：(1)各综合行政执法机关法律地位不同，综合行政执法机关组织结构混乱，导致其责任主体无法明确，责任的归属难以确认。(2)综合行政执法权权力界线模糊，与原有部门机关权力关系存在不确定因素，权力归属难以确定则责任归属更难确定。(3)关于综合行政执法机关的设立的规范依据众多且杂乱，不仅其法律效力上存在瑕疵，在规范的内容上也有存在冲突的可能性，综合行政执法机关的责任主体的确定又难上加难。

(三)制约监督机制不健全，阻碍责任政府构建

“腐败”是因为有绝对的权力，而缺少制约监督的机制则会加剧权力绝对化的扩张。综合行政执法权也不例外。加之责任政府的要求，急需为政府权力设置监督机制，以扼制权力膨胀并保障权力的正当行使，因此综合行政执法权必须受到合理的约束与监督。由于综合行政执法权的政策性强，它的出现是为了高效处理行政困境，但在政策文件中并不会伴以相应的监督机制设置，导致其在监督措施方面的缺漏。综合行政执法权在实践的发展与运行中存在的问题，就很好地证明了其权力存在扩张和易被滥用或不用的趋势。综合行政执法权在表面上与“分权和限权理论”存在一定矛盾关系，因为原本被划分到各个行政部门的权力又被综合到了一个部门手上，这个新的部门它的权力是否过大？它在运行

过程中是否违背宪治理论？诸如此类的问题都值得思考，也应当被思考。在综合行政执法制度运行的20年间，由于缺乏一个有效的监督制约机制，将极易导致综合行政执法权的滥用和权力腐败，这将严重阻碍社会的法治和正义的进程，危害公民的私权利，不符合责任政府的要求。

四、宪治理念下对综合行政执法权规制的构想

既然综合行政执法权在宪治理念下存在诸多问题，则在这一理念下对综合行政执法权进行规制具有重要意义，具体而言是指将宪法规制国家权力的理念，类比到综合行政执法权上。运用“分权制衡”原理，剖析与规制综合行政执法权。首先，宪法将国家权力划分，分别划到立法机关、行政机关、司法机关，通过分权的形式达到权力制衡的效果，以此种形式来遏制某一项权力因为过度的膨胀而侵害到私权。对比之下，综合行政执法权是把之前已经细分到具体部门机关的行政权通过重构组合的形式，归属到新的部门机关手里。为了不使综合行政执法权因为集合了多项行政执法权而形成权力扩张的情况，十分有必要界定综合行政执法权的边界范围，阻断它“无限集合”的可能。其次，除了规范权力之外，限权的另一手段就是权力之间的制约。司法权有效监督与保障行政权的行使，并提供私权利受侵害后的救济手段。因此综合行政执法权要引入司法的力量来对其进行约束。最后，监督也体现着该项原理。因为制约和监督都会使权力分散，可以避免权力的滥用，保证政府职能的实现，对正确或错误的行政处理进行激励或处罚，达到预防和减少腐败发生的可能性。可见，急需一套针对综合行政执法权的监督机制予以解决问题。

因此，规制的总思路是：以宪治理念和“分权制衡”原理为基础，按照“限权—制衡—监督”的逻辑链条，首先要做的就是明确综合行政执法权的宪法定位，稳保其合法性，以致在本质上消除对其合法性地位的质疑；进一步完善立法工作，为综合行政执法制度建立一套健全有效的规范体系，填补法律漏洞；合理分权与限权，界定综合行政执法权的权能界线；明确运行原则，对综合行政执法权进行合理规制；引入司法性检察制衡综合行政执法权，对综合行政执法体制的设置还需要再优化，减少利益干扰；强化宪治对综合执法权的影响，不仅要加大人大对综合行政执法权的监督作用，还应扩增社会舆论和媒体等大众监督的效力。

(一)分权与限权:明确综合行政执法权的宪法定位和法定权力界限边界

1. 明确综合行政执法权的宪法定位

明确综合行政执法权的宪法定位,主要是解决其存在合法性缺陷的问题。在学术界也有相当一部分学者认为综合行政执法权是合法的,他们主要从法律解释学的另一视角进行辩驳:(1)综合行政执法并未违背依法行政原则。因为它就是依据《行政处罚法》《行政许可法》进行的改革;并且在《宪法》《组织法》中也指出,国务院拥有决定中央和省一级机关行政权能的设置与分配的权力,同时也意味着享有国家行政机关权能的移转与整合的权力,因此综合行政执法权并不违反依法行政原则。(2)《行政处罚法》《行政许可法》相关规定并不违宪。因为《行政处罚法》第 16 条只是对该法前一条的补充而非例外,没有与前一条的职权法定相矛盾。《行政许可法》亦同。

其实,对综合行政执法合法性的支持者与质疑者所持理由只是对法律条文的不同理解的体现。但是,单从法律释义学来分析综合行政执法的合法性,我们可能难以解决"关于规定综合行政执法权的行政规范性文件使得法律、行政法规发生变更"的质问与怀疑。并且没有专业且权威的解释主体进行释义,单单凭借理论界的争论无法解决根本性问题,甚至会影响综合行政执法权的合法性地位。因此,建议通过在宪法中为综合行政执法权作明确定位的途径,在根本上解决其合法性的缺陷。当然,这里说的"宪法"指的不是《宪法》文本而已,它也包括了宪法性法律,而且更加倾向于后者。毕竟前者的修改程序更为严谨,综合行政执法制度被视为一项极具改革性质的制度,直接通过修改《宪法》来确定其合法的法律地位可能还为时尚早,而通过宪法性法律来确定综合行政执法权在宪法中的定位,则可以视为权宜之计。当然,时机成熟时其真正出现在《宪法》中也未尝不会成为现实。如此一来,在高位阶高权威性的法律法规的明确下,综合行政执法权合法性才得以稳固。

2. 完善立法,规范程序,填补法律漏洞

当下,关于行政改革与立法关系中,主要有三种模式:先立法再改革、先改革后立法、立法与改革同步。从历史发展来看,我国主要采用的还是改革先于立法模式,即在没有法律规范指引的前提下,先实施改革性质的政策方针,由政策方针带动政府的主观能动性,再根据改革经验总结教训,最后一步才是进行确认的立法工作,将政策上升为法律规范。[①] 综合行政执法就是改革先于立法的典型例子。从它的发展路径来看,其已然在政策指导下形成完整的体制变革。因此,基于我国法治建设滞后于政府机关改革的现实基础,我们应当清楚认识到在关于综合行政执法的立法工作上的欠缺,加快完善行政组织法各项立法工作的进程。

要建立一套健全有效的综合行政执法的规范体系,除了如上文所述——在宪法中明确综合行政执法权定位以解决其法定性之外,还应具体到各个环节,对其进行全面的立法,以期解决其组织结构不完善、权能界限模糊、责任主体不清等实践中遇到的障碍。

在完善立法的建议上,有人提议设立《综合行政执法法》统一立法,也有人提议分散立法。综合行政执法属于改革产物,是在改革进程中形成的,其改革性质仍然存在,并且理论界对于综合行政执法的权能定位、权力界限、组织架构、涉及的执法领域还有分歧,因此制定统一的法律时机尚未成熟。通过分散立法的方式,完善综合行政执法的规范体系更为适宜。所谓分散立法,是指针对综合行政执法的执法主体、程序和监督机制分别进行立法;或者是在统一的行政组织法、程序法和责任法中对综合行政执法的主体、程序和监督机制分别进行规范。分散立法模式的前者,虽然详尽但并不经济。而后者,将综合行政执法划分为各个阶段,从组织建立到执法过程再到监督救济,可以说是有助于日后进行综合行政执法制度的统一立法,暂且作为"缓兵之计"。相较下来,分散立法的第二种方式更为恰当。但是,考虑到行政程序法短期内还不能出台的实际,我们在针对综合行政执法制度的立法着手点就先放在行政组织法的各方面上,例如,(1)综合行政执法的法律地位和职权范围内容的立法,全国人大可以加紧相关条例的制定,以提高综合行政执法权的效力层次;进一步地针对不同领域内的综合行政执法的相关内容进行规定,包括对它们的主体、权力内容、行政执法程序做更加细致清晰的规定。(2)修缮行政编制法,将综合行政执法组织框架的设置纳入行政编制中,将其作为独立的法人地位,设置适当的岗位及人数,并配以稳定的组织经费,人数与经费成反比,这样能够有效地精简行政组织。(3)制定公务员法,在编制富余的地区必须严格按照公务员的要求来进行综合行政执法人员收录,例如北京、深圳等市;在编制紧缺的地区,可以参照公务员的要求或者以事业单位编

① 徐婧:《综合行政执法体制研究》,中国社会科学院研究生院法学系2012年硕士学位论文,第32页。

制的要求作为过渡阶段，但最后还是以公务员编制作为综合行政执法人员的最佳管理办法。

3. 合理限权，明确综合行政执法权的法定权力界限

综合行政执法权是关于不同部门权力内容的综合体现，是将分散的政府权力进行重组，又统一归属于一个行政部门手里。综合行政执法权的权力有大于原有部门机关权力的可能性，因为将多种权力综合运行，难保不会有权力扩张的现象，因此应该合理限权，通过明确综合行政执法权的法定权力界限，有效控制权力扩张的可能性。关于综合行政执法权的法定界限，在划定的时候可以参考以下标准：①(1)专业化程度的高低决定是否综合，专业化程度高的领域不宜进行综合，原因在于一些需要专业技术配合进行的执法工作如果脱离了技术人员而交由综合行政执法人员进行，难以保障执法质量与公正性；(2)管理方式(垂直管理或横向管理)迥异决定是否综合，垂直管理的权力内容就不适宜，例如海关、国税；(3)专门执法与否决定是否综合，例如公安机关的人身处罚权就不适宜进行综合。明确划分标准，综合行政执法权的权能界线就能变得明晰，这样也就不易造成权能界线不清，也能限制综合行政执法权的扩张，符合有限政府的要求。

4. 明确运行原则，对综合行政执法权进行合理规制

任何一套制度都有其相对应的原则，综合行政执法权亦同，也应有一定原则对其进行规范约束。一是法律原则。综合行政执法权应当依法在权能界线内实施。这是最基础的原则。二是责任原则。综合行政执法权的行使过程中应明确指出其所要承担的相对应的责任。三是比例原则。② 这是综合行政执法权行使的重要标杆，也是衡量综合行政执法权权限的重要标准。四是程序原则。③ 不同的行政活动适用不同的程序。综合行政执法的特殊性在于行政执法权的综合行使，不同于单一的行政执法权力，在执法程序上综合行政执法权要比其他单一的行政执法权更为特殊。五是制约原则。制约权力是为了遏制权力的扩张，没有严格的制约和有效的监督，权力扩张的可能性会更大。综合行政执法权的行使，应当处在社会和公众的监督范围之内。

---

① 中国行政管理学会课题组：《推进综合执法体制改革：成效、问题及对策》，载《中国行政管理》2012 年第 5 期。

② 参见高洁如：《城管执法理论研究》，法律出版社 2014 年版。

③ 同上。

(二)制衡:以权力制约权力

权力有膨胀的天然属性,综合行政执法权作为一项国家权力,因此权力受到一定的制衡才能有效遏制膨胀,进而更有利于权利的维护。最直接有效的方式就是以权力制约权力。

1. 引入司法检察制衡综合行政执法权

综合行政执法权在本质上是行政权力,司法性的检察本质上是司法权力,两者之间有制衡作用。司法检察制度的引入方式可以有以下两种情况:(1)检察院对行政执法工作的检察范围要扩大到综合行政执法领域内,避免其逃脱司法审查;(2)建立内部司法审查部门,自我审查,由内而外形成制衡力量。在综合行政执法过程中,司法性的检察不仅在事前的审查中保证综合行政执法权的权力正当性,还要在事中的审查中保证综合行政执法权的权力程序性以及在事后的审查中保证综合行政执法权的权力救济性,公民可以通过司法性的检察来对综合行政执法权予以申诉、复议、质询等,甚至可以提出行政救济的请求。

2. 对综合行政执法体制的设置还需要再优化,减少利益干扰

对综合行政执法权进行有效规制还必须再优化它自身的组织构建,内部也可设立司法监督部门,加强层级管理,并且注重规范执法的良好形象的树立,形成执法权威,承认综合行政执法权的独立地位。

(三)监督:强化宪治对综合行政执法的影响

宪治理念的中心思想是权力源于公众,法律的制定是为更好地保障人权,政府权力的实施终点也是为了人民利益,即执政为民。综合行政执法必须建立起一套行之有效的监督制度,监督考察其运行的全过程,积极提升综合行政执法人员的执法形象和组织权威。

1. 加强人大对综合行政执法权的监督

人大代表是人民的代言人,他们拥有明确的职责及义务,就是代表人民进而为人民服务。人大代表需要发挥自身的监督职能,通过参与汇报、接收群众评议和反映群众呼声等途径监督检察综合行政执法权的行使情况,敦促与监督综合行政执法人员正确合法地行使权力。

2. 发挥舆论和媒体等大众监督的作用

行政行为中总有行政相对人,综合行政执法权的行使最终是落到行政相对

人身上,与人们的生活息息相关,因此综合行政执法人员的执法情况和执法效果,群众才是最有发言权的。人民群众可以通过建立人民督察员制度、督促综合行政执法机关召开执法听证会等形式提出自己的意见和建议。大众传媒则应充分发挥自身的传播优势,对滥用综合行政执法权的行为进行广泛传播,通过舆论的作用约束综合行政执法权。

3. 建立内部考核机制,进行自我监督

内部考核,不仅包括综合行政执法机关自己内部的考核,也包括行政机关一个整体的内部考核。主要措施可以是以下两点:(1)层级考核,是带有上下级领导关系,最直接和有效的考核,除了我国常见的首长负责制之外,也可通过责任连带制度,在上下级官员之间形成良好的监督考核模式,上级政府及官员会更加尽责的履行考核与监督职能,避免该考核流于形式,尽可能解决责任推诿的现象。(2)专门考核。我国专门设立的监督部门是审计署和监察委,综合行政执法人员虽然于2010年修订的《行政监察法》中被纳入行政监察的范围,但是综合行政执法人员编制混乱,容易产生考核缺漏,因此除了加紧完善人员编制的规定外,还需完善《行政监察法》。

五、结　　语

综合行政执法权行使的20多个年头里,行政体制有了很明显的改善,达到了相应的改革目的,相对减少了权能交错等执法扰民现象。但不能仅看到其正面,也必须要关注它的负面影响。

本文选择从宪治理念下研究综合行政执法权,以宪治理念为整体理论基础,辨明综合行政执法权是一项行政执法权,其性质和行政执法权的性质类似,也有其综合性和准司法性的特性,从法律文本的演变过程了解综合行政执法权的形成历史轨迹。从便民及高效的行政改革方向,论证综合行政执法权有其存在的必要性。着重探究综合行政执法权在宪治理念下存在的问题,如综合行政执法权在宪法中缺少定位,导致合法性地位遭到合理性的怀疑、实践运作中存在种种问题,影响了有限政府的进程、缺少有效的监督机制,阻碍了责任政府的构建。结合宪治理念的理论背景和"分权制衡"的原理,对综合行政执法权的规制提出了个人构想。总而言之,撰写文章的目的是希望对综合行政执法权进行全新角度的分析研究,进而完善综合行政执法制度。由于综合行政执法制度仍是一项带有改革性质的制度,它的内容仍然存在可变性与不稳定性,另外,加之个人能力有限,从宪治理念角度的研究只是一个尝试,还有很多问题有待理论的深入研究和实践的进一步检验,才可能实现文中笔者提出的在宪法中为综合行政执法权明确定位的想法,为建设法治国家、法治政府助力,真正实现责任政府。

强奸未遂与中止司法认定的困惑及出路探究

李梓澄*

摘　要　本文从我国刑法学界理解与认定犯罪未遂形态与犯罪中止形态的理论出发,以实践中界定犯罪未遂和犯罪中止存在疑难的强奸犯罪为着眼点,首先探究了刑法理论上对于强奸未遂与强奸中止的认定,其次笔者通过查阅、统计判决书,对实践中法院认定强奸未遂与强奸中止的情况进行调查,发现司法实践中对于强奸未遂与中止的认定存在认定过程脱离理论、认定结果不合理的现象。进一步分析司法实践中存在的问题的产生原因,最终得出为促进强奸未遂与中止在司法中的合理认定,须在抽象的刑法理论的基础上创造一套更为具体的实践区分方式予以指导的结论。本文还对这一实践区分方式作出了初步设想。

关键词　强奸未遂　强奸中止　实践区分方式

一、问题的提出

长期以来,故意犯罪的停止形态的实践区分一直是刑法学界关注的焦点。其中,对于犯罪未遂与犯罪中止

* 华南理工大学法学院2018级硕士研究生。

这两种联系紧密的犯罪未完成形态已经有了十分丰富的学说和理论研究。然而,由于对犯罪未遂形态与犯罪中止形态的理论理解本身具有一定的模糊性,使这两者在外延上具有一部分可能发生重合的灰色地带。司法实践中,容易发生难以确定犯罪人成立犯罪未遂还是犯罪中止的情况。

同时,强奸犯罪在实际发生时往往具有较高隐蔽性,且在整个犯罪过程中犯罪人与被害人的行为和反应复杂多样,使司法实践中对于强奸犯罪细节的探究十分困难。而要区分强奸未遂和强奸中止,又必须探究犯罪人停止犯罪时受到的外界影响与心理状态,这一矛盾使强奸犯罪成为厘清犯罪未遂与中止更为疑难的领域。

笔者查阅了我国2014~2018年就犯罪人构成犯罪中止还是犯罪未遂存在争议的强奸案件判决书,发现在一些类似的情况下(如被害人反抗、被害人表现出疾病发作等),既有法院认定为强奸未遂的案件,也有法院认定为强奸中止的案件,而这两种不同的判决结果进一步造成了犯罪人所获刑罚的差异,不禁让公众对司法的稳定性和公正性产生疑问。司法实践中存在的矛盾和模糊之处的原因为何?较为稳定并可操作的区分强奸未遂和中止的方式何在?

以下,笔者将首先对现有学说关于区分强奸未遂与强奸中止的理论进行概述,其次通过判决结果的统计和典型案例的分析展示司法判决的实际情况,进而结合现有学说理论分析司法实践的不足和原因,以期对强奸未遂与强奸中止的司法实践区分提出有益的改善路径。

二、现有理论对于强奸未遂与强奸中止的区分

犯罪未遂与犯罪中止分别为两种犯罪特殊形态,是犯罪人着手实行犯罪之后,犯罪达到既遂之前,其犯罪行为因不同原因而中断导致的两种结果。我国刑法对这两种形态的规定为:已经着手实行犯罪,由于犯罪分子意志以外的原因而未得逞的,是犯罪未遂;在犯罪过程中,自动放弃犯罪或者自动有效地防止犯罪结果发生的,是犯罪中止。由于法律条文的模糊性,刑法学界对这两种形态的内涵与判定方式做了大量研究。而在探究如何区分这两种形态时,犯罪未遂形态中对“意志以外的原因”的理解以及犯罪中止形态对“自动”的理解尤为重要。以下,笔者将结合犯罪未遂与犯罪中止形态的相关理论,阐述现有学说下对于强奸未遂与强奸中止的认定与区分。

(一)认定为强奸未遂的情形

有刑法学者认为,“意志以外的原因”应从质与量两方面进行理解,即这一原因不止在质上阻碍犯罪人实行和完成犯罪的意志与活动,在量上要足以阻止犯罪意志和犯罪活动完成。① 有学者提出类似的内涵阐释,认为其应指“始终违背犯罪人意志的,客观上使犯罪不可能既遂,或者使犯罪人认为不可能既遂从而被迫放弃犯罪的原因”②。在这些理论指导下,强奸犯罪中一些明显使犯罪人无法完成强奸行为的情形以及一些明显使犯罪人自认为强奸行为无法完成的情形获得了较为统一的认定:

1. 对于犯罪人被民警、第三人制止或被害人逃脱的情形

在这种情况下,犯罪人是被他人的行为强行中断了犯罪行为,其强奸行为在客观上已经不可能完成。犯罪人因外界因素被迫放弃犯罪,应认定为强奸未遂。

2. 对于犯罪人因自身生理原因无法完成犯罪的情形

犯罪人因自身因素,如无法勃起、无法完成插入动作等,致使强奸行为无法完成,这种情况下阻碍因素虽然来自犯罪人自身,但仍然是违背犯罪人意志的因素,并且使犯罪客观上无法既遂,属于“意志以外的原因”,应认定为强奸未遂。

3. 对于犯罪人听到警笛声误以为警察来抓捕自己的情形

这一情形下,虽然客观上警察并未前来抓捕犯罪人,犯罪人的强奸行为本可以继续。但从犯罪人的角度看,其停止犯罪是因为误认为自己的强奸行为已经不可能完成,进而被迫放弃犯罪,而非在有可能完成犯罪行为的情况下自动放弃犯罪,故而应认定为强奸未遂。

(二)认定为强奸中止的情形

对于何种情况下能够认定犯罪人是“自动”放弃犯罪,即如何认识中止犯的自动性的问题,有学者认为,“犯罪分子在自认为能够完成犯罪的情况下,由本人自主地决定停止犯罪或防止犯罪结果的发生”③时则为自动停止犯罪。亦有学者联系对犯罪未遂形态“意志以外的原因”的理解,认为“意志以外的原因”应理解

① 高铭暄、马克昌主编:《刑法学》,北京大学出版社 2017 年版,第 155 页。

② 张明楷:《刑法学》,法律出版社 2016 年版,第 347 页。

③ 阮齐林:《刑法学》,中国政法大学出版社 2008 年版,第 187 页。

为使犯罪客观上不可能既遂,或使行为人认为客观上不可能既遂的原因,那么"自动放弃犯罪"应理解为在认识到客观上可能继续实施犯罪的情况下自愿放弃犯罪。① 在这一理论指导下,强奸犯罪中犯罪人不因外界原因自发地因害怕或悔过而放弃犯罪,当然成立强奸中止。同时,一些被普遍认为只造成轻微阻碍、明显不足以抑止犯罪人犯罪行为或犯罪意志的情形,亦获得了较为统一的认定:

1. 对于犯罪人因被害人拒绝、哀求、劝说而放弃犯罪的情形

对于这种情形,犯罪人是出于对被害人的同情和怜悯而放弃犯罪,显然是在犯罪尚能够继续的情况下,出于本人的主观意志主动放弃了强奸行为,成立强奸中止。

2. 对于发现被害人是熟人而放弃犯罪的情形

犯罪人欲进行强奸时发现被害人是熟人,这种情况对于一般人难以造成对犯罪意志的压制,可以继续进行犯罪,犯罪人主动放弃继续强奸的,成立强奸中止。

3. 对于犯罪人因被害人处于生理期、怀孕等原因放弃犯罪的情形

被害人存在生理期、怀孕等特殊身体状况,从常识上看确实会对犯罪人实施强奸行为造成一些不便,故而并非犯罪人所希望发生的情形。但我国有刑法学者认为,从量上看,被害人的这些身体状况属于"显然不足以阻止犯罪完成的不利因素"。而在现实中大多数情况下,犯罪人亦明知如此。此时放弃犯罪,无论是出于不忍还是出于嫌弃、厌恶的感情,都是主动在能实施犯罪的情况下放弃了犯罪,应成立强奸中止。

同时,有学者对某些特殊情况作了补充:如果犯罪人将这些被害人处在生理期等不利因素误认为足以抑止其犯罪意志的因素,如犯罪人缺乏常识,迷信生理期性交会发生严重后果,则应成立强奸未遂。②

(三)强奸未遂与强奸中止之间的模糊地带

然而,结合以上理论我们可以发现,对"意志以外的原因"和对中止的自动性的认定都涉及对外界不利因素的量的考察:外界不利因素的量达到使犯罪客观上不可能既遂,或使犯罪人认为犯罪客观上不可能既遂时,成立犯罪未遂;若未

① 张明楷:《刑法学》,法律出版社2016年版,第366页。
② 同上书,第367页。

达到此程度，犯罪人仍认为犯罪可能既遂而放弃犯罪的，成立犯罪中止。但是在实践中，尤其面对强奸案件种种复杂的情节，这一抽象的理论基础将带来一个问题：某些既不能显然阻止犯罪人的犯罪意志，又难以被视为轻微阻碍的不利情况，在不同的具体情况中既有可能成立强奸未遂，也有可能成立强奸中止，没有统一的标准。

例如，对于被害人进行反抗这一强奸犯罪中常见的情况。有学者认为，"在暴力犯罪中被害人有轻微的挣扎、反抗，犯罪人在此情况下放弃犯罪的完成，就不能将这种不利因素认定为犯罪未遂特征中犯罪分子'意志以外的原因'"①，即认为被害人轻微反抗的情况下应成立犯罪中止。这一说法对被害人反抗的情况中轻微反抗的情形做了判断，但在实践中，法院还将面临以下问题：一是何种程度的反抗属于轻微的反抗？二是当被害人的反抗超过轻微的程度时，是否均成立犯罪未遂？如若不是，反抗的程度再向上达到何种程度才成立犯罪未遂？可见，要确定被害人反抗的情形下成立强奸未遂还是强奸中止，仍然需要进行个案分析，结合具体情况判断被害人反抗的程度与其对犯罪人造成的影响。仅从理论出发，被害人反抗这一情形仍然处于界乎强奸未遂与强奸中止之间的模糊地带。

又如，对于被害人以死相抗的情形，在大多数强奸犯罪中，被害人死亡是只想达到强奸目的的犯罪人不愿意承担的重大犯罪后果，故而被害人以死相抗可能足以造成对犯罪人犯罪意志的压制。但在实践中，强奸犯罪的被害人以死相抗的方式多种多样，对犯罪人而言后果的现实性与紧迫性也大相径庭，犯罪人的心理素质也不能一概而论。比如，被害人以武器佯装自裁的情况与被害人仅以言语威胁要自杀的情况，其对犯罪人产生的影响自然不能相提并论。故而对于被害人以死相抗的情形，无法一概认为其足以抑止犯罪行为与否，仅从理论出发亦无法给出统一的认定，亦需在实践中针对个案进行探究。

可见，在实际的强奸犯罪中，必然存在一些界乎犯罪客观上可能既遂与不可能既遂之间，也介乎于使犯罪人认为犯罪尚能继续与认为犯罪不能继续之间的情况。对于这些情况，不面对实际情况就难以给出明确的回答。然而，或许读者亦不免产生疑惑：如果理论只给予较为模糊的界限，实践中又缺乏可供参照的区分方式，那么司法实践中应如何根据具体情况来处理呢？以下是笔者通过查阅、

① 高铭暄、马克昌主编：《刑法学》，北京大学出版社2017年版，第156页。

统计判决书对司法实践情况进行调查获得的结果。

三、司法实践中认定强奸未遂与中止的情况

(一)司法实践的整体情况

笔者在中国裁判文书网分别以“强奸未遂”与“强奸中止”为关键词检索判决书。仅从检索出的结果数量看,前者有自2002年至2018年的1300余条结果,后者却仅有自2014年至2018年的60条结果。(因搜索关键词的限制,并未能涵盖所有认定为强奸未遂或强奸中止的案件,但能大致反映两者的数量对比)这一数据反映出两个情况:①实践中认定为强奸未遂的案件远超过强奸中止。但这与强奸案件中犯罪分子被动停止犯罪的情况确实远多于主动停止犯罪有关,无法反映法院的倾向性。②强奸中止的认定集中于近几年。笔者观察发现,“强奸未遂”的搜索结果也有集中于2014年后的情况,但2002年至2014年仍有70余条“强奸未遂”的搜索结果,却无一例认定为强奸中止的判决书,反映出近几年法院认定强奸中止的标准可能有所降低。

笔者进一步查阅了2014～2018年部分以“强奸未遂”为搜索关键词的判决书和所有以“强奸中止”为搜索关键词的判决书,以下是对案件情况和判决结果的统计情况。

(二)认定为强奸未遂的情况

在笔者随机抽取的100份最终认定为强奸未遂(或部分犯罪行为认定为强奸未遂)的判决书中,阻碍犯罪人完成犯罪的外部情况及判决数量(见表1)。

表1 阻碍犯罪人完成犯罪的外部情况统计

情况	判决数量/份
犯罪人因被害人反抗而放弃犯罪	32
犯罪人被警察或第三者阻止	24
犯罪人因自身生理原因无法完成犯罪	18
被害人逃离	13
犯罪人因被害人喊叫或报警怕被发现或抓获而放弃犯罪	4
未明确其犯罪原因,仅查明犯罪人未完成插入动作	3

续表

情况	判决数量/份
犯罪人因被害人向第三者求助而放弃犯罪	2
犯罪人因被害人以死相抗而放弃犯罪	2
犯罪人因被害人表现出疾病发作而放弃犯罪	1
犯罪人因被害人处于生理期而放弃犯罪	1

(三)认定为强奸中止的情况

在前述60条以“强奸中止”为关键词的检索结果中,排除重复的判决书后,最终认定为强奸中止的只有22份判决书,认定为强奸未遂的有24份判决书,另有5份判决书认定为强奸既遂或强制猥亵罪。可见,即使在存在争议的情况中,法院认定为强奸未遂的情况也占大部分。其中,最终认定为强奸中止的情况及判决数量(见表2)。

表2　认定为强奸中止的情况统计

情况	判决数量/份
犯罪人因被害人反抗而放弃犯罪	11
犯罪人因被害人处于生理期而放弃犯罪	4
犯罪人因害怕而放弃犯罪	2
犯罪人因被害人拒绝而放弃犯罪	1
犯罪人因被害人有伤而放弃犯罪	1
犯罪人因被害人怀孕放弃犯罪	1
犯罪人因被害人有性病而放弃犯罪	1
犯罪人因被害人表现出疾病发作而放弃犯罪	1

(四)数据分析

结合我国刑法学界的认识分析以上判决统计结果,可以发现在强奸案件的不同情况中,我国司法实践的认定情况如下:

1.对于犯罪人被警察或第三者制止、被害人逃离、犯罪人因自身原因无法完成犯罪这三种情况,法院认定为强奸未遂。这与我国刑法学界的普遍认识是一致的。

2. 对于犯罪人因害怕放弃犯罪、犯罪人因被害人拒绝而放弃犯罪、犯罪人因被害人怀孕而放弃犯罪这三种情况,法院认定为强奸中止。虽因出现情况较少未必能反映法院的普遍倾向,但其处理方式理论认识也是一致的。

3. 对于犯罪人因被害人反抗而放弃犯罪的情况,既有认定为强奸未遂的案件、也有认定为强奸中止的案件。但是结合强奸未遂案件和强奸中止案件的整体数量和被害人反抗的情况占强奸未遂案件的比例,可以得出:从判决数量上看,在被害人反抗的情况下法院倾向于认定为强奸未遂。

4. 对于犯罪人因被害人处于生理期而放弃犯罪的情况,多数认定为强奸中止,虽有作出强奸未遂认定的个例,但大体仍与我国刑法学界的认识一致。

5. 对于其余发生较少,且学界亦未有较统一的认识的情况,既有认定为强奸中止的案件,也有认定为强奸未遂的案件。

(五)典型案例

经过以上统计之后,笔者对于部分存在疑难的情况,结合以下实际的案例(均对案件当事人的姓名、具体地址、无关细节进行了简化)进行了分析和比对。

案例一:甲见旅店老板乙所在房间无其他住宿旅客,企图对乙实施强奸,遭到乙强烈反抗,乙挠伤甲的右眼下面、下颌左侧处,甲左侧胸部、右臂、左臂均在撕扯中受伤,后甲放弃侵害,离开旅店。①

案例二:在宾馆内,丙欲与丁发生性关系,强行脱掉丁的衣服,并用手伸入丁的阴道进行抠摸,丁推开丙的手;丙于是用布条将丁双手交叉捆绑住,丁仍反抗不从,丙放弃侵害离开。②

以上两起均为犯罪人在被害人进行反抗之后放弃侵害的案例,从描述中,我们并不容易区分两起案件被害人反抗的激烈程度。但考虑到案例一中犯罪人受伤,案例二中被害人因被捆绑行动受限,似乎案例二中被害人的反抗程度更弱一些。然而实际上,案例一最终被认定为强奸中止,案例二被认定为强奸未遂。

---

① 参见(2017)内0726刑初33号判决。

② 参见(2014)淮法少刑初字第135号判决。

案例三：甲于入室盗窃过程中，意欲奸淫独自躺在床上的乙，遂将乙按在床上强行脱去内裤，还用手捂住乙的口鼻，威胁其不要叫喊，接着，用嘴亲其脖子、右胸部，用手抠摸其阴部。乙见无法脱身，便借口自己患心脏病需要喝水，经乙多次请求，甲至外间为其倒水，乙乘机逃脱。①

案例四：丙将丁抱至房间卧室内，欲强行与丁发生性行为。因丁剧烈喘气并咳嗽，称心脏病发作，需要吃速效救心丸，丙遂去买药。丙下楼时怕丁离开拿走了丁的包，丁趁机离开丙的住处并报警。②

以上两起均为被害人在犯罪人实施强奸的过程中表现出疾病发作，使其犯罪受阻的案例。比较两者，犯罪人均因被害人要求其帮助实施缓解发病的措施而离开，被害人均在犯罪人离开后逃离。然而案例三认定为犯罪未遂，案例四认定为犯罪中止。而法院在判决书中均未对犯罪人离开时是否认为其犯罪已经不可能既遂进行探究。

案例五：甲与乙等人在饭店吃饭，饭后甲将醉酒的乙某带至饭店三楼房间。甲趁乙醉酒之际，将其外套、鞋子、袜子脱掉后，把乙压在身下用手抚摸其胸部，在亲吻时被乙咬伤。后乙闹着要跳楼，因害怕其跳楼，甲给朋友打电话让其送乙回家，后乙趁来人之机跑出房间报警。③

案例六：丁途经某地被丙等人叫住，持刀抢劫其现金10元。后丙又威胁丁叫其朋友拿2000元。电话接通后，丙见对方一直与其周旋拿不来钱，便对丁拳打脚踢，后恐吓丁，抢取戒指和手机。在丁脖子上未找到项链时，遂产生奸淫之念，便让丁把衣服脱掉，丁以死相抗，丙未能得逞。④

以上两个案例中，犯罪人均因被害人以死相抗而放弃强奸行为。案例五中

---

① 参见(2017)浙1002刑初180号判决。

② 参见(2015)敦刑初字第3号判决。

③ 参见(2016)皖1621刑初155号判决。

④ 参见(2012)庆中刑初字第17号判决。

被害人威胁跳楼,地点在位于三楼的酒店,但至于被害人是否实施爬窗等行为不得而知;案例六判决书中更未载明其具体威胁方式,但至少可能推测被害人手中没有自伤的工具,大概率更可能是肢体与言语威胁。仅从判决书记载的情况看,被害人死亡这一后果的紧迫性和现实性均十分模糊,然两案均被认定为强奸未遂。

四、司法实务中存在的问题与分析

结合前述对判决统计结果和典型案例的分析,笔者认为,我国司法实践中对于强奸未遂与强奸中止的认定存在认定过程脱离理论、认定结果不合理的问题。以下结合具体情形进行分析。

(一)在被害人反抗的情形中

结合我国刑法理论的要求,对于被害人反抗这一情形,认定未遂或中止需要根据案件具体情况来判断犯罪人继续完成犯罪的可能性。从统计可见,被害人反抗这一情况也确实出现了较多认定结果不同的司法判决。但从判决总数看,此情况中法院更倾向于认定为强奸未遂。然而结合强奸犯罪的一般情况分析,即便犯罪人确实往往遇到被害人比较激烈的反抗,但是考虑到强奸犯罪是男性对女性的犯罪,且大多是青壮年男性实施的,犯罪人受到相对弱小的被害人的反抗的影响未必很大。故而笔者认为,实践中只有一小部分案件认定为强奸中止是不合理的。

且从这些案件的具体情况看,这部分判决中还存在被害人反抗的程度类似,却认定结果不同的情况,甚至存在诸如前述案例一、案例二这样看似较重的反抗被认定为强奸中止,看似较轻的反抗被认定为强奸未遂的情况。而在判决书中,笔者未能找到对案例中被害人反抗的程度更为具体的调查和分析,法院也未对认定结果进行论证。可以说,在没有统一的理论认识的情形下,法院未采取从理论基础出发所必须的个案分析的认定方式,而是展现出了凭感觉或个人认知直接认定的倾向,最终造成认定与案件具体情况不相适应的结果。

(二)在被害人疾病发作的情形中

对比分析前述案例三、案例四,根据刑法理论,当被害人表现出心脏病发作的状态时,若犯罪人自认为其强奸行为可能造成被害人心脏病发身亡,那么应该认为此时这一外界因素已经在心理上对犯罪人造成了极大的阻碍,致使其认为强奸行为不能继续而放弃犯罪,成立犯罪未遂。但若犯罪人仅因为被害人表现出痛苦的状态而不忍继续实施侵害,则应成立强奸中止。同时,若犯罪人实际并未放弃侵害,只是想给被害人喝水或服药,待其缓和后继续实施侵害,应成立强奸未遂。但以上两案例中,法院均未对上述情况进行进一步查证,在未明确犯罪人的心理状态的情况下各自作出了不同的认定,令人难以理解和认同。既未能满足"意志以外的原因"的论证要求,也未满足犯罪中止的自动性的论证要求。

(三)在被害人以死相抗的情形中

分析案例五、案例六,可以发现在被害人以死相抗的情形下,同样存在法院未探知外界因素对犯罪人的具体影响程度即直接作出认定的情况。在前述刑法理论对这一情况的认定已论及,由于现实中被害人以死相抗的方式多种多样,必须结合具体案件中威胁的紧迫性与现实性,才能判断犯罪人是自愿放弃犯罪抑或被迫放弃犯罪。然而在这两个案例中,法院都没有对具体情形进行探究,未明确被害人采取的威胁方式而直接作出强奸未遂的认定,倘若如此,是否被害人仅以言语威胁"被强奸就自杀"的情形也可以视为足以抑止犯罪人的犯罪意志,故成立强奸未遂呢?笔者认为这显然是不合理的。

存在相同问题的还有一例犯罪人发现被害人患有性病的情况。犯罪人究竟是认为感染性病会对自身造成严重损害,进而认为其犯罪不能继续而被迫放弃犯罪,还是仅出于嫌恶之情而主动放弃犯罪?法院同样未对此作出探究即径直认定为强奸中止,因存在的问题类似以上情景,故不作具体分析。①

以上问题的出现,笔者认为是出于以下三个层面的原因。

1. 理论层面

从前述刑法理论对强奸未遂和强奸中止的认定情况可见,对于因被害人反抗、被害人以死相抗而放弃犯罪的情形,由于具体案件中外界因素的阻碍作用差异较大,刑法学界没有给出统一的认定结论,于是作出认定时必须回归犯罪未遂与犯罪中止的基础理论。然而我们同样发现,这两种犯罪特殊形态的理论内涵虽然合理自洽,但又是抽象概括式的,在缺乏进一步的判断方式的基础上,司法

---

① 参见(2016)内0921刑初58号判决。

实践中对于具体案件的把握可能存在困难。同时,犯罪客观上不可能既遂或行为人自认为犯罪不可能既遂这一判断界限,又带来了不同人对客观环境的情况理解不同和难以准确把握犯罪人主观意识的实践障碍。

2. 强奸犯罪本身的特殊性

犯罪未遂与犯罪中止在理论高度抽象的基础上本就容易遭遇司法实践认定的困难。而在强奸案件中,由于犯罪的隐蔽性,犯罪人实施强奸时的具体情况往往依赖被害人的陈述和犯罪人的供述来进行描绘,其他证据难以显示案件的具体细节;同时,在被害人反抗的情况下,对于犯罪过程的激烈状态,双方往往也会记忆模糊而只能做出大概供述。再加上强奸犯罪中复杂多样的犯罪人的手段和被害人的反应,以上种种特殊之处又为认定强奸犯罪发生时的具体情况增加了困难。

3. 司法层面

笔者查阅判决书时发现,法院对于强奸未遂与强奸中止的认定呈现机械操作而缺乏论证的倾向。即使判决书中包含了证人证言等对案件情况的证明,绝大部分判决书作出认定时也没有对案件的客观情况及犯罪人的心理状态进行分析。无论最终认定为强奸中止抑或强奸未遂,法院在判决或认定时往往以寥寥数语带过,如认为"甲因被害人反抗而放弃犯罪,由于意志以外的原因强奸行为未能得逞,构成强奸未遂"或认为"乙因被害人反抗而主动放弃犯罪,构成强奸中止"。这些判决书的表达方式,折射出了法院认定这一问题简单粗暴、忽视论证的模式。这也解释了为何在理论层面有统一认定的情形,司法实践尚能得出合理的认定结果,因为只需依照现有的结论作出判决;但在未有统一认定或极为少见、理论未有讨论的情形下,法院的认定就让人觉得不尽合理,因为其始终脱离认定强奸未遂与强奸中止的理论基础,仅凭借一贯的认定或者个人对某一情形的大概认知来作出判断。

对于这一理论上本就模糊、难以认定的问题,笔者认为,法院未在司法过程中付出足够的努力来靠近理论界限,是强奸未遂与强奸中止的司法认定呈现种种困惑的主要原因。倘若脱离理论自行其是地进行认定,区分犯罪中止与犯罪未遂以使犯罪人承担恰如其分的刑事责任的目的便难以实现。同时,即便部分法院确实在调查过程中进行了分析,也未在判决中有充分的体现。仅从判决书看,法院认定强奸未遂或中止的理由和结果不止难以使人信服,还会产生"同案不同判"甚至"轻罪重判、重罪轻判"之感,破坏了司法的公信力。

五、司法实践问题的改善方向

我国刑法规定，对于未遂犯，可以比照既遂犯从轻或者减轻处罚。对于中止犯，没有造成损害的，应当免除处罚；造成损害的，应当减轻处罚。可见，认定为强奸未遂或强奸中止从结果上看，将对犯罪人最终获得的刑罚造成较大影响。而从刑罚的目的或意义上看，若犯罪人实际上已主动放弃犯罪，对犯罪人施以未遂犯的刑罚就失去了正当性；若犯罪人实际上是被动放弃犯罪，却仅被施以中止犯的刑罚，又无法使犯罪得到必要的追究。

可见，如何使刑法理论稳定、恰当地落到司法过程中，以厘清强奸未遂与强奸中止的实践界限，是一个十分重要的问题。倘若放任司法于尚未有统一认识的情况下，脱离理论根据，仅凭个人的认知对犯罪的"能"或"不能"既遂作出认定，势必会为强奸犯罪的判决带来混乱。对于此问题，笔者认为，应在理论基础上发展一套可供参考的考量方式，使之成为司法判决过程中采取的思考模式和基本考量因素，作为判决书的说理内容，以缓解司法实践中的臆断倾向。

笔者也对这一考量方式进行了较浅层面的设想，具体论述如下。

（一）查明重要的客观因素

1. 案件发生时的时空因素

案件发生于何时何地，往往会使同一外部因素产生不同的影响。如犯罪发生在宾馆、被害人家中等密闭场所，即使被害人大声呼救，也不能认为一定会引来他人注意；但若犯罪发生在人流较为密集的地段，被害人的大声喊叫很有可能使犯罪人被发现，也更有可能使犯罪人认为继续犯罪会被人发现。同时也要分析时间情况，若犯罪发生在凌晨的巷子中，即使被害人大声喊叫也可能无人发现；但若发生在白天，巷子里人来人往，产生的影响就远远不同。

2. 当事双方原本的力量对比情况及犯罪过程中的力量变化

当事双方的体格情况是对诸如被害人反抗这类情况进行认定的重要考量因素。若被害人是老人，犯罪人是体格健壮的中年男性，此时被害人的反抗就很难阻止犯罪人的行为。若被害人或犯罪人有伤或残疾，其反抗或抵抗反抗的能力势必要相应减弱。同时，在强奸犯罪过程中，双方和力量情况常发生变化。如被害人在犯罪过程中被犯罪人施以捆绑的情况，其力量就明显减弱，故而变化的情况也须纳入考量。

3. 阻碍犯罪人继续犯罪的外部影响的具体情况

以被害人反抗的情况为例,其具体情况包括:

(1)被害人使用何种工具反抗

有的案例中,被害人持菜刀进行反抗,此时反抗能力显然较强;有的案例中,被害人仅以扫把等不具有显著杀伤力的工具进行反抗,反抗能力自然弱于前者;而绝大多数案例中,被害人仅徒手进行反抗,又比持有工具的情况反抗能力更弱。

(2)被害人使用何种手段进行反抗

有的案例中,被害人以用脚猛踹犯罪人的要害部位,用嘴对犯罪人进行撕咬的方式进行反抗;有的案例中,被害人仅以手推、用指甲抓挠的方式进行反抗,前者的反抗强度就要明显强于后者。

完成对于以上客观因素的个别分析后,将各个客观因素结合进行综合考察,对犯罪既遂的客观可能性进行整体把握,即考虑案件中犯罪分子意志以外的因素的质和量的情况。之后进一步探究犯罪人的心理状态,探究其是否自认为犯罪不可能既遂。

(二)探究犯罪人的心理状态

在对客观因素进行分析之后,探究犯罪人对特定的客观障碍的主观认识是认定未遂与中止的重点,主要可从以下几方面出发:

1. 细化犯罪人的口供

(1)犯罪人放弃犯罪时的心理态度

在大量案例中,犯罪人对其放弃犯罪的过程语焉不详,法院也未做进一步调查。犯罪人因被害人心脏病发作而放弃犯罪,其究竟是出于认为被害人可能会因此死亡,还是仅仅出于不忍;犯罪人因被害人患有性病而放弃犯罪,其究竟是出于认为感染性病会面临严重的后果,还是仅仅出于嫌恶。要解决这些对认定未遂或中止十分重要的问题,最首要的探究方式即细化犯罪人的口供,做进一步的调查。

(2)犯罪人的犯罪动机及其形成过程

调查犯罪人的犯罪动机及其形成过程,可以进一步用于推断前述其放弃犯罪时的心理态度。如犯罪人因与被害人有纠葛而怀恨在心,意图强奸被害人解恨,蓄谋已久,则其犯罪意志可能较不易被抑止;但是若犯罪人仅仅是临时起意,抱着试试看能否得逞的态度进行犯罪,则其犯罪意志可能较易被抑止。

2. 分析犯罪人的行为

犯罪人的行为是其犯罪时的内心状态最为直接的反映,是犯罪人的口供语焉不详或者存在狡辩的情况下无法改变的证明。如前述案例中,犯罪人为帮被害人购买缓解心脏病的药物而离开,却拿走了被害人的包以防止其逃走,可以推断其可能有继续实施犯罪的想法。又如被害人持续大声喊叫时,犯罪人虽然停止犯罪行为,却不着急逃离现场的情况,可以推断其并不认为被害人的喊叫已经引来他人阻止,从而其犯罪完全不可能既遂。又如在被害人的反抗下,如果犯罪人持续尝试了较长时间仍然不能完成犯罪,方才放弃犯罪离开的,可以认为其更可能已认为犯罪不可能既遂。

3. 结合以上因素并客观情况进行考量

犯罪人主观层面的想法是对客观情况的主观认识,在犯罪过程中,其做出的行为是对外界的客观障碍的反馈。结合犯罪人的言辞和行为与客观情况进行综合考量,我们可以探究犯罪人的言辞真实与否,可以更贴近犯罪人行为的真意,推进对犯罪人主观层面的了解。即使刑法理论认为应该从行为人的主观认知来判断其“自认为”犯罪可能或不可能既遂,这也仅意味着我们须以行为人的主观认知为判决依据,并不意味着要排除将犯罪人的供词和行为结合客观情况,对犯罪人的供词和行为进行印证,进而对犯罪人抱有的心理状态进行一定的推测的方式。这一方式可在分析犯罪人的口供和行为的基础上做一定的补充,结合对客观因素的分析可以对其心理状态做出一定符合常理的推断。

如在密闭空间中,被害人是较为瘦弱的年幼女性,犯罪人是青壮年男性,且被害人仅采取了手推的方式进行反抗的情况下,犯罪人若未经尝试马上停止犯罪,我们可以推测犯罪人当时更可能认为其犯罪可以继续,若犯罪人称其停止犯罪是出于愧疚等则更为可信。但若被害人是较有力量的成年女性,犯罪人是老年男性,且被害人手持菜刀进行反抗,将犯罪人砍伤,流血不止,而犯罪人仍尝试继续犯罪后才放弃犯罪,我们可以推测犯罪人当时更可能认为其犯罪无法继续,若犯罪人自称其是出于悔悟而停止犯罪则较为可疑。以上推测是符合常理,能使人信服的。同时必须再次说明的是:结合客观因素,对犯罪人心理进行推测应是探究犯罪人个体的心理状况的补充方式,犯罪人的口供及犯罪行为情况仍然是我们的首要考量。只有这样,我们才能最大限度地贴近犯罪人的真实心理状态,以实现合理恰当的认定。

六、结　　语

结合我国刑法学界关于犯罪未遂与犯罪中止的理论,对我国司法实践中的认定强奸未遂与中止的情况进行探究以后,笔者感受颇深。法律人的当然期望是:于实践中实现公正而稳定的司法判决,使犯罪人获得合理的刑罚、使被害人获得宽慰、使国家和社会良性地运行。然而要实现这一期望,所必须的是理论和司法实践的配合与协作:前者要致力于构建坚实且可供操作的理论体系作为基础;后者应积极回归理论基础对案件进行分析,切实通过努力贯彻理论标准,不应因理论存在应用上的困难即避难就易。

然而仅从强奸未遂与中止的司法实践情况管中窥豹,我国刑法学界与司法实践仍存在各行其是的倾向:刑法学界对于理论的分析和研究更注重理论本身的合理、自洽和完备,对司法实践的可操作性的关注相对较少;而司法实践在未有统一认定结论的场合,大有脱离理论凭借个人认知进行判断的倾向。此时笔者认为,刑法学界与司法实践合力发展一条更为具体的贯彻方式作为通路,司法实践积极通过通路回归理论,是双方通过协同努力最终实现共同期望的理想路径。

性侵害未成年人犯罪的预防制度研究

林佩斐[*]

摘　要　我国性侵害未成年人案件频发。为遏制此类犯罪,全国人大、两高及相关部门制定了严格的惩罚性法律法规,但威慑作用并未达到理想效果。在此背景下,浙江省慈溪市出台《性侵害未成年人犯罪人员信息公开实施办法》,规定符合条件的犯罪人员在其刑满释放、或判处缓刑、假释时,通过官方媒体向公众发布个人信息以起到警示群众,预防再犯的作用。上海市闵行区检察院为预防此类犯罪首次于 2016 年适用“从业禁止”。上述制度的进步性值得肯定,但若在全国范围内推行还需进一步完善其配套制度设计、弱化制度风险。可借鉴国外在此方面的立法经验,对将来在全国范围内实行的预防性侵害未成年人犯罪制度提供可行性建议措施。

关键词　性侵害未成年人　信息公示　预防犯罪

性侵害犯罪性质恶劣、违反道德,历来是法律打击的重点目标,特别是针对未成年实施的性侵害更为社会所不能容忍。2014 年以来,性侵害未成年的恶性案件呈高发态势,媒体曝光数量急剧攀升。2014 年曝光的案件高达 503 起,2015 年曝光的案件为 340 起。由于性侵害案

---

* 华南理工大学法学院 2018 级硕士研究生。

件“隐蔽”“被害人不愿报案”等特点使其存在巨大犯罪黑数。换句话说,实际犯罪数量将多于我们看到的数据。性侵害作为法律打击的重点目标,在司法实践中形成了以刑法为核心,司法解释、“两高”指导意见为框架的惩罚性立法结构。随着“被害人保护”和“女童保护”运动兴起,预防未成年被害人可能遭受的“二次侵害”,最高人民法院、最高人民榨院联合公安部、司法部发布了《关于依法惩治性侵害未成年人犯罪的意见》(以下简称《意见》)并联合民政、医疗部门建立被害人救助机制,填补被害人救济层面的立法空缺。从立法的三维构建来看,国内目前针对性侵害未成年人的惩罚性体系较为系统全面,救济性立法也在逐渐完善,而预防性犯罪人员再犯罪的法律规定、制度设计却几乎空白。

一、性侵害未成年人犯罪概述

“四部门”《意见》第1条规定“性侵害未成年人犯罪”是指针对未成年人实施的强奸、强制猥亵以及侮辱妇女、猥亵儿童罪,组织、强迫、引诱、容留、介绍卖淫、引诱幼女卖淫等。有学者曾统计过性侵害犯罪中的再犯率问题,其中强迫、组织卖淫罪,协助组织卖淫罪等再犯率较高,鉴于该类犯罪以营利为目的,经济因素影响较大,故而不是本文性侵害犯罪预防的重点对象,本文所指的性侵害未成年人犯罪仅指针对未成年人实施强奸、猥亵等犯罪行为。

目前我国针对性侵害未成年人犯罪没有做过全面统计,根据现有文献资料、媒体报道、部分统计数据及案例来看,该类犯罪主要体现以下特征:

1. 案件频发逐年递增。根据最高人民法院刑一庭负责人指出“当前,受诸多消极因素影响,性侵害未成年人犯罪仍处于多发态势。以猥亵儿童罪为例,2012年至2014年全国法院审结此类犯罪案件共计7145件,其中,2012年2017件、2013年2300件、2014年2828件,呈逐年上升趋势”①。性侵害未成年人犯罪情势严峻、不容乐观,建立起完善的预防制度是法治题中应有之义。

2. 熟人作案比重高。根据“女童保护”统计,2015年证明为熟人实施性侵害犯罪的案件数量在公开报道案件总数中高达240起占到70.59%。该类案件中实施性侵害的人往往是被害人生活中熟识的人,包括亲戚(监护人)、邻居、老师

---

① 王春媛、廖素敏:《性侵害未成年人犯罪人员信息登记和有限公开机制研究》,载《青少年犯罪问题》2016年第6期。

等，他们利用便利的身份条件，使被害人降低警惕，加之恐吓、威胁、诱骗等方式实施猥亵、奸淫行为，结束后不允许被害人告诉他人，以致性犯罪人屡屡得手而被害人不敢揭发，犯罪人员长期逍遥法外。

3. 农村地区受害人多于城市地区。根据“女童保护”2016 年性侵害儿童案件以及儿童预防性侵教育调查报告显示，在公开报道的案件中，受害者为农村（乡镇及以下）儿童的有 329 起，占比 75.98%；受害者为城市（含县城）的有 104 起，占比 24.02%①。据“女童保护”连续 4 年的统计，这是公开报道案件中农村地区首次高于城市地区。无论是文化素养还是经济发展水平，农村地区与城市地区都有较大差距，家庭监护的缺失使留守儿童成为儿童性侵害的高危受害群体。

4. 性犯罪人再犯风险高。曾有学者对我国 2006 年至 2016 年因性侵害犯罪而受到刑事处罚再次实施犯罪的 7036 名罪犯进行数据统计，性侵害犯罪的再犯率为 7.9%；另一项针对 724 名性侵害者近 13 年间的再犯率研究显示，性侵害犯罪的再犯率甚至可以高达 21%②。据“女童保护”发布的数据可知 2014 年被媒体曝光的 503 起案件中，一人对多名儿童实施性侵害的案例达 78 起占 15.5%；一人多次对儿童实施性侵害的累犯案件为 135 起占 26.8%③。据精神病临床医学研究，性犯罪者往往具有一定的精神障碍，易冲动、难控制。性侵害未成年人的犯罪人员往往具有恋童癖，作为精神病临床诊断的范畴，是由于行为人人格缺陷，难以自我矫正，因而为了满足心理需求，即便明知违背人伦道德仍不受控制。由此可见，此类犯罪不仅具有较高再犯率，若缺少外界干预，性侵害者的侵害行为不会主动终止。

二、性侵害未成年人犯罪人员从业禁止机制分析

上海闵行区人民检察院基于特定时期本区域内犯罪态势启动的“限制涉性侵害违法犯罪人员从业工作”机制。

---

① 王祈然、黄寻：《儿童性侵的学理界定与预防体系构建》，载《预防青少年犯罪研究》2018 年第 62 期。

② 柳安然：《冲突与平衡：性侵害犯罪再犯预防机制研究》，载《犯罪与改造研究》2018 年第 7 期。

③ 龙敏：《慈溪版“梅根法”的制度风险——兼评慈溪市〈性侵害未成年人犯罪人员信息公开实施办法〉》，载《青少年犯罪问题》2017 年第 2 期。

(一)"从业黑名单"制度介绍

2016年7月28日,上海市闵行公安分局接到报案人称,教师林某给其女补习时实施了强制猥亵行为。闵行区检察院办理该案时,建议法院对被告人林某处以一定年限的从业禁止,最终被法院采纳,以强制猥亵罪判处林某有期徒刑2年6个月,自刑罚执行完毕之日起3年内禁止从事教育及相关工作。据悉,该案件是上海市首例针对性侵害儿童判处从业禁止的案例①。

从业禁止从预防再犯罪角度审视职业犯,对于利用职务便利或违背职业特定义务而实施犯罪行为的人员视其严重程度判处刑罚执行完毕或假释之日起3~5年的从业禁止期限。但自从制定以来,从业禁止制度由于法律定性、适用前提等因素影响,加之刚出台不久,司法判例中运用该制度的情况并不多见。结合前文所述,部分犯罪人员在平时工作中易于接触未成年人,为保证从业禁止机制的动态运行,闵行区设立性侵害犯罪人员"从业黑名单",要求区域内从事未成年人相关业务的工作单位包括教育单位、培训机构、医疗机构等单位,招聘时需通过信息库对拟招录人员进行审查,如有性犯罪记录则不予录用。如此,从业禁止制度对有再犯危险性的犯罪人员在社会生活中筑起一道"防火墙",保护潜在的未成年被害人免遭侵害。不过,"从业黑名单"目前仅限于闵行区,闵行区检察院掌握的也仅是该区域5年内性犯罪人员的"黑名单",区外及5年以上性犯罪人员不受此限。

(二)"从业黑名单"的制度风险

闵行区检察院配套设计"从业黑名单"以保证从业禁止在现实中的推进。但若在全国范围内配套运行"从业黑名单"制度还需谨慎分析制度风险,笔者认为"从业黑名单"制度目前存在以下问题:

1. 再犯风险评估不合理。刑罚是对犯罪人员违法行为的制裁措施,部分犯罪人员刑罚执行完毕即可回归社会,部分犯罪人员却还要受到权利限制。从业禁止是对性侵害未成年人犯罪人员再犯罪的一道"防火墙",但同样也是其回归社会的"绊脚石"。因此,对该类案件犯罪人员判处从业禁止及"从业黑名单"需

---

① 闵行区人民检察院课题组:《刑法从业禁止制度在性侵未成年人案件中的适用研究》(下),载《上海法治报》2018年9月12日,第B05版。

以实施的必要性为前提。目前，我国司法实践中尚无标准的“性犯罪人再犯危险性”评估制度，审判工作中大多是法官依据犯罪人员的作案情节、手段、是否累犯等因素评价其再犯危险性，是一个笼统的、受法官主观意识影响的评估方法，不同经验的法官可能得出不同结论。

2. 存在“治标不治本”的风险。研究表明，针对未成年人实施的性侵害犯罪不同于其他暴力犯罪，没有体现出明显的与年龄相关的犯罪高发期，即意味着该类犯罪人员在各个年龄阶段均保持较高的再犯危险性。刑法规定从业禁止的年限为3~5年，在犯罪人员回归社会后若单处一定时间的从业禁止，缺少相应的心理跟踪治疗、行为矫正，那么在禁止期结束后，没有外界束缚待时机合适，犯罪人员仍有可能实施再犯罪。鉴于该类犯罪人员大多拥有心理疾病，仅对性犯罪人实施监禁和职业禁止并不能有效减少性犯罪的再度发生，因而需要强制心理矫治的介入，一味靠外在措施控制性犯罪人不如“内外兼修”。

3. “从业黑名单”制度落实不彻底。部分犯罪人员在工作生活中易于接触未成年人，对其应适用“从业黑名单”制度，但实践中单位享有用人权，且大多民办培训机构、游乐园等招录工作人员门槛较低，有时甚至不签订劳动合同，如此便很难尽到犯罪记录审查义务，导致该制度实际执行效果大打折扣。而且，部分犯罪人员属无业游民，回归社会后流动性大，如果不能建立起全国范围内的“性犯罪人员动态管理系统”，一个犯罪人员流通到其他地方将很难实施“从业黑名单”制度。

三、性侵害未成年人犯罪人员信息公示制度

2014~2015年，慈溪市人民检察院办理的性侵害未成年人案件共计56件67人，其中有犯罪前科的7人，占比10.4%①。2016年浙江省慈溪市检察院出台《性侵害未成年人犯罪人员信息公开实施办法》（以下简称《办法》），规定对符合条件的性侵害未成年人犯罪人员在刑满释放或假释、缓刑期间，通过各单位门户网站、微信、微博等渠道对其个人信息进行公开，方便公众随时查询，警示犯罪，预防未成年人遭受性侵害。《办法》对犯罪人员的信息公示及例外条件、公示期

① 王春媛、廖素敏：《性侵害未成年人犯罪人员信息登记和有限公开机制研究》，载《青少年犯罪问题》2016年第6期。

限、内容、途径、程序等方面均作明确规定,是性侵害未成年人犯罪严峻态势下催生的我国首次预防再犯罪制度的地方探索。该制度与美国的“梅根法案”有着异曲同工之妙,学界将其称为慈溪版“梅根法案”,一经实施便引起了社会公众的广泛关注。自2016年6月13日《检察日报》对该制度进行报道,腾讯网、搜狐网、央广新闻等多家媒体转载,短短7日微博点击、评论、转发量过万,获得98%的民众支持率,认为是对未成年人的有效保护措施。“今日话题”也于2016年6月18日在网上就慈溪版“梅根法案”进行讨论、投票,话题为“是否赞成公开犯罪人员信息”和“是否认为公开犯罪人员的信息会侵犯他们的权利”。截至笔者登录该网页,支持公开犯罪人员信息的有29,051人,占比80.1%,而不支持的仅7223人,占比19.9%;认为会侵犯犯罪人员信息的有9240人,占比26.8%,认为“这不重要”的有25,249人,占比73.2%①,由此可知该制度具有强大的群众基础。但作为法律人,对每一项新制度都应当谨慎分析其存在的制度风险,学界对该制度存在两种不同观点。

(一)反对者的主要观点

1.侵犯公民隐私权。笔者登录慈溪市检察院官网的性侵害未成年人犯罪人员信息公示栏,发现目前检方共公布了2名公示期限为2年的犯罪人员信息,其中包括姓名、照片、出生年月、户籍地及刑罚。部分学者认为此举侵犯犯罪人员隐私权,虽然审判公开、前科报告、裁判文书上网等制度公开了犯罪人员的部分身份信息及犯罪记录,但《办法》是主动将犯罪人员的信息及犯罪记录采用各种公开形式进行散播。所以《办法》对犯罪人员隐私权的侵犯比审判公开、裁判文书上网等制度更大,两者不能等同视之。另外,《监狱法》规定刑满释放人员与其他公民一样,享有平等权利,当地政府有义务帮助刑满释放人员安置生活,而慈溪检方的做法与法律规定相矛盾。目前我国尚未建立系统的“再犯危险性”评估制度,如果未能针对不同危险性的犯罪人员设置差异化的信息公开范围、公示方式,则可能会导致制度风险。特别是当下随着媒体对性侵害未成年人案件的曝光,使人们对该类犯罪人员产生明显高于其他案件的愤怒之情。美国作为最早实施“性犯罪人员信息公示”的国家,自该制度施行以来,美国当地被公开信息的

---

① 奚应红:《网上公开“性侵未成年”罪犯,效果恐适得其反》,载今日话题:http://view.news.qq.com/original/intouchtoday/n3560.html,最后访问日期:2018年10月11日。

性犯罪人员受到攻击的暴力事件猛增,2005～2006年,在缅因州、华盛顿等地区,甚至出现了性犯罪者被杀害的恶性案件。因此有学者评价该制度间接引导了“人肉搜索”,侵犯了那些已经遭受过刑罚处罚的犯罪人员的隐私权,使其陷入不安全境遇。

2. 不利于犯罪人重新回归社会。对性侵害未成年人的犯罪人员信息予以公示会对其重新回归社会造成障碍,影响就业。虽说所有前科人员都会面临回归社会难的问题,从业禁止更是阻碍部分犯罪人员从事接触未成年的工作。从业方面的限制会影响犯罪人员的收入,而于社区中公布犯罪人员的身份又对其正常生活造成一定程度的负面影响,很可能致使犯罪人员产生“破罐子破摔”的心理,使其变得更加不顾及法律、更具攻击性。有学者提出于公众面前公开该类犯罪人员的信息,好比变相实行古代的黥刑,已经遭受过刑罚处罚的犯罪人员不宜再贴上犯罪者的标签。

(二)赞成者的主要观点

1. 警示犯罪人员再犯罪。公开犯罪人员的身份信息具有很强的警示意义,能够起到预防再犯。信息公示对犯罪分子及潜在的犯罪人起到极大的震慑作用,因担心自己成为“过街老鼠”而不敢轻易实行犯罪行为。对于社会而言,性侵害犯罪呈现隐蔽性、重复性等特点,将高危群体标识出来可以使相应群众做出应对措施,与未成年人相关的从业单位尽到前科审查义务,家长提高警惕避免孩子遭受侵害,防患于未然。

2. 不存在侵犯隐私权的问题。根据《刑事诉讼法》规定“人民法院审判案件,除本法另有规定的以外,一律公开进行”。《刑法》亦规定“依法受过刑事处罚的人,在入伍、就业的时候,应当如实向有关单位报告自己曾受过刑事处罚,不得隐瞒”。公开审判原则和报告义务意味着犯罪人员的身份信息及犯罪记录在审判阶段就被公开,裁判文书上网意味着犯罪人员的犯罪信息、记录将永远被保留。因此这部分信息实际上属于公共记录,慈溪检方属于以信息公示的方式将原本属于公共领域的信息汇总,出于保障公共安全为目的以便于公众查询的方式公开。犯罪人员的身份信息和犯罪记录被排除在隐私权保护的范围之外,故而信息公示制度并没有侵犯隐私权。再者,《办法》实施的主要目的是预防再犯罪,而非对犯罪人员实施再惩罚。

(三)笔者的观点

笔者对于性侵害未成年人的犯罪人员信息公示制度持赞同态度。该类案件的隐蔽性、重复性及严重的社会危害性要求法律不能对此坐视不理,我国对此类案件一贯采取严惩态度但效果不佳,在传统惩罚性立法难以起到理想效果的前提下,预防再犯显得尤为重要。笔者认为不存在侵犯隐私权的问题,隐私权指的是一种与公共利益、群体利益无关的,当事人不愿他人知道或他人不便知道的信息,当事人不愿他人干涉或他人不便干涉的个人私事和当事人不愿他人侵入或者他人不便侵入的个人领域。与公众利益、群体利益无关的事情才是隐私权的本质,因而具有再犯危险性的犯罪人员身份信息及犯罪记录不属于隐私权保护范围。陈兴良教授也曾就犯罪记录是否属于隐私做出回应"犯罪记录本身不存在涉及隐私的问题,犯罪后除了刑罚之外自然会存在其他不利后果。这是客观存在的,甚至不包括在法律内,是犯罪人应承担的"。也就是说,公开性犯罪者的个人信息是其实施犯罪行为所应承担的不良后果之一。再者,实施该制度确实会对性犯罪人回归社会产生阻碍,但是,在未成年人最大利益面前属于可接纳范围。目前世界上已有多个国家为预防此类犯罪设定了相应的限制措施,正是未成年人利益最大原则的体现。

性犯罪人员信息公示制度在执行的过程中因规范设计不合理、实施机制不完善而产生与预设的偏差。笔者认为,目前该制度所存在的问题有:

1. 对农村受害儿童存在"二次侵害"风险。此类案件农村地区的未成年受害人多于城市地区,且农村相较于城市"熟人社会"的性质更为明显。性侵害案件带有故事性色彩,极易引起人们的八卦心理,如若不考虑农村和城市地区的文化差异、生活背景而以同一方式实施性犯罪人员信息公示制度,那么对于农村地区的受害儿童将产生极大隐患。特殊的地域性和小聚居的生活特点使人们容易根据性犯罪人员的信息"顺藤摸瓜"找到受害方,传统封建思想的荼毒和落后的文化教育使受害儿童成为谈资。此时,对于受害儿童而言不仅生理上承受性侵害的伤害,还要承受因不妥当实施该制度导致的"污名化"。

2. 没有建立配套、系统化的制度。2012 年最高人民法院、最高人民检察院联合公安部、国家安全部以及司法部发布了《关于建立犯罪人员犯罪记录制度的意见》,旨在通过建立体系化的犯罪记录来实现犯罪控制、犯罪预防等目的①,但实践操作中存在诸多问题。《办法》仅针对慈溪市内曾实施过性侵儿童的犯罪人员进行公示,如未能在全国范围内建立起性犯罪人员信息及犯罪记录登记系统将很难保障信息公示制度落到实处。首先,犯罪人员的信息收集是信息公示制度实施的前提,信息公示是对信息收集的应用,形成全国范围的性犯罪人员信息及犯罪记录登记有助于司法机关在审判活动中有效借鉴、评估性犯罪人的再犯危险性,以区别实施信息公示制度;其次,个体人在社会大环境中是不断流动的,很多青年、中年人外出打工,没有固定的住所,而文化程度低、无业游民、打工者这些特征主体占据性犯罪人员相当比例。因此,若不能在全国范围内建立信息登记系统,那么该制度对流动的性犯罪人员很难发挥作用;最后,仅有信息登记和信息公示制度还不够,个人的身份信息在社会环境中会发生变化,如没有性犯罪人员信息更新制度将可能出现身份信息不匹配而致使公示制度流于形式。可见《办法》仅仅规定了信息公示制度却无配套的登记制度和更新制度,存在很大的局限性。

3.不根据性犯罪人员的再犯危险性区别实施信息公示制度将具有很大的制度风险。《办法》对全社会公开性犯罪人员信息的做法并不妥当,笔者认为,以下主体需要享有性犯罪人员信息查询权:司法机关需要掌握全面的性犯罪人员信息进行犯罪控制及预防;教育机构的监管义务需要了解社区中的性犯罪人员以便做出相应措施,禁止招聘性犯罪前科人员;社区基层工作人员为了保障信息公示、跟踪治疗等制度的实施也需要了解相应的性犯罪人员信息。不区分性犯罪人员的再犯危险性而以同一方式、同一范围进行公示可能引发人肉搜索从而连带性犯罪人员的家庭成员。在经济发展悬殊的背景以及农村地区普遍存在空巢老人、留守儿童的情况下,不区分农村和城市地区的公示方式,采用微博、官网等方式公示的信息对于农村地区的老人而言可能形同虚设。

四、域外预防性侵害未成年人犯罪制度的经验及借鉴

他山之石,可以攻玉。世界上大多数国家和地区针对性侵害犯罪的立法进

① 龙敏:《慈溪版"梅根法"的制度风险——兼评慈溪市〈性侵害未成年人犯罪人员信息公开实施办法〉》,载《青少年犯罪问题》2017年第2期。

程都是从惩罚性立法到保护被害人的救济性立法,再到预防性立法。部分国家和地区对此类案件的预防性立法较为完善、全面,值得我国在后续预防制度设计中加以借鉴。

(一)美国的"梅根法案"

面对严峻的性侵害未成年人犯罪,经过一系列的立法探讨及经验总结,美国本着"未成年权利最大化原则"制定相关的法律制度,其中"梅根法案"最具代表性。1994年7岁的康卡·梅根受不怀好意的邻居邀请,遭遇性侵并惨遭杀害,而这位邻居是一位刚刚刑满出狱的性犯罪人。梅根父母认为政府没有告知身边存在如此大的安全隐患以致悲剧发生,民众的愤怒和"未成年权利本位"推进了性犯罪人信息公示制度,随后美国的各个州也陆续制定了类似制度。为纪念受害人,后续针对此类案件所制定的所有预防再犯罪制度,被统称为"梅根法案"。梅根法案的主要内容如下:(1)性犯罪者信息登记制度,法律详细地规定犯罪者所需进行信息登记的各项内容,包括姓名、地址、工作内容等。(2)性犯罪者信息更新制度,配套信息登记制,根据性侵行为的严重程度,将其分为三个等级,不同的信息更新期匹配不同等级的性犯罪者,要求其在规定期限主动更新信息,没有主动更新或怠于更新将会面临刑事处罚。(3)性犯罪者信息公示制度,建立专门的性犯罪者信息公开网站,公众可以自行查阅并对身边的可疑人员进行匹配,防范社区中的性犯罪者。(4)性犯罪者犯罪记录审查制度,设置专门的性犯罪者监控、逮捕、登记及追踪机构,全权负责相关制度的具体实施。最后为预防教师、医生等与未成年人有紧密接触的特殊工种对未成年人实施性侵,要求司法机关对儿童医院、学校及校外辅导机构的教师员工进行犯罪历史审查①。

综上所述,"梅根法案"的主要内容是社区信息公告。首先,对性犯罪人根据再犯危险性实行等级划分,并制定不同范围、公示方式的公告制度;其次,"梅根法案"所实施的信息更新制度对保障整个社区公告制度很有必要,即可保证个人身份信息与公示信息的匹配;最后,将信息登记、公示、更新制度与性犯罪人员的前科审查机制相结合,是"梅根法案"的最大亮点,即真正将所收集、登记的信息运用到预防工作,减少性犯罪人员在工作中接触未成年人的机会。"梅根法案"

---

① 何挺、林家红:《中国性侵害未成年人立法的三维构建——以美国经验为借鉴》,载《青少年犯罪问题》2017年第1期。

也遭受过涉嫌侵犯性犯罪人员隐私权、阻碍其回归社会的质疑，美国历来是十分重视人权的国家，但“梅根法案”最终通过合宪性审查并在各个州迅速得以实行，是现实因素和制度价值共同推动的结果。

（二）英国的“披露制度”

英国的“披露制度”相较于美国的“梅根法案”，虽然两者都实行信息公示制度，但是“梅根法案”针对社会全面公开，“披露制度”显得更加温和谨慎，实行性犯罪人员信息的收集、登记、更新后并没有对全社会进行公开，社会人士想要查阅性犯罪人员还需提交申请进行一定的资格审查。从某种意义上讲，“披露制度”避免了无限制公开可能会给性犯罪人招致的“社会私刑”的隐患，但同样也限制了该制度发挥作用，没有相应的引导信息甚至民众都不会想到要去申请查询社区中的性犯罪人。

（三）我国台湾地区的强制医疗制度

我国台湾地区针对性侵害未成年人犯罪制定了体系化的预防性立法及相关制度。将性犯罪人的心理评估、强制医疗贯穿于狱中至社区矫正。我国台湾地区的强制医疗制度始于 1994 年，“刑法修正案”第 77 条第 3 项规定“非经强制诊疗，不得假释”。“法务部”遂于同年制定“妨害风化罪受刑人强制诊疗实施要点”，作为监狱强制诊疗业务的实施依据。2011 年考虑到 2006 年之前因未妥善实施刑前强制治疗导致部分性犯罪人员有再犯风险，于是在“性侵害犯罪防治法”第 22 条又新增“回溯治疗条款”，主要针对 2006 年前实施性侵害未接受强制治疗的犯罪人，于刑期期满后进行刑后治疗。我国台湾地区强制治疗制度主要包括：第一，刑前鉴定治疗，针对实施性侵害的犯罪人进行鉴定，是否需要施以治疗，根据具体情况入相应处所实施治疗。第二，性侵害者的刑中强制治疗，自我国台湾地区 1994 年“刑法修正案”，所有实施性侵害的人员都需在狱中接受强制心理治疗。第三，刑后小区治疗辅导，1997 年的“性侵害犯罪防治法”规定了相关性犯罪人员于刑满出狱或保安处分执行完毕、假释、缓刑之时，需强制接受身心治疗及辅导转介教育。这里的刑后小区治疗辅导制度区别于成年和未成年性侵害犯罪人员两个群体，未成年加害人遵循“未成年人利益最大原则”保护其隐私权，以“矫正教育为主、惩罚为辅”的原则帮助其改过自新，学校及相关机构需对未成年加害人开设“性别平等教育课程”，加害人转学后的新学校还需对其进行跟踪教育、矫正其病态心理①。

我国台湾地区性侵害防治的相关规定和处遇措施在于确认性侵害未成年行为属“性变态行为”的思维,并制定了有针对性的性犯罪处遇模式。对此类犯罪行为同样设有社区登记制度用以登记回归社会的性犯罪人员并进行一定的信息跟踪,以便对其更好地实施心理诊疗。监禁是对性犯罪人行为的控制,强制心理诊疗是对性犯罪人心理的控制,“内外兼修”实现了全面预防行为人再犯罪。

五、完善预防性侵害未成年人犯罪制度的建议

目前我国针对性侵害未成年人犯罪的预防制度尚不成熟、规定粗略。欲构建全面的未成年人保护制度,除严格的惩罚性立法规定还需有效的预防制度。笔者结合现有预防制度在实践运行的问题,借鉴域外在此方面的经验,对我国预防性侵害未成年人犯罪提出可行性建议。

(一)“三位一体”的社区公告制度

部分学者对性犯罪人员信息公示制度的担忧不无道理,该制度实施不当不仅令犯罪人员难以回归社会,甚至还会引发社会私刑、被害人“二次侵害”等。况且,要在全国范围内实行有效的信息公示制度还需其他制度配套运行,如此经济成本便成为重要的考量因素。面对这种较高司法成本的犯罪预防手段,笔者认为不能如“梅根法案”一样实行社会全面公开,过于冒进,制度风险较大;也不能采取英国“披露制度”,过于局限,令实际效果大打折扣。应根据我国基本国情,区别农村与城市地区的生活差异以及性犯罪人的个体差异,依据再犯危险性进行有限公示。

1. 建立全国统一的性犯罪人信息登记系统

2012年的《关于建立犯罪人员犯罪记录制度的意见》在实践操作中由于各部门间信息对接不畅通导致该制度未能发挥理想作用,且没有区别性犯罪人员。性犯罪人员信息登记制度已经在域外许多国家和地区践行,笔者认为在我国该制度实施具有现实可行性。若需在全国范围内建立起性犯罪人员信息登记系

---

① 牛旭、贾晓谋、张天翼:《性犯罪人的循序矫治与社区处遇——以我国台湾地区的性犯罪人处遇制度为借镜》,载《犯罪改造与研究》2015年第8期。

统,笔者的初步构想为:第一,全国各地由检察院牵头、联合法院和公安机关对性侵害未成年人的犯罪人员收集全面、详细的身份信息、犯罪记录等数据并对其进行科学的再犯危险性评估,在全国范围内联网,实现司法机关内部性犯罪人员信息数据共享;第二,信息登记系统收录的犯罪人员,不仅包括尚在狱中服刑、处于假释、缓刑过程中的性犯罪人员,还应包括各机关管辖区域5年内实施性侵害未成年行为但刑罚已经执行完毕的犯罪人员。

2. 实行性犯罪人有限信息公示制度

信息公示制度是社区公告制度的核心,应考虑性犯罪人员的人格差异实行不同的公开范围,考量农村与城市文化、经济背景差异实行不同的公开方式,结合慈溪市信息公示制度的实践运行和其他国家或地区在此方面的经验,笔者认为信息公示制度应实行有限公示。

(1)公开范围

依性犯罪人员的再犯危险性区分不同的公开范围。第一,对于多年性侵害多名儿童、重复犯罪、情节恶劣的性犯罪人员实行社会的全面公开,设置专门的网站公开包括犯罪人员的基本身份信息、肖像和犯罪记录等,鉴于此类犯罪人员危险性极大,全面公开的方式有助于实行社会监督、降低犯罪风险;第二,对于犯罪情节不是特别严重、再犯危险性较小的犯罪人员实行信息有限公开,根据犯罪人员的生活环境实行农村、城市地区的差异化公示方式,根据犯罪人员的具体犯罪情节实行不同的公示期限;第三,针对未成年加害人群体,为贯彻"教育为主、惩罚为辅"原则,同时保障其隐私权、避免信息公示对其学习、生活、求职等造成影响,对其不实行对外公示,仅在司法机关内部做好信息及犯罪记录登记,为后续跟踪治疗、辅导转介等制度奠定基础。

(2)公示方式

为了使公众警惕社区中的有性侵害风险的人员、以便于公众查询的方式将原本即属于公开领域的犯罪人员信息和犯罪记录整合公示,公示途径十分重要,充分考虑查询主体差异,使该制度得以有效实行而犯罪人员信息不会被过度批露。结合域外经验,信息公示的途径主要有社区纸质公告、性犯罪者公开网站等方式,设立专门的信息公示网站既有利于节约司法成本,又方便公众获取犯罪人员信息。对于再犯危险性极大的犯罪人员,于专门网站向全社会进行信息公示,对于再犯危险性较小的犯罪人员则进行有限公示——特殊主体才有权查询。

第一,农村地区的教育机构、学校及村干部有权查询生活辖区内犯罪人员的身份信息,村干部负责对其进行跟踪监管,学校等教育机构则负责防止此类人员出现在学校周围。目前我国部分地区实行的“法治村主任”,是由法院、检察院组织的将法官、检察官定期委派到各个村基点进行“法治宣传、纠纷解决、村级维稳”等工作,法治村主任作为司法系统内部人员,又作为“村主任”,双重身份要求其不仅要了解辖区内犯罪人员的基本信息,还需要对其进行普法教育、心理矫治等工作。第二,城市地区的性犯罪人员身份信息查询主体包括司法机关、学校、教育机构、医疗以及社区基层工作人员等。司法机关为实现犯罪预防和侦察工作必然需要掌握全面的性犯罪人员信息,而学校、教育机构、医疗机构等享有查询权是为了更好地履行前科审查、防止有再犯倾向的性犯罪人员接触未成年人。社区基层工作人员的查询权是为了在实践中落实该制度、实现社区跟踪,同时若有监护人需要对可疑人员进行“性犯罪人员信息查询”,社区基层工作人员应积极协助。值得注意的是,赋予上述人员的信息查询资格不仅仅是一项权利更是一项义务,其需要积极履行对生活社区中有再犯危险的性犯罪人员实行跟踪监管。但在履行的过程中需要保护其隐私,避免产生因身份信息外泄而引发的负面影响,避免对受害儿童造成“二次侵害”。

(3)公示期限

结合域外信息公示的期限来看,有的国家公示的期限为永久,有的则为20年,也有5年为限,长短不一。性犯罪人员的信息公示以及后续制度是对犯罪人员的一种权力限制,因而需要合理设置限制期限。慈溪市检察院公布的两名性犯罪人员的公示期限均为2年,笔者认为,应根据不同性犯罪人员的再犯危险性,在其刑罚执行完毕或者缓刑、假释开始之时设置3~5年不同的公示期限,至于个别再犯危险性极大的犯罪人员则可以延长至10年。为了鼓励性犯罪人员积极接受心理矫治、实现自我控制,当信息公示制度执行一段时间、性犯罪人员接受一定程度的心理治疗、行为矫治后,性犯罪人员可向检察院申请变更公示期限。

3. 性犯罪人员信息更新制度

个体人在社会大环境下家庭住址、工作地点、联系方式甚至是容貌都会发生变化,为保证公示于众的信息准确无误、发挥该制度应有价值,性犯罪人员的信息发生变化应及时更新修改。在更新方式上分为主动更新和被动更新,主动更新即要求在身份信息发生变化时,性犯罪人员及时到公安机关登记备案,并且规定固定报告周期,如每一年报告个人身份信息是否发生变更,主动更新的做法更符合经济原则、节约司法成本。但是当性犯罪人员怠于更新或拒绝更新自己的身份信息时就需要公安机关向登记在册的性犯罪人员主动核实身份信息，即被动更新，实践中也可视具体情况给予该部分性犯罪人员一定的行政处罚。

(二)前科审查和从业禁止制度

实行社区公告制度对后续的预防工作具有重要意义，在实际操作过程中，可借鉴“公安机关重点人员动态管控机制”①设置“性犯罪人员动态管理系统”将社区生活中具有再犯危险性的性犯罪人员归入公安机关的重点关注对象，实现从面到点的管控，为后续预防再犯罪过程的从业禁止、前科审查等制度奠定可操作性基础。笔者认为，所有实施性侵害行为的犯罪人员都应该警惕其与未成年人的接触，因此学校、教育机构、医疗单位等拥有易于接触未成年人的职务的都应该严格履行前科审查义务，禁止有性犯罪记录的人从事相关工作。

(三)科学评估与强制医疗制度

该制度和上文所述的社区公告制度是相互交叉的两项制度。对性犯罪人员再犯危险性评估是社区公告制度得以施行的前提，信息的差异化公开方式以其再犯危险性为划分标准。以往法官根据犯罪人员的性侵次数、手段、是否累犯等结合其悔罪态度对其再犯罪的可能性进行评估，主观性较大。笔者认为可以结合域外计算再犯危险性的方法，法官在审判时采用“相关系数和 Logistic 回归”②通过分析年龄、教育年限、监禁期限、前科次数等变量运用公式计算再犯危险性，并根据结果判处相应的自由刑和后续非刑罚处罚措施。

为保证性犯罪人员在回归社会后重新建立起自我控制，预防再犯罪，应该对其实行强制心理治疗。这里所讲的强制心理治疗不同于对不负刑事责任的精神病人实施的单纯将行为人隔离于社会的做法，而是在持续的一段时间内对性犯罪人员实行认知行为疗法。即强调提高犯罪人员的自我控制能力、改变犯罪发生的思维等，实现对罪犯内在认知的重新架构。具体方法包括将犯罪人置身于特定情境中，通过阅读文献、观看影视、角色扮演等方法，让犯罪人意识到其所实

---

① 浙江省公安厅为贯彻落实公安部关于建立部、省、市三级情报平台联动应用的工作要求，实现对涉恐人员、涉稳人员、涉毒人员、在逃人员、重大刑事犯罪前科人员、肇事肇祸精神病人和重点上访人员等七类重点人员的动态管控工作。

② 文姬：《再犯危险性评估方法及检验》，载《刑事法评论》2009 年第 2 期。

施的犯罪行为的危害,切实体会被害人的痛苦,以此调整其扭曲的认知,帮助其重新树立正确的性观念,强化其对他人的同理心①。认知行为疗程过程中通过定期的再犯危险性评估结合具体情况调整相应行为疗法。性犯罪人员在回归社会后需要进行区别化信息公示,在公示期间由公安机关联合医疗、民政部门对社区中的性犯罪人员进行心理疏导、行为疗法,治疗时间与信息公示时间保持一致。

对于未成年加害人这一特殊群体实行辅导转介制度,即除了接受心理治疗外还需学校对其开设性别平等教育课程,在其内心树立起正确的行为认知,克制性犯罪冲动。目前,我国部分发达地区针对有违法犯罪行为的不良未成年人开设了工读学校,但据笔者调查发现,为保证工读学校教化效果,学校设立了较严的准入门槛,因而实践中难以确保未成年加害人都能得到工读学校的特殊行为教育及心理辅导,更何况我国大部分地区完全没有这类特殊学校。因此,笔者认为对于这部分特殊的加害群体,应由各地的司法局和教育局联合,一方面,对所有未成年人开设性别教育课程及普法课程;另一方面,可以对未成年加害人进行特殊的性别教育课程及心理辅导帮助其实现自我控制,预防再犯。

---

① 柳安然:《冲突与平衡:性侵害犯罪再犯预防机制研究》,载《犯罪与改造研究》2018年第7期。

并非“虚无的十字架”

——中国死刑废除论反思

朱佳蔚*

摘　要　本文以东野奎吾的小说《虚无的十字架》为视角，对当下盛行的死刑废除论调进行反思。总体来看，死刑废除论者常常以刑罚的文明化趋势、死刑所带有的复仇色彩不符合当下刑罚观、死刑的不可挽回性、犯罪人人权保障以及并不能证明死刑具有比终身监禁更强的威慑力等作为论据支撑其观点。然而，死刑存废涉及根本价值判断，应结合我国当下的国情与民意更加具体、理性和客观地考量。本文从死刑与文化、死刑与同态复仇、死刑与防止再犯、死刑与民意等角度分析我国当下死刑存在甚至未来死刑部分保留的合理性，尤其指出我国被害人人权相对被忽视的现状。

关键词　死刑存废　《虚无的十字架》　被害人人权　价值判断

死刑，作为人类历史上最古老、最严厉的刑罚，在古代被世界各国广泛适用，其以剥夺犯罪人的生命为代价帮助统治者维护统治秩序。然而至现代，人权运动的兴

---

*　南开大学经济学院 2015 级经管法班本科生。感谢朱桐辉老师的指导、批评和建议。文中不足之处，文责自负。

起和人文精神的复兴使死刑经历了一场关乎其本身正当性的冲击。自贝卡利亚提出废除死刑以来,关于死刑保留还是废除的争论在世界范围内逐步展开,并一直持续至今。

文学总能以其精准的洞察力观察社会现实,给予我们深刻的启发。《虚无的十字架》秉承日本著名推理小说家东野奎吾一贯的写作风格,全书从两个相互联系的命案切入,①对死刑制度甚至进而整个刑罚制度进行质疑和思考:"死刑制度充满了矛盾","法律禁止杀人,死刑这种制度是国家在杀人";是让犯罪人背负上刑罚这个"虚无的十字架"?还是"让他重返社会用尽一生赎罪"?以致最为根本性的问题——是保留还是废除死刑?②

本文无意于讨论小说本身所具有的文学价值,也无意于对死刑存废做一些宏大层面的思考。本文旨在从小说本身切入、以我国当下的社会现实为基础,对当下我国盛行的死刑废除论调进行反思,从死刑与文化、死刑与同态复仇、死刑与防止再犯、死刑与民意等角度,尤其是从被害人人权和死刑功用的视角讨论我国当下死刑存在甚至在未来死刑部分保留的合理性。

一、虚无的十字架?

有必要对小说的情节进行简要地概述。③

中原和小夜子是一对令人羡慕的恩爱夫妻,然而一起入室盗窃杀人案打破了原本"幸福的巅峰"——凶手将他们8岁的女儿残忍地杀害。凶手被捕后,夫妇二人走上了一定要让法官判处凶手死刑的司法道路,甚至相互约定如果凶手没有被判处死刑,就"亲手杀了他"。然而在辩护律师淡化犯罪行为的引导下,一审最终做出"温情的判决",判处被告无期徒刑。宣判后,检方当即上诉,中原夫

① 准确来说,全书应涉及三个命案,其中两个为主线,第三个为隐藏多年的秘密。参见[日]东野奎吾:《虚无的十字架》,王蕴洁译,湖南文艺出版社2015年版。如未单独提及,文中引号内容均来自小说原文。

② 内容涉及死刑的文学作品并不鲜见,然而像《虚无的十字架》这样完全以死刑作为小说主题的重心、并通过文学形象的命运对死刑问题展开一系列有意义的思考的作品却并不多,再加上东野奎吾在我国拥有人数众多的读者群、日本与我国文化背景相似种种原因,笔者最终选取这部小说作为本文的研究对象。

③ 小说中的中原夫妇的故事是有现实原型的,即日本著名的"光市母女杀害事件"。该案一定程度推动了日本被害人参与制度的建立,最终凶手福田孝行被判死刑,但据最新消息死刑仍未执行。参见[日]门田隆将:《与绝望抗争:寻求正义的3300个日夜》,许金玉译,北京大学出版社2014年版。

妇二人再次作出“如果无法做出死刑判决,就在法院前自我了断”的誓言。他们认定,如果凶手还继续活着,那女儿“就死的太不值了”。二审期间,在检方提交的多份新证据的支撑下,最终法院撤销了一审判决,判处被告死刑。但与此同时,被告却如同局外人一般对审判渐渐丧失了兴趣。在冗长的审判程序面前,被告“渐渐放弃了对生命的渴望”,而将死刑视为自己的命运,最后依然没有丝毫忏悔之意,并以“太麻烦”为由拒绝了辩护律师的上诉请求。

原本以为死刑判决会大快人心,中原夫妇可以获得重生。但中原夫妇都意识到,审判的结束只是形式上的,女儿死去的事实仍旧无法改变。“无论你怎么挣扎,你的人生都不可能有光明”,似乎有命运对他们如此说。因为只要看见对方就会想起女儿,两人最终选择离婚。中原继承舅舅的产业开始平静地生活,小夜子则做起了自由撰稿人,探索死刑制度以寻求解脱,而在此过程中发觉一个隐藏了 21 年的悲剧。

11 年后,一通打给中原的电话告知其前妻被杀害了。凶手很快自首——是一个 68 岁的老人。案件进行得很顺利,似乎只是一起简单的抢劫杀人案,然而随着中原不断追寻前妻小夜子生活的痕迹,秘密也最终被揭开。

原来,仁科和纱织在高中时代贪食禁果,却在懵懂而害怕的心绪下杀害了初生的婴儿,二人从此也再无法解脱。纱织深觉罪孽深重,21 年来一直活在痛苦之中,几次自杀未遂,自认为没有资格活在世上的她也因此患上了偷窃瘾;而仁科考入医科大学并成为一名儿科医生,21 年来拯救了无数罹患绝症的婴儿以图弥补,并在一次偶然中救下了后来成为自己妻子的女人和她肚里的孩子。前者生活充满不幸,视一切为自己的报应;后者的一生则充满忏悔和救赎。

小夜子在研究死刑制度过程中认识了纱织,她一定要说服纱织和仁科自首,因为“要求杀人凶手自我惩戒,根本是虚无的十字架。然而,即使是这种虚无的十字架,也必须让凶手在监狱中背负着”。在小夜子向仁科的妻子表明自己说服的决心时,仁科一生沦丧的岳父也听见了,这一瞬间过去所有的恶突然变为对女婿的同情,他决定用生命保护这个秘密,因为在他看来女婿的一生充满了赎罪。

两个案件在作者高超的笔法下相互交织,呈现人性深处的卑微和一种令人震撼的人生荒谬感,而其中所蕴含的对于死刑制度的思考也无比丰富。从小说中至少能够提炼出以下六个有价值的问题。

第一,在中原夫妇的案件中,死刑既没有让犯罪人反省罪行,也没有使被害人亲属得到真正安慰,更无法改变被害人已经死去的事实,死刑的确如一个“虚无的十字架”,[①]在现实中许多国家也在刑罚文明化的大趋势下纷纷废除死刑,但死刑就应当因此而废除吗?

第二,从诸如中原夫妇“如果还让他继续活着,那爱美的死就太不值了”的誓言来看,死刑充满了“一命抵一命”的复仇色彩。另外,在失去亲人的痛苦下这种复仇心态却几乎是本能的。那么在当下这个时代我们应当如何对待充满同态复仇的原始痕迹的死刑?

第三,在中原夫妇的案件中,凶手曾在一起抢劫杀人案中同样因有反省之意被改判无期徒刑,却在假释期间再次犯罪杀害了中原夫妇的挚爱。现实中,恶性犯罪事件也并没有随着国家的经济状况、人民的文明水平的提高而得到明显的改善,而民意则对此深恶痛绝。可以说,死刑废除的一个前提在于相信犯罪人能够通过教育改过自新,但实际上我们却永远无法确定犯罪人是否真正反省,那么在防止再犯与废除死刑之间,我们应当如何做出选择?

第四,日本尽管没有从法律上禁止死刑,但对于死刑判决及执行尤为谨慎。这也可从一审对再犯杀人罪的犯罪人仍旧判处无期徒刑而非死刑可以看出。然而以中原夫妇为代表,日本多数民众仍旧持反对废除死刑的意见。与日本一样,包括我国在内的多数国家同样存在官方与民意之间的割裂。那么在死刑存废问题中,我们应当如何看待这种割裂?又应如何对待民意?

第五,在中原夫妇的案件中,直至被害人参与制度建立前,作为被害人一方的中原夫妇始终处于明显被忽略的地位,而犯罪人权益的保护却在不断地被强调。中原在二审庭审过程中的发言——“我希望可以判处被告死刑。只有这样……不,即使这样,也无法偿还他犯下的罪行。被告犯下了如此重大、极其重大的罪行。”——则让我们思考,死刑对于一直被忽略的被害人一方究竟意味着什么?

第六,在两个案件中,死刑表现出了不同的效果。对于中原夫妇案件中的凶手而言,死刑只是其命运的一部分,因而死刑并未发挥应有的作用;对于像仁科一样的仍旧心存良知者,则哪怕没有死刑,其自身的道德良知就足以让其终生背负一具更加沉重的十字架。倘若真如此,死刑的功用究竟是什么?

以下,笔者将对这六个问题展开讨论,其中前四个问题将在第二部分中分别论述,最后两个问题则将分设两节专论。须强调的是,小说情节仅限于杀人案

---

① 十字架在基督教中是耶稣受死的刑具,文中指代死刑或者更广义的惩罚。

件,这也划定了本文所讨论的死刑范围,即对于以故意杀人为典型的直接侵害人身权益,甚至是间接侵害人身权益的严重犯罪应不应当在一定程度上保留死刑。

二、对死刑废除论的几点质疑

我国法学研究起步较晚,关于死刑存废的思考相比于西方则更加滞后,大致在20世纪80年代才开始关注死刑存废问题,至21世纪初这种讨论达到顶峰。然而值得注意的是,从争论之初学界便几乎一边倒地支持废除死刑,且其中不乏知名学者,而坚持保留死刑的声音却微乎其微。① 死刑废除论的优势一直保持到了争论的高潮,在2002年于湖南湘潭召开的全国首个以死刑为中心的研讨会上,限制并最终废除死刑已经成为与会学者的主流观点。② 而至如今,死刑存废之争在国内学界似乎已经达成共识,学界的讨论也从死刑是否应当废除转向了如何分阶段废除死刑,以逐步限制死刑为过渡、最终达到完全废除死刑的目标似乎已成为历史必然。

总体来看,死刑废除论者往往以刑罚的文明化趋势、死刑所带有的复仇色彩不符合当下刑罚观、死刑的不可挽回性、犯罪人人权保障以及并不能证明死刑具有比终身监禁更强的威慑力等作为论据支撑其观点。然而,这种论证不仅在逻辑上难以令人信服,从现实的角度来看也忽略了诸多重要的事实。

(一)死刑、刑罚文明化与国家文化

死刑废除论者最常提及的是当今世界刑罚文明化的趋势。在他们看来,"中国刑法中死刑罪名的泛滥乃至司法实践中对死刑的过度适用之现状,与当今世界的法治发展进步趋势是背道而驰的",因此我国理应顺应国际趋势逐步完全废除死刑。③

不可否认,死刑废除一定程度上已经成为一种潮流。根据大赦国际公布的

---

① 此处所指法学研究指当代法学研究。在中国知网,以"死刑存废"为关键词检索,可以看到,国内关于死刑存废之争的讨论最早开始于对美国死刑存废之争的关注,如何鹏的《评美国现行死刑制度》,邱兴隆的《美国死刑遏制力之争概览》。另外,从检索结果来看,在21世纪初关于死刑存废问题的文献数量明显增加。尽管这种统计方法并不严谨,但仍得以窥见死刑存废问题研究的趋势。

② 郭光东:《死刑:保留?废除?》,载《南方周末》2003年1月9日,第1版。

③ 赵秉志:《中国逐步废止死刑论纲》,载《法学》2005年第1期。

2017年度全球死刑报告,1997~2017年在法律上明确废除死刑的国家几乎翻了一番——1997年只有64个,2017年增加至106个,如果算上事实上已不再执行死刑的国家,已经达到142个。而从人类历史进程来看,刑罚也在逐步向文明化发展。我国古代无比残酷的各种肉刑已被逐一废除,现今死刑执行方式也由原有的绞刑、枪刑开始向注射死刑等更加文明的方式演变。

但刑罚文明化却并非一定意味着死刑的废除。

一方面,从废除肉刑向废除死刑的转变来看,前者是在承认死刑合理性的基础上关于死刑执行手段的讨论,而后者是直接关乎死刑正当性的讨论。倘若依照刑罚文明化的逻辑而必须废除死刑,那么未来是否连剥夺人身自由的现代监禁制度都将被视为残忍的或者不文明的,而需以社区矫正或教育的方式完全替代之?答案显然是否定的。

另一方面,从国家层面来看,这种所谓的世界潮流也需要客观看待。只要观察废除死刑的国际趋势进程,不难发现,死刑废除趋势总是和一定的政治环境密切相关,而死刑存废的选择则与一个国家的文化背景甚至意识形态有着紧密的联系。[①] 现今世界上废除死刑的国家大多为以欧洲国家为代表的、包括其前殖民地的"集团",而这与其在文艺复兴中提倡的人文主义精神及其基督教文化背景下提倡的价值观是分不开的。[②] 而相反,在亚洲和非洲仍然有95%以上的人口生活在死刑政策之下,一些穆斯林文化国家仍保留着残酷的死刑执行方式,而这又与其文化相关。美国和日本,以及仅次于我国的第二大发展中国家——印度,均未从法律上废除死刑,而包括韩国在内的一些名义上已经废除死刑的国家或地区,则在近年来出现了死刑保留主义回潮的趋势。[③] 因此,在这种背景下讨论死刑存废问题需更加客观,必须考虑我国自身的文化根基和国情,而非盲目跟从。

那么我国的文化传统是否能够与废除死刑相适应呢?实际上,我国历史上曾经存在废除死刑的努力,如唐代747年曾颁布敕令废除死刑,尽管背后的原因

---

① "死刑的存废即应当不应当存在,这种判断与文化、国家权力运作密切相关"。参见肖中华、王海桥:《对死刑的追问(上篇)——死刑为什么应当存在》,载《江淮论坛》2010年第6期。

② 基督教强调生命的神圣性,结束一个人的生命是上帝的绝对主权。自然,即使是国家权力也没有资格剥夺一个人的生命。

③ 单士磊:《韩再提"废除死刑"国会闯关前景不乐观》,载《法制日报》2015年7月21日,第10版;陈晓星:《女童案引发台湾死刑讨论》,载《人民日报海外版》2016年4月9日,第3版。

是复杂的。[①] 但在12年后,由于“安史之乱”死刑再度得以恢复。事实上,我国历史上的死刑废除主义运动体现出一个历史往复的循环现象,死刑实际上在我国也从未被根本废除。[②] 可以说,我国文化相较而言有着更注重维护整体秩序的传统,再加上儒家文化对于道德的标榜及由此带来的对于恶性犯罪的排斥,至少在目前以及未来的一段时间里,废除死刑都将难以与我国的文化背景相融合。

(二)死刑、同态复仇与公力救济

在死刑废除论者眼中,“死刑是从原始社会血腥的以血复仇制度遗留演变而来的产物,它必然随着人类文明的发展而废止”。[③] 他们提出当代报应观念已从传统的等害报复向等序报应转化,而等序报应却并不要求对杀人者处以死刑;[④] 同时,他们也质疑等害报复与杀人者并非都处死刑的现实之间的矛盾。[⑤]

首先,的确,死刑充满了同态复仇的痕迹。但同态复仇却也代表着最基本的公平正义观,它强调对等性,“你只能一眼/命还一眼/命,而不能两眼/命还一眼/命”。并且复仇本身也是人性的一部分,[⑥]“杀人偿命”被人们视为天经地义。同时,当代法律制度中也处处有它的痕迹,而非仅仅存在于死刑制度。[⑦] 因而当我们接受其他法领域中的同态复仇观时,死刑却因其带有复仇色彩被视为罪恶并不合理。

其次,既然同态复仇是人性的一部分,那么我们对于中原夫妇会做出如果凶手不判死刑就“亲手杀了他”的誓言就能够理解,因为人终究是有情感的高级动物。对于“在一个精神文明程度较低的社会,报应观念愈是强烈,对于死刑的认同感也就越强”的观点,[⑧]笔者认为相反,在一个精神文明程度更高的社会,人们对于亲情、爱情等人类情感将更加珍惜,而这种情感在被犯罪剥夺之后所引发的

---

① 石冬梅:《略论唐代废除死刑的尝试》,载《贵州社会科学》2009年第11期。

② [法]杰罗姆布尔贡:《中国古代废除死刑论的得与失》,载《环球法律评论》2014年第6期。

③ 曹险峰、穆根栓:《浅议死刑废除及我国死刑政策的发展趋势》,载《当代法学》2003年第9期。

④ 邱兴隆:《死刑断想——从死刑问题国际研讨会谈起》,载《法学评论》2004年第5期。

⑤ 邱兴隆:《死刑的德性》,载《政治与法律》2002年第2期。

⑥ “报应是人性的一部分”。参见肖中华、王海桥:《对死刑的追问(上篇)——死刑为什么应当存在》,载《江淮论坛》2010年第6期。

⑦ 王龙飞、刘志:《试析同态复仇》,载《政治与法律》2011年第10期。

⑧ 陈兴良:《死刑存废之应然与实然》,载《法学》2003年第4期。

报应观念则可能更加强烈。① 既然如此,也就不能够指责复仇为一种低劣的情感,而死刑恰切合了这种需要。

再次,等序报应观同样可得出死刑废除也非必要的结论。与等害报复不同,等序报应追求的是刑罚与犯罪轻重上的对等。因此,对于最严重的犯罪应当适用最严厉的刑罚。倘若死刑是正当的,则死刑应当适用最严重的犯罪,而倘若死刑并非正当,以终身监禁作为死刑替代措施的讨论才是有根据的。即以等序报应替代等害报复为由废除死刑并不能构成严密的逻辑链,死刑正当性的讨论是另一个独立的命题。另外,在等序报应观下,对于犯罪的严重程度的排列应当也只能以犯罪所侵害法益的价值为标准,而只要存在高于生命价值的法益,死刑的公正分配即是可能的。②

至于对于杀人者为何并非都处死刑的质疑,笔者解释为同态复仇的对等性并非仅仅停留在"一命抵一命"的技术层面,公平的衡量也并非限于量的比较,而应当在价值层面进行法益的比较,并且应同时考虑更多的实体因素,如恶性杀人和有被害人过错的杀人的刑罚适用必然要区别开来。

最后,死刑全面废除后可能面临私刑泛滥的危险。死刑作为一种"公力救济",是一种以国家权力干预的形式给予被害人的间接复仇。而倘若全面废除死刑,正如中原夫妇所言"亲手杀了他",我们是否有可能看到人性驱使下的同态复仇将愈演愈烈?毕竟仅仅以社会道德期许和要求被害人不会复仇是无力的。在此意义上,废除死刑应当谨慎。

(三)死刑、错误裁判与恶性犯罪

死刑废除论者的第三个论据是死刑的不可挽回性,即死刑案件一旦错判就丧失纠正的可能,他们宣称"司法误判是推动死刑走上末路的另一只手"。③ 同时,他们认为,死刑断绝了犯罪人改过自新的机会,"当死刑被适用于本具有改造

---

① "复仇、特别是制度化的复仇其实是一种文明、理性的产物。在很长的历史时期内,人类的文明、理智越是发达,复仇越残酷;而就当时的历史语境而言,复仇制度的完善程度在一定层面上反映的是文明的发达程度。"苏力:《复仇与法律——以〈赵氏孤儿〉为例》,载《法学研究》2005 年第 1 期。

② 胡云腾等:《中国废除死刑之路——死刑问题三人谈之一:从"杀人者死"谈起》,载《中国律师》1998 年第 9 期。

③ 胡云腾、周振杰:《严格限制死刑与严厉惩罚死罪——当代死刑制度的基本特点与未来走向》,载《中国法学》2007 年第 2 期。

的可能性的犯罪人,死刑便构成对刑罚的改造功能的牺牲”。[①]

不得不承认,在我国司法制度尚不完善的当下,错误裁判是死刑必须面对的一个缺陷,而这种缺陷也由于近年来引发广泛关注的各大冤案的频频曝光而愈加凸显。然而,由于司法之缺陷废除死刑并非“对症下药”。倘若死刑为正当而有利于社会整体之刑罚,或者至少为社会所必需之刑罚,这种鲁莽的解决办法就好比因为一根手指的腐烂而选择将整只完好的手臂砍去。并且死刑的这种缺陷也同样适用于监禁:由于司法误判而在狱中服刑几十年的无辜者之自由也不是国家赔偿能够挽回的。显然,因司法的错误要求在立法上废除死刑是理由不充分的,司法之缺漏也完全可以期待未来得到改善。

死刑废除论者在期许犯罪人改过自新的同时,却忽略了他们仍有可能再犯的现实。必须承认,即使针对犯罪人的改造手段不断健全和完善,一些忏悔也只会停留在表面,一些犯罪人想要得到的也仅仅是刑法而非被害人的宽恕。但一旦他们再犯,伤害的就不只是个人与家庭,更是在挑战法律的权威。

期待犯罪人改过自新后回归社会,建立在传统目的刑的刑罚理论基础之上,然而刑罚的强制性使改造未必有效,现代监狱的森严又构成教育的障碍。[②] 因而我们无法确信犯罪人在出狱后就能够改过自新,现实中难以解决的累犯问题也不断冲击着目的刑理论。用小说中小夜子的话来说,“到底有谁可以断言,‘这个杀人凶手只要在监狱关多少年就可以改邪归正’?”

死刑废除论者也必须承认,未来无论法治如何健全、社会如何和谐,依然将存在公开与法律抗争的恶性犯罪,至少从当下的现实来看我们无法做出这样美好的期许。意大利犯罪学家龙勃罗梭甚至提出犯罪人是天生的。尽管这种观点值得商榷,但却能从侧面反映犯罪将作为一个社会问题长期存在的现实。而民众对于恶性犯罪具有天然的恐惧和厌恶,国家也就因此需要有足够严厉的刑罚对犯罪人加以惩治、防止其再犯。

或许有人会反驳道,终身监禁也能够起到防止犯罪人再犯的效果。但笔者想要质疑的是,在社会难以保障许多人的基本生活、世界上依然有许多人生活在贫困线以下的当下,花费大量资金去供养一批已经犯下严重罪行、毫无悔意甚至未来还有可能再犯的犯罪人,从功利主义的角度来看,对于其他人是不公平的,

---

① 胡云腾:《死刑存废之争的合理性评述》,载《北京市政法管理干部学院学报》1999 年第 1 期。

② 田宏杰:《刑罚目的研究——对我国刑罚目的理论的反思》,载《政法论坛》2000 年第 6 期。

对于被害人也是不人道的,尤其是在将这些纳税人所代表的民意纳入考察范围的时候。

(四)死刑废除与民意

从学界到国家实践,几乎一边倒地赞成废除死刑。但从包括日本与我国在内的世界各国的民意调查来看,民众的态度却以反对废除死刑为主。尽管民意并不一定就代表着正义,但这样一种反差仍然值得思考。

虽然民意在表达过程中难免受到多方面因素的干扰,但难道普通民众的"落后的民意"就一定需要所谓精英的学者们的"先进的民意"来引导走向废除死刑之路吗?或者说前者就一定是落后的,后者就一定是先进的吗?是否像死刑废除论者所言,"先行一步"的法律最终将得到民众的尊重呢?

死刑废除论者习惯于视死刑为"民意杀人",并举出"文化大革命"时期"人民审判"蔚然成风予以佐证。[①] 民意的确容易走向非理性,但"文化大革命"时期之所以会如此,与当时法律本身的问题甚至无法律之现实脱离不开干系。

笔者相信,只要民众不被误导,民意在很多时候就代表着正义,因为每个民众心中都有着基本的理性价值判断。这种内心价值判断在一定历史条件下的整体反映就是民意,法律则应当是民意的某种表达。当下之所以普法,之所以不断完善人民陪审制度,之所以许多重大案件需要法学界、媒体和民众的共同努力来导向一个合理结果,之所以要"努力让人民群众在每一个司法案件中感受到公平正义",正因为法律不可能完全脱离民意。当法律高高在上而完全忽视民意,即使其制定再完善,但却无民众知法守法进而信仰法,也难以达到其制定之初衷,而与民意违背之司法也将陷入法条主义的困境。且一旦引发激烈的社会争议,就可能威胁到法律本身的权威。[②]

因此,死刑废除必须建立在足够广泛的民意基础之上,否则将难免再次陷入我国历史上曾多次发生的死刑存废循环,而后者必然需要有高度的物质精神文明及社会和谐氛围为前提,因而在当下以及未来的一段时间里,死刑的保留是必需的。

最后,试想未来的某天,废除死刑具有了广泛的民意基础,而这也意味着民

---

① 卢建平:《死刑适用与"民意"》,载《郑州大学学报》(哲学社会科学版)2005年第5期。

② 苏力:《法条主义、民意与难办案件》,载《中外法学》2009年第1期。

意不再同情被害人，而是转而同情犯罪人，而这又是否意味着整个国家刑罚制度的崩塌？

三、死刑的被害人意义

过多地强调对犯罪人的保护是反常的。

反观当下这场死刑废除运动，其直接建立在人权保障和人道主义之上。但不难发现，这里的"人权"更多指的是犯罪人人权，而相比之下被害人人权的保护则处于相对弱势的地位。

（一）人权并非绝对不可剥夺

死刑废除论者强调，生命是神圣的，因而剥夺生命的死刑是极度邪恶的。一方面，作为人权的生命权为生而有之的自然权利，其不应当因任何世俗原因而丧失；另一方面，死刑违背社会契约，国家建立时人民并没有转让自身的基本人权。既然如此，即使是国家也没有资格剥夺任何人的生命。

然而在强调刑罚人道主义和人权的普遍性保护时，一个重要的事实却被忽略了。既然人权是普遍的，是人人生而有之的，那么人与人之间的基本人权即是平等的，因而对于人权的尊重应当建立在没有侵犯他人人权的前提之上。如果不树立起这样的观念，那么法益受到侵害的一方就会处于不利的境地，这一点在我国正当防卫领域尤为突出。因而，在保护犯罪人生命权的同时，更不能忽略对一般人权的保护，而后者尤其是指被害人。

然而现实却是相反的。当死刑废除论者强调人权不可剥夺时，却几乎完全忽略了被害人实际上已经被犯罪人剥夺人权的事实。如果此时仅仅因为被害人被侵害的事实已经成为"过去"，就可以无须考虑死者的人权而只需关注犯罪人人权，或者不再考虑这段过去而将犯罪人和被害人的人权仍视为重新考量的平等人权，那么法律对于被害人而言显然是不公平的。

另外，死刑剥夺了犯罪人的生命权，加以代替的终身监禁则实际是剥夺了犯罪人的自由权。作为人类最基本的两大人权，如果前者的合理性被怀疑，那么我们又是否有足够充分的理由接受后者？显然，现代刑罚的存在已经在一定程度上证明人权并非是绝对不可剥夺的权利，死刑存废的讨论也必须建立在这样的观念之上。

(二)被忽视的被害人

在法学界,尤其是刑事法学界,我们常听到的是关于“犯罪人人权”的讨论,如刑法学界以刑法的谦抑性、宽严相济的刑事政策的讨论为代表,刑事司法学界的讨论则包括非法证据排除、沉默权等。然而,关于“被害人人权”的声音却显得十分微弱,即使存在一些关注被害人保护的学术文章,但却影响甚微。这种差距甚至进而体现为犯罪人学已经成为一门独立的学科,而被害人学仍是一门不成熟的新兴学科。

这种差距是如何产生的? 一方面,这可归咎于对自由主义的误解使人权被提到至高无上的地位,以及“男性主义”的法律对女性被害缺乏足够的关怀。[①] 然而,更直接的原因在于,犯罪人在代表国家权力的刑罚面前是弱小的,而现代法治精神对于公共权力扩张的恐惧,使犯罪人人权提到一个更高地位以形成对公共权力的制衡成为一种必需。但另一方面,我们却忽视了被害人在犯罪人面前同样处于弱势地位,而常常将二者同等对待。

这种差距具体到我国国情就更加显著。相比保障人权,我国在传统上更加重视打击犯罪、维护秩序,缺乏对于犯罪人人权的保护的法律规定。在国际人权运动和现代法治精神的要求下,完善犯罪人人权保护的制度建设也就成为一项迫切任务。在这种环境下,我国对于被害人人权的保护自然无暇顾及。然而发达国家却开始兴起了一场被害人的权利运动(The Victims' Rights Movement),被害人地位经历了自治、衰弱的历史后开始变化。[②] 事实上,小说的原型事件正是发生于这样的大背景下,正是被害人一方在刑事司法中被忽视的现状引发了这场运动,最终也推动了日本被害人参与制度的建立。

同样,死刑废除论者并没有看到被害人的处境。他们往往更多关注的是犯罪人在刑罚面前的弱小与无助,如邱兴隆先生曾在接受采访时谈及自己在看守所中的经历,死刑犯平日里的友善与临刑前的恐惧之反差给其留下了深刻的印象。[③] 然而,被忽视的是已经被侵害的被害人一方,那些无辜地倒在犯罪人身后

---

① 朱桐辉:《刑事冲突解决的失衡与校正——被害人保护视角》,载《刑事法评论》2009年第1期。

② 刘军:《被害人参与量刑的理论与实践》,载《法学论坛》2009年第6期。

③ 王闻:《死刑存废之辩:人道主义还是杀人偿命?》,载《贵州政协报》2003年11月27日,第5版。

的被害人、那些因失去亲人而痛哭流涕的被害人家属难道就不值得同情吗？那些即使所幸存留了生命但却再也无法脱离痛苦的过去、过上正常人生活的被害人难道就不值得被可怜吗？

可见，在国际人权运动的潮流中被害人一方被忽视了。因此，死刑存废的讨论想要公正，不仅要关注犯罪人人权，可能更要关注死刑的被害人意义。

（三）死刑对于被害人一方的现实意义

“遗族并不光是为了复仇的感情，想要凶手被判处死刑。希望各位想象一下，当家人遭到杀害时，家属需要经历多少痛苦和烦恼，才能接受这个事实。……遗族之所以想要凶手被判死刑，是因为除此之外，找不到任何救赎的方法……”

“即使法院做出了死刑判决，对遗族来说，并不是获得胜利。遗族没有得到任何东西，只是结束了必要的步骤、完成了理所当然的手续而已。……或许有人说，既然这样，不判死刑也没关系。不，有关系。如果凶手继续活着，‘为什么他还活着？为什么他有活下去的权利？’这个疑问会一直侵蚀遗族的心。……俗话常说，‘杀人偿命’，但对遗族来说，凶手的死根本不是‘偿还’，只是走出伤痛这条漫漫长路上的某一站而已……但如果连这种为数不多的歇脚站也被夺走，遗族到底该怎么办？”①

经历了爱女死去的痛苦后的小夜子在思考死刑制度的过程中写下了上述文字，在她看来，当下的死刑废除运动是一种“以废除死刑为名义的暴力”。尽管上述文字不免带有情绪色彩，但不妨可以看作现实中被害人家属的心声。

从这段文字来看，对于被害人一方而言死刑并非只是简单的复仇，而更意味着一种自身的救赎，一种对于痛苦过去的自我防御，一种对死者的基本尊重。他们视犯罪人的死为一种理所当然，是因为犯罪人是一切痛苦的来源，活着的犯罪人于被害人一方而言是一种内心不公平的煎熬。可以说，死刑并不能给被害人一方带来根本性的救赎，但如果没有死刑，被害人一方将很难得到心灵上的完全恢复。

---

① ［日］东野圭吾：《虚无的十字架》，王蕴洁译，湖南文艺出版社2015年版，第114～115页。

废除死刑不应当仅仅是刑法学者们的事,还应当考虑被害人一方的感受,否则废除死刑将是牺牲刑法本该保护的人的利益的产物。未曾经历生离死别便无法理解被害人一方内心的真实感受,只有当学者们在关注如何保障犯罪人人权的同时,也愿意站在被害人一方的角度考虑死刑的意义,死刑存废的讨论才可能真正体现人道主义。

四、死刑的功用

死刑既无法改变被害人已经死亡的事实,也无法使被害人家属的伤痛痊愈;既无法真正使犯罪人从内心真正感到忏悔,其对于民众的预防犯罪功能又在不断适用中减弱。那么死刑的功用究竟是什么?

(一)死刑的威慑

死刑的功能受到死刑废除论者的普遍怀疑,在他们看来并不能证明死刑具有比终身监禁更强的威慑力,并且有大量的实证研究作为证明。他们从死刑的一般预防与个别预防两个角度论证,得出了一般预防上不能证明死刑的边际效益大于终身监禁,个别预防上死刑适用于不可能再犯者没有根据的结论。①

笔者对此不敢苟同。在一般预防方面,以平均每执行一起死刑可吓阻的犯罪数量衡量死刑对一般人的威慑功能,忽略了其他因素的影响,如刑罚的必然性,即警察的破案能力及司法惩治的有效性都将影响一般预防功能,但却难以被统计。犯罪人隐藏犯罪痕迹也并非完全意味着死刑威慑功能的失败,相反其正表明犯罪人恐惧死刑,且能说明刑罚的必然性同样具备威慑作用。

在个别预防方面,将对不可能再犯的死刑犯执行死刑和错杀视为等同是混淆概念,且不可能杀害同一个或同一类型的人并不意味着不可能再杀人。而不管死刑犯主观上有无再犯的动机,执行死刑都使其客观上无犯罪的可能。并且,监禁本身也并不能完全杜绝再犯,犯罪人在监狱中仍有可能犯罪,如杀人、殴打等,甚至越狱而再次对社会产生威胁,而死刑则无此顾虑。

更重要的是,这种论证仅仅是停留在技术层面的分析,而忽视了法律在人道层面的意义。预防作用的大小只是一个技术问题,但工具理性是为价值理性服

---

① 邱兴隆:《死刑的德性》,载《政治与法律》2002年第2期。

务的,因而不能以预防作用的大小来取代死刑的价值。[①] 废除死刑对于被害人一方是不人道的,死刑正体现了对于每个个体生命存在的普遍关怀的价值。这种普遍意义上对生命、对人权的关怀才最有可能实现被犯罪扰乱的法秩序的恢复,因为刑法在这里以剥夺一个生命的至高代价来彰显生命的至高地位,并以此维护保护生命和人权的秩序。

公众对于死刑的威慑并非盲目地崇拜。于一般人而言,死刑有着其他刑罚手段不可替代的威慑力,因其直接剥夺生命,而没有一个正常人会不珍惜自己的生命。现实中多少穷凶极恶的死刑犯在临刑前最终展现出自己的恐惧便是某种程度上的证明。尤其在我国当下的环境下,如果废除死刑,则难免会有存有“反正不会死”的投机心理的犯罪人存在。

(二)“以杀去杀”的现代解释

表面上看,死刑的功用在于杀死一个犯有严重罪行的人,事实上,死刑的真正功用不在于杀人,相反,而正是为了不杀人。这不仅体现为死刑预防潜在犯罪的功能和对被害人一方的人道主义关怀,也体现为死刑本身对犯罪人的教育。

死刑的意义在于让犯罪人能够真正意识到自己罪行的严重性,并深深为之忏悔。现代世界是启蒙运动以来倡导理性主义后逐渐构筑起来的,而理性主义的核心便是人并非工具,人是基于自身的独立思考做出判断的。犯罪行为同样如此,这也就决定了犯罪人必须对其所犯的罪行负责,这也是刑罚的基本逻辑。[②]

死刑同样离不开这一基本逻辑。然而笔者所见的是,许多犯罪人直至死刑宣判的时刻才真正开始反省。在即将剥夺自己生命的死刑面前,犯罪人才可能真正理解无辜的被害人和其家属失去亲人的痛苦,才可能理解生命的珍贵并诚恳地面对自己的罪行。但此时我们仍要将这个已经苏醒的灵魂杀死,这的确有些残忍,但犯罪人必须明白要为自身所为罪行负责。

死刑背后所蕴含的这一基本逻辑即是“以杀去杀”的现代解释,以死刑的威慑和犯罪人的真实忏悔树立起一个人必须为自己的罪行负责的观念,从而让包括犯罪人在内的每个人意识到每个生命的珍贵,最终达到普遍的人权保护的目

---

① 郭智勇:《也谈死刑的德性——与邱兴隆先生商榷》,载《学术论坛》2004 年第 2 期。

② 除去受胁迫、威胁等情况,这一说法应当是没有问题的。实际上,受胁迫、威胁的犯罪也是在实施犯罪者的理性思考下所做出的,只是这一理性决策中包含了强制的外在力量,因而此时刑罚要区别对待。

的。回到小说本身,杀害中原夫妇爱女的凶手在听到死刑判决后对审判长鞠躬,是否意味着灵魂中的一丝恐惧和忏悔?而仁科向纱织最后打来的电话或许意味着愿意一同接受刑罚的决定?死刑并非“虚无的十字架”!

五、结　　语

笔者认为,死刑存废的争论不仅仅是一个理论问题,更是一个现实问题。并非一方在法律逻辑上更加有说服力就意味着必须废除或者保留死刑,因为它还关乎现实中一个个鲜活的生命、痛哭的人们和死去的亡灵。死刑存废的讨论只有在具体的历史情境下讨论才有意义,也只有达到历史与逻辑相统一才具有真正的说服力。

的确,这场死刑存废之争充满了矛盾之处,国家权力容易被滥用,犯罪人人权常常被践踏,而被害人又显得如此无辜。如何在犯罪人人权与被害人人权这个“人权的两难困境”中做出选择,是整个人类法律的难题,引人深思。死刑存废涉及根本价值判断,基于以上分析,笔者对我国当下盛行的死刑废除论进行反思,并对前文的六个问题作出自己的回答:

第一,刑罚文明化并非一定意味着死刑的废除,所谓的死刑废除的世界潮流也需要客观看待,因其与一个国家的文化背景有着紧密联系。我国重整体秩序、轻人权保障的文化传统则使死刑的全面废除在较长时间里难以实现。

第二,同态复仇代表着基本的公平正义观,同时也是人性的一部分,而死刑恰恰切合了人性的需要。在现代等序报应的报应观下,次序的决定不应仅停留在技术层面,而应当在法益价值层面比较。另外,从现实的角度来看,死刑具有公力救济的属性,全面废除死刑后将不得不面对私刑泛滥的危险。

第三,以司法误判为由要求废除死刑并非“对症下药”,也难以经住同样剥夺犯罪人自由的监禁也难逃错误裁判的追问。死刑虽然断绝了犯罪人改过自新的机会,但我们实际也无法确信犯罪人是否已经真正忏悔。现实中犯罪也将作为一个社会问题长期存在,因而需要有足够严厉的刑罚对犯罪人加以惩治、防止其再犯,而终身监禁在当下特定社会环境下并不符合。

第四,法律与民意的割裂并非一定意味着民意就一定是落后的,民众心中有着基本的理性价值判断,而法律应当是民意的某种表达。在我国当下物质精神文明发展不平衡的国情下,在死刑存废问题上法律绝不能忽视民意。

第五,人权并非绝对不可剥夺,被害人实际上已经被犯罪人剥夺人权的事实不应当被忽略。在死刑存废问题上,死刑废除论者并没有看到被害人的处境,死刑对于被害人一方而言并非只是简单的复仇,而更意味着一种自身的救赎。

第六,死刑并非“虚无的十字架”,其背后所蕴含了一个人必须为自己的罪行负责的基本逻辑。死刑的真正功用不在于杀人,相反,死刑正是为了让犯罪人对自身的罪行真正的忏悔,从而以其威慑而不杀人。

最后,即使笔者不断为我国当下死刑存在甚至未来死刑部分保留的合理性提供理论和现实基础,但也必须承认,废除死刑是一个梦想,因为那意味着社会整体的高度文明,意味着恶性犯罪几乎完全的消灭。但不得不承认,这一梦想的实现在现在看来似乎还十分遥远。

当下的中国存在复杂而多样化的问题,民族矛盾、区域差异、资源紧张、各种历史遗留问题尚未解决……死刑存废问题应当结合我国目前的国情与民意更加具体、理性和客观地加以考量,而非单纯地呼喊“人权”的口号。笔者期待我国未来死刑存废的讨论能够有更加理性而全面的思考,能够更加愿意倾听被害人一方的声音,能够更加关注民意。

快递业个人信息泄露的现状与治理研究

——以关中、川渝地区为例

王昊天　王嘉懿等*

摘　要　个人信息泄露问题是当前快递行业存在的最尖锐问题之一，大量个人信息从快递运输过程的各个环节被人非法获取。近年来，因快递泄露个人信息而造成的恶性案件时有发生，造成了极恶劣的社会影响。在快递方面保护个人信息，普通群众力量有限、防不胜防，而国内通过立法创新、技术创新等一系列措施仍不能根除该问题，西方发达国家的很多做法值得我们借鉴。我们对重庆、成都、宝鸡、咸阳四个城市进行了实地调研，并且发放了近千份问卷收集了大量宝贵的第一手资料。最终，我们总结出了在相关法律及行规、管理、技术、宣传教育四个方面存在的问题，并通过思考得出了相应的解决办法。

关键词　快递　个人信息　法律　监管　技术

一、调 研 背 景

1950 年以来，快递业在北美、欧洲开始缓慢地发展。

---

* 王文迪、任丁、项子旋为本文的共同作者。作者均为西北政法大学民商法学院 2017 级本科生。感谢刘超老师的指导。

改革开放后，我国经济高速发展，快递业随之高速发展，2018 年我国快递物流指数①与 2017 年相比仍在上升，并且上升速度尤其迅猛，从图 1 可见。

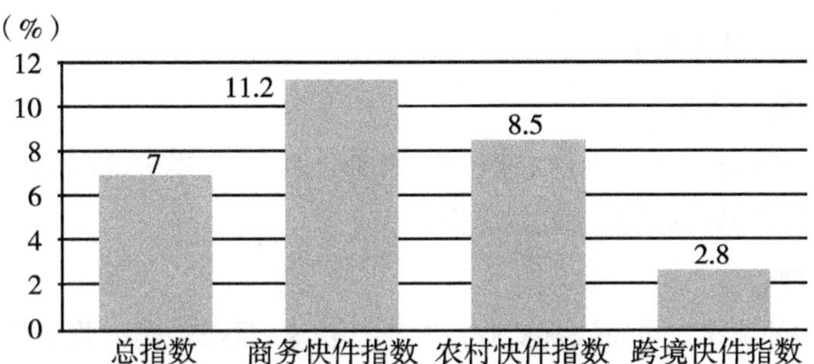

图 1　2018 年我国快递物流指数上升数据统计

日均业务量和 2018 年一季度对 GDP 贡献率达到了一个难以想象的高度②，3 月与前两个月相比更是成绩喜人。快递业个人信息泄露问题变得日益严重，是从快递实名制开始的。快递泄露的信息主要是收发快递的消费者的个人信息。毋庸置疑，寄快递时填写收件人的个人信息是必需的，但该信息有被泄露出去的可能。泄露的收件人信息主要有：收件人家庭详细地址、收件人的姓名、收件人的电话号码。而这三点是必不可少的，缺少任意一项的话，快递就有可能不被揽收或是被送错。个人信息泄露问题是当前快递行业存在的最突出问题之一，近年来因快递泄露个人信息而造成的恶性案件时有发生，造成了极恶劣的社会影响。

---

① 中国经济网：《3 月份中国快递物流指数_商务快件指数为 105.1%_物流指数有什么意义?》，载中研网：*http://www.chinairn.com/hyzx/20180408/092020560.shtml*，最后访问日期：2018 年 4 月 8 日。快递物流指数是综合地区经济发展状况、物流发展基础条件以及物流发展对环境的影响的系统性评价指标，是人们对物流行业发展进行综合诊断和物流行业管理的必要手段，是综合衡量一个地区物流业发展程度的重要指标。

② 中国新闻网：《中国日均快递业务量达到 1.3 亿件一季度快递业对 GDP 贡献率达 1%》，载央视新闻网：http://news.cctv.com/2018/04/12/ARTI6V7SA2Ox0Zge3EN2l8F5180412.shtml，最后访问日期：2018 年 4 月 12 日。快递业的年增长率远高于同年 GDP，中国日均快递业务量达到 1.3 亿件，2018 年一季度快递业对 GDP 贡献率 1%。

二、快递业个人信息泄露问题现状

(一)国内基本现状

1. 信息管理人员

所有收/寄件人的个人信息都会被快递公司汇总、集中,部分利欲熏心者有机会获取其中的数据并大批量将之兜售。

2. 代收站

代收站的工作人员每天都要收发数千件快递,且对包裹内物品的种类、价值有一定的了解。图2是我们调研的城市不同时段收件量:

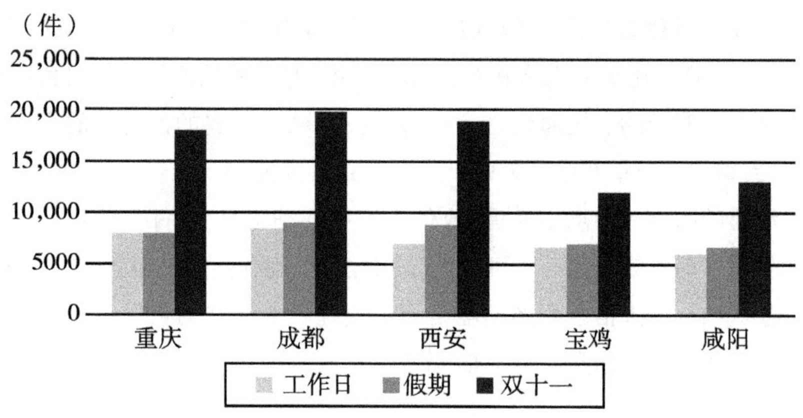

图2 关中、川渝五市核心快递代收站在不同时段收件量

据报道,有些工作人员将个人信息划分种类,以不同价位批量出售。如此海量的个人信息,为电话推销、诈骗者提供了极大的便利。

3. 快递员

快递员的情况与上述所提二者相似,亦可获取大量较准确的个人信息。但与之不同的是,快递员有机会了解收件人的家庭情况,掌握的信息更为详尽、具体。因与用户发生争执而骚扰、报复的事件更是不胜枚举。快递员演变成侵害者的现象,不得不令人慎重对待。

4. 收件人

收件人收到快件后,未加处理就随意丢弃,导致快件面单上的个人信息泄露,被不法分子利用。

5. 网络渠道

快递数据库的安全问题和一般 IT 系统的安全问题基本一样，存在遭黑客入侵的可能，需要使数据更加安全；网购平台由于在安全管理方面存在问题，甚至会将整单个人信息泄露出去，用户应在浏览网页时警惕钓鱼欺诈行为，可用“化名”等。

（二）国外基本现状

1. 以韩国快递行业为例：终端验证身份

在韩国，法律规定申请电话号码必须实名制，因此电话号码被作为识别寄/收快递的人的标准。韩国快递要求必须本人签收，在面对特殊信件时，快递人员都配备有移动设备，签收快递时，快递人员会要求验证当事人身份，并在终端签字确定，快递人员也都经过严格的培训，从而保证了快递信息的安全。

2. 以德国快递行业为例：源头加强管控

德国没有强制要求实名认证，其安全审查主要针对快件的源头而非运输的流程，具体来讲，快递公司能对快件进行检查与抽查，寄送快件，寄件人不可密封包裹，必须打开给工作人员检查无误后才可打包密封。

3. 以欧盟快递行业为例：严格法律保护

欧盟于 1995 年施行《关于个人信息处理保护及个人信息自由传输的指令》①。此法在欧盟属于对公民隐私保护的一件划时代意义事件，欧盟现在已有数十个国家参与并以此为立法参照，世界上许多国家目前也依照此法为蓝本进行立法。出于严苛的立法，在欧盟绝大多数国家无须担心快递隐私泄露的问题。包括很多国际快件也使用扫描码、二维码来遮挡关键信息，客户均到快递公司官网来查询邮件及短讯。

4. 以北美快递行业为例：完善的经营模式与生态

笔者认为，北美的做法成熟、完善，因此在这里将其与国内的情况列表比较，望能略有所获。（见表 1）

---

① 《多家快递企业推出“隐私面单”盘点他国包裹泄露隐私风险》，载央广网：http://china.cnr.cn/qqhygbw/20171030/t20171030_524005298.shtml，最后访问日期：2017 年 10 月 30 日。

表1　中国与北美部分快递业现状对比

序号	北美	中国
1	北美快递行业物流主要通过全封闭车辆或商务飞机运输,只有特别情况才会采取传统运输工具	我国快递行业物流也有采取全封闭车辆和商务飞机运输,但更主要是采用传统运输工具运输
2	北美快递行业从业人员流动性低,一般会设立固定的站点与职员,并且有着稳定的客户来源	我国快递行业人员流动性较低,固定站点与职员也相对固定
3	北美快递行业对用户信息的收集相对简单,部分快递可以隐藏必要信息	我国快递行业对用户信息收集较为简单,绝大多数快递必要信息未隐藏
4	北美快递行业快递分拣、集散中心数量有限但管理流程严格,拥有X光等先进检查设备	我国虽有先进的检查设备,但没有严格的管理流程程序
5	北美快递行业公司管理严密、层级分明,部分公司内部上下级之间、不同公司之间的关系甚至到了不近人情的地步	我国快递行业公司管理存在大量明显漏洞。管理松散、情大于法等现象层出不穷
6	北美对公民信息保护格外注重,这点单从法律角度就能体现。1974年12月31日,参议院和众议院决定实行《联邦隐私权法》。这部法律对公民信息保护作出了详细而严格的规定①	我国快递行业刚刚兴起,对快递行业的立法正逐渐完善
7	IT的系统安全性非常高。北美快递的用户信息都单独保存在美国的数据库中,想要在外部尝试连接都必须有VPN支持,必须使用token码。对基层职员来讲,他们往往没有太多的权限,所有信息都必须一次一次查阅,无法整体浏览或批量下载,也不可能被拷贝。其在国内的一些客户信息对外也是设置权限的,并且在系统中屏蔽了部分个人信息,由此可见他们对个人信息保密得很好。所有数据通过SSL加密传输,这些数据是不提供给第三方的,也极难被窃取	我国快递行业拥有很好的IT系统,但安全性不高,快递站点的职员有权限浏览或批量下载部分个人信息给第三方

① 解斐斐:《信息时代公民隐私权保护问题研究》,载《法制与社会》2013年第15期。“为某一目的而采集的公民个人信息,未经本人许可,不得用于其他目的”,“任何采集、保存、使用或传播个人信息的机构,必须保证该信息可靠用于既定目的,必须采取合理措施,预防个人信息被滥用”。

(三)国内外现状分析

快递业在我国已经兴起相当长的时间了,虽然在行业规则、运营模式和消费者权益保护等方面尚有诸多不够完善之处,但其主要问题基本都已暴露出来并得到了应有的重视和初步的解决。对于快递业的个人信息泄露问题,我国已经从立法、行业整顿、消费者自身提高防范意识等多方面采取措施,使情况得到了极大的好转,有力打击了猖獗的个人信息交易。

个人信息的安全问题长期作为我国快递业的最突出的问题之一,而现行的措施不外乎立法处罚、加强行业规范、运用科技手段隐藏和提高消费者自身的警惕性几种。不难看出,个人信息的相对隐蔽性和私密性注定了对此问题采取的措施均是防范而非疏解。但与此同时,因为快件安全和合法性的保障要求也在不断提高,在项目开始时,寄件并不需要身份证号,而在几个月后,全国各地均要求寄件人提供本人身份证号甚至出示身份证,这无疑使我们暴露在快递从业者面前的个人信息又多了很重要的一项。这提醒我们,在解决个人信息安全问题的同时,还要兼顾其他方面,不能以快件的安全和合法性、快递运送的效率、快递业产业收益等作为解决个人信息安全问题的祭品。综上可以看出,我们未来想要探索出的必将是权衡快递业各方面利益、防范不法分子窃取个人信息的解决方案。

从笔者收集到的资料来看,许多国家都已采取措施保护个人信息安全,只是诸多国家的偏重各异。韩国对行业规范较为严格,将防范措施集中于快递人员这一环节,再以提高快递人员的职业素质来防止个人信息的泄露。且不说此方法效果如何,仅以我国当前快递业从业人员的数量和素质来看,并不可效仿。德国没有强制要求实名制,与我国快递业当前的发展趋势不同,亦不足取。欧盟以严格的法律保护,这一做法应当是解决个人信息安全问题的上策,但这不是一朝一夕的事,且非我们团队所能达成之任务,故不多做思索,只期待国家能早日完善相关的法律法规。北美的快递行业发展明显走在了世界前沿,从历史上看,我国快递业自初即是在向欧美学习,我们当前所遇到的问题亦曾困扰他们,而现已得到了极大程度上的解决,可为我国提供宝贵的经验教训。对于第 1 条,我国目前条件不成熟,不是可取之策;第 2 条,很难想象在目前浮躁的市场经济环境下如何招收固定的职员;而后 5 条,是需要深入研究的、大有可为的方法,在立法、技术、管理上创新的可能性相对于前 2 条要大得多。无论是行业发展、科技应用还是法律健全,北美都已采取了切实有效的措施,应结合我国国情,加以改进。

三、关中、川渝地区实地调研与问卷调查结果及相应分析

(一)实地调研采访情况及其分析

1. 成都市

(1)时间:2018年8月末。

(2)调研采访情况。

我们用了5天的时间,对成都东站、四川大学、宽窄巷子、春熙路等区域的快递点进行了大量的走访调查、信息记录和分析汇总。在此次调研中,我们发现——今年2月《快递暂行条例》[①]颁布后,圆通、中通等大型快递公司对个人信息的保护较以往更重视,管理制度相对严格。一方面快递网点监控全覆盖使欲盗取信息的员工无从下手;另一方面责任追究和惩罚制度使其不敢下手,这两点在很大程度上阻止个人信息在快递点的泄露。但仍发现许多问题,如当前各大快递公司均要求寄件者出示身份证才可寄件,但实践操作中许多网点工作人员要求寄件者说出身份证号即可,这使公民信息被盗用产生了空间,因为快递网点工作人员并不能通过身份证号查看到身份证上的照片,故无法核实寄件人是否与其提供的身份证号一致,进而使冒用他人身份证寄发快递成为可能。同时,寄件者未提供身份证号码也能寄发快递的现象也很常见。

(3)情况分析。

实践中,对《快递暂行条例》第22条[②]所规定的查验登记寄件者信息的义务往往未能落实,同时往往未能拒绝为不提供身份信息、提供不真实身份信息的寄件人提供寄件服务。这暴露出快递服务主体自身的失职和有关部门的监管不力等问题。

快递服务主体如顺丰、圆通等皆为营利法人,其存在之根本目的在于盈利,

---

① 《快递暂行条例》中华人民共和国国务院令(第697号),自2018年5月1日起施行。

② 《快递暂行条例》第22条:寄件人交寄快件,应当如实提供以下事项:(一)寄件人姓名、地址、联系电话;(二)收件人姓名(名称)、地址、联系电话;(三)寄递物品的名称、性质、数量。除信件和已签订安全协议用户交寄的快件外,经营快递业务的企业收寄快件,应当对寄件人身份进行查验,并登记身份信息,但不得在快递运单上记录除姓名(名称)、地址、联系电话以外的用户身份信息。寄件人拒绝提供身份信息或者提供身份信息不实的,经营快递业务的企业不得收寄。

由于市场的自由使这些趋利避害的主体,往往选择企业自身经济利益,因此,当自身经济利益同其应承担的社会利益相冲突时,企业决策者迫于其股东大会的压力,往往不负社会责任,放弃社会利益,做出最有利于其自身经济利益的决策自然不足为奇。公司高层存在这样的价值观念,上行下效,基层网点又怎能不以经济利益为大,而放下社会利益。在如此大环境下,对于基层的"违法""违规"行为,快递业自身中层监督者又有何胆量说不?

根据我国《邮政法》相关规定,成都市邮政管理局负责监管当地的邮政市场①。我们从成都市邮政管理局官网的市场监管动态栏中了解到,2017 年 10 月 13 日成都市邮政管理局公开发布信息:"召开全市寄递渠道安全管理工作会"。该信息附文中提到"要加快推广'全国统一实名收寄信息系统'运用"。此外,监管动态中并未有自 2018 年 3 月 2 日《快递暂行条例》发布后有关检查快递公司落实实名制寄件情况的相关检查通知(截至 2019 年 2 月 20 日)。在执法信息公开栏目中,成都市邮政管理局就成都远旺物流有限公司未实行寄递客户身份、物品信息登记制度,未按规定办理变更手续下达了行政处罚决定书,罚款124,000 元。此外,未见其他快递公司因未实行寄递客户身份登记制度而受到处罚的信息(截至 2019 年 2 月 20 日)。不难看出,成都市邮政管理局对其辖区内快递网点就实名制登记制度落实情况的监管明显松懈。

2. 宝鸡市

(1)时间:2018 年 10 月 2 日。

(2)调研采访情况。

我们详细采访了宝鸡全峰快递公司信息技术部门的潘经理。他让我们了解了其所在快递公司对信息安全的态度和相关技术。云安防是信息化时代安全的表现,其结合了多线程、多线格运算、木马未知来源检测等先进理念,借助网格状大量 PC 端对网路中异常行为实时监控,检测网络中木马病毒、破坏程序的行为,传递至服务器端自动运算处理,再把恶意程序的破解方案传递到每一个端口。

而后,笔者抵达了宝鸡市消费者协会,请专业人员对保护自己的信息安全提出建议。消费者保护自己的个人信息应该做到以下几点:第一,在自己电脑、手

① 根据《邮政法》第 4 条第 1 项、第 2 项之规定,国务院邮政管理部门负责对全国的邮政普遍服务和邮政市场实施监督管理。省、自治区、直辖市邮政管理机构负责对本行政区域的邮政普遍服务和邮政市场实施监督管理。

机上安装并更新、使用杀毒软件。第二,从正规软件市场获得应用软件,因为非正常渠道获得的软件很可能会修改你的浏览器主页,不定期弹出广告窗口,甚至监视用户活动盗取用户信息、密码等,导致各种潜在风险。第三,网购时尽量不要填写过于精准的个人信息,以防被不法分子利用。第四,关注相片,相片里的Exif其实包含很准确的地理位置信息,包括高度、经纬等,通过特殊的软件完全可以准确定位的坐标。通过相片包含的高度信息以及角度等,就连所处楼层位置都可判断。因此,拍摄时未关闭手机GPS,事后未处理即公布照片,非常容易给有心之人创造机会,极易侵犯个人隐私权。

快递信息的保护是快递公司必须担当的责任。参考2018年5月8日《法制日报》上刊登的一篇文章,公安机关破获了一起用黑客技术手段侵入快递公司数据库盗取公民信息的违法行为,接近1亿条个人信息遭非法暴露。因为快递公司掌握的是最大最详细的个人信息,所以"黑客"入侵快递公司盗取公民信息,而造成的危害在广度上是各大快递信息交易平台无法相比的,在深度上是普通快递公司员工无法接触的。所以,网络安全技术是快递公司保护个人信息的一大难点。黑客攻击个人手机一次可能只有一个人的信息,但攻击一个快递平台,一次可以得到上亿条信息。因此快递公司应当提高加密算法,保证其数据库安全,防止黑客进攻、破坏和盗取用户信息。

3. 咸阳市

(1)时间:2018年10月4日。

(2)调研采访情况。

前往咸阳市渭城区长陵路的京东快递点,经过调查分析得出以下信息:

首先,驻店人员与普通快递员权限不同。驻店人员能看到完整的电话号码和姓名,因为他要处理整个区域的各种问题,所以公司授予其较高的权限。这点与配送员不同,虽然配送员也受公司的管理和培训,但是相对来说,公司对他们的权限有所限制,他们只能通过公司提供的特种设备,扫描快递码之后,通过该特种设备向收件者拨打电话,并且在这过程中,该特种设备隐藏了电话号码的中间四位。

其次,权限较高的驻店人员不太可能倒卖信息。因为店内外受京东联网监控,京东随时可调取任何一网点的监控,且公司内部存在严格的制度约束。因此,驻店人员不太可能倒卖信息。

(3)情况分析。

从权限分级的角度来看,京东很好地保证了收件人个人信息的安全。因为只有当京东特定设备扫描后,在不显示完整号码的情况下才能联系收件人。但京东数据库的安全还是存在极大的隐患。

如重庆市綦江区人民法院做出的(2017)渝0110刑初635号刑事判决书中认定的事实:不法分子利用"京东登录的编程源代码"改写成"FX"软件。运行"FX"软件后,导入公民的个人基本信息可盗取他人京东账户的账户名、登录密码、注册者姓名、绑定银行卡号、绑定手机号码、白条是否开通、身份证号码等信息,继而可直接出售上述信息,或者使用他人京东账户中具有赊购性质的"京东白条"功能,进入对应的网络平台"京东商城"购买商品。

不法分子不仅可以盗取客户在京东平台提交的所有重要信息,还可以将已经通过京东获得的手机号和密码,去撞库①支付宝、淘宝账户、QQ、各类邮箱等,一旦成功,后果不堪设想。因为大多用户喜欢使用统一的用户名密码,黑客恰恰总能抓住这些生活中看似没有危险的习惯。因此,权限分级能防止一个"点"上个人信息的泄露信息,若要真正在面上做到防护,还需要不懈地努力。

(二)问卷调查情况及其分析

我们的问卷线上线下共发出941份,回收937份。通过计算机技术分析与小组成员的归纳思考,在体量庞大的数据中发现了一些发人深省的问题。

问卷第1题是询问调查对象的职业,目的是以此体现出调研对象是否足够广泛。调查数据显示,我们的调查对象涉及学生、教师、公务员、事业单位职员、私企职员、无业人员等不同的行业领域,广泛性令人较为满意,也为调研结果的普遍性与真实性奠定了良好的基础。第2、6、7、11题题目各不相同,主旨为了解调查对象是否具有较强的个人信息保护意识。我们注意到,在这几题的答案里选择折中选项的平均占比50%,选择极端、完全肯定或否定的答案占比较小。第3、4、5、8题主旨为了解目前个人信息泄露对个人的危害程度及形式,表2至表5为此4题的具体情况:

Q3:您有收到的诈骗信息、电话是因为个人信息泄露吗?[单选题]

---

① 百度百科词条,载百度百科网撞库词条页:https://baike.baidu.com/item/撞库/16480882?fr=aladdin,最后访问日期:2019年2月20日。撞库是黑客通过收集互联网已泄露的用户和密码信息,生成对应的字典表,尝试批量登录其他网站后,得到一系列可以登录的用户。很多用户在不同网站使用的是相同的账号密码,因此黑客可以通过获取用户在A网站的账户从而尝试登录B网址,这就可以理解为撞库攻击。

表2　因个人信息泄露收到诈骗信息、电话

选项	小计	比例
经常	475	50.7%
偶尔	373	39.8%
从未	89	9.5%
本题有效填写人次	937	

Q4:您的快递被人在未经允许前提下翻动过吗?[单选题]

表3　未经允许前提下快递被人翻动过

选项	小计	比例
有过	145	15.5%
没有	247	26.3%
不知道	545	58.2%
本题有效填写人次	937	

Q5:您的个人信息有时候会因为快递的原因传到网上吗?[单选题]

表4　因快递的原因将个人信息传到网上

选项	小计	比例
有过	158	16.9%
没有	345	36.8%
不知道	434	46.3%
本题有效填写人次	937	

Q8:您是否因为信息泄露而造成过财产损失?[单选题]

表5　因信息泄露而造成过财产损失

选项	小计	比例
是的	67	7.2%
不是	870	92.8%
本题有效填写人次	937	

通过大家的答案我们可以看到,在第8题中只有7%左右的人选择了“是的”,而93%左右的人选择了“不是”。但在第3题中高达50%的人选择了“经常”。再结合第4、第5两题中选择“不知道”选项的人皆为大部分这一情况,我

们能发现三个有趣的现象:(1)目前快递业个人信息泄露情况较为严重;(2)大家对于快递业造成的个人信息泄露及其带来的问题似乎是"有选择性地"重视,除非直接涉及财产损失,否则不会对其引起高度关注;(3)快递业造成的个人信息泄露事件非人力所能防止。明显,(1)和(3)反映的问题是目前的国家立法、技术防范等一系列措施都无法有效地防止快递业造成的个人信息泄露,而(2)又反映了目前大部分民众对快递个人信息泄露持"无所谓"的态度,没有意识到看起来对经济、人身等影响皆较小的快递信息泄露事实上就是日后防不胜防的"精准犯罪"的导火索。目前解决快递业个人信息泄露问题的形势竟如此严峻,漏洞、危机似乎是无处不在。这不禁令人深思,就像大河水满即将溃堤,一味地"堵"真的奏效吗?我们是不是应该换角度思考,当然不一定必须采用"疏"的办法,但除单纯地防止、打击外再加上其他的方法是否会更为有效呢?最后是两道简答题,一是"在网购或寄收快递时,您认为有哪些可以注意的方面?";二是"请您对快递个人信息泄露的情形及预防、救济发表看法"。不出所料,这两题中大部分为无效信息或与国内现行解决措施相重合,但也有少数人提出了建设性意见,如"邮寄快递时,可以通过扫描地址信息录入系统,确认无误后便只能生成一个二维码,快递单号上不再有详细的个人信息,快递员需通过专业的软件扫描二维码才能联系到收件人。"但明显这种方法亦非万全之策,在当今的技术条件下,所谓的"专业软件"也是可以被破解甚至复制的……如此答题情况,一方面,体现了当今人们有的防范意识强、方法多,有的则对此一无所知。另一方面,反映出普通群众力量有限,必须靠专业化人才群策群力去攻坚克难。如上文所说,我们解决问题的思维方式亦应转变。

四、问题总结及相应解决措施

问题(一):国内相关规定不完善,不够细致且处罚力度弱,使犯罪分子有隙可乘且违法成本低。

解决措施:

1. 完善国内立法与提高不法分子违法成本

我国的经济体制是社会主义市场经济,而市场素来具有自发性、盲目性,一旦市场某方面有了需求,市场中的主体很快会为需求而生产出相应产品,以谋求最大化的经济利益。在市场机制运作中,如不加"有形的手"的调控,往往能催生和助长违法交易现象的发生。而正是因为企图利用公民个人信息牟利的商家在市场上展露出这一需求,因而出现了众多“利字当头”的违法分子,不断盗取并出卖给需求一方。

因此,控制市场,才是终局性控制快递信息泄露的办法。

要控制快递信息泄露,先要了解,商家获取快递信息牟利空间巨大,其成本低在何处。一方面,由于4G等网络技术的发展,获取快递信息只需要网络文件上的传输,如我们日常生活中给朋友用微信发照片一样便利。另一方面,当快递方面的个人信息被获取,使用起来极其方便,因为身份证号、姓名、电话等都是整理好的,使用时只需要复制粘贴等,甚至通过编制的程序,即可完成提取并利用快递信息。

犯罪成本低的第二原因是我国相关侵犯公民个人信息罪刑罚力度较轻。尽管我国刑法及其修正案将侵犯公民个人信息罪的法定最高刑定为7年,但事实上,对于利用个人信息从事商业宣传牟利的商家负责人,判刑过轻。深圳市中级人民法院审理过一案,该案件中黄某系某网店店主,向中间人李某某购买公民个人信息100万条,用于发送信息宣传其网店,深圳市中级人民法院认为“黄某犯罪情节较轻……依法对其适用缓刑,判处有期徒刑八个月,缓刑一年六个月,并处罚金人民币五千元①”。缓刑,简单来说,1年6个月内没有犯新罪,缓刑期满,原判刑罚则不再执行,所以这对商家非法使用个人信息在刑罚上几乎等于简单的经济处罚,且罚金仅有5000元人民币,如此轻的犯罪成本怎能震慑商家购买个人信息以求牟利?据近5年侵犯公民个人罪的生效判决文书,判处拘役刑罚平均为4.9个月,判处有期徒刑刑罚平均为22.1月。大多集中在半年至一年②。由此可见,我们刑罚的惩戒力度,相比于该项违法活动可获得的利润,实则过低。

可见,利用快递信息牟利的低成本,侵犯公民个人信息罪的低处罚,令非法使用快递信息牟利者有巨大盈利空间以及较轻的犯罪成本。因此,欲控制市场不良需求,一方面应加大刑罚处罚力度;另一方面要加强宏观调控。辅之以宣扬正确个人信息观念,在社会上形成尊重个人信息的风气,潜移默化中铲除购买快递个人信息以牟利的土壤。

---

① 深圳市中级人民法院(2016)粤03刑终2515号刑事判决书。

② 杨杰:《侵犯公民个人信息犯罪的现状》,载《法制博览》2018年第35期。

2. 完善国内相关行业规则与提高不法分子违法成本

除个别的极其恶劣的刑事案件外,大部分被泄露的个人信息被用于发送推销、诈骗等垃圾短信和骚扰电话。对于这个情况,笔者经过思考,提出了一个新想法——如果能从某一环节入手,斩断这条黑色利益链,是不是能打击窃取个人信息的积极性呢?

早在数年以前,手机号就已完成身份认证,每个手机号都有其对应的人的身份信息。如果能管控住手机号的来源,是否就可以削弱不法分子发送垃圾短信和拨打骚扰电话的能力呢?那么,怎么才能管控住呢?

笔者认为,通讯运营商应增加投诉渠道,当我们收到垃圾短信和骚扰电话时,我们可以将其举报,当某一手机号被投诉达到一定次数后,就会被销号。不法分子在获取大量个人信息后,势必要发送大量的垃圾短信和拨打骚扰电话,那么他们需要的手机号数量也就大大增多了。但私下买卖他人废弃手机号的地下交易也已存在多年,仅仅增多他们需要的手机号数量恐怕并不会使他们的犯罪成本增加多少,事实上效果是不太好的。所以,我们同时要打击私下贩卖手机号的行为,使之失去手机号的来源。对此,笔者认为,因被举报而销号,那么号主应在一定时间内不能申请新号,从而打击社会上随意出卖自己弃用的手机号的行为。此时,这个方法尚有一个漏洞——如果有人申请了大量手机号,并同时用于发送垃圾短信和拨打骚扰电话,该怎么加以限制呢?为解决这个漏洞,笔者建议,上述的举报机制,不应只针对手机号,更应上溯到号主。当某人办的所有手机号收到的投诉次数总计达到一定数量后,即对其所有的手机号均予以销号。这种做法使手机号与号主的联系更加密切,同时进一步削弱了其出卖手机号的积极性。

方法已经提出,但在实施上仍有一个难题,那就是大多数人在收到垃圾短信和骚扰电话时,虽然厌恶,但却并不十分在意,如果投诉渠道不够便利,人们会怠于采取这个方式打击不法分子。所以,投诉渠道必须是在收到垃圾短信和骚扰电话后,立刻就能采取且十分易于采取的,只有这样,才能让人们不对骚扰者持容忍和放任态度,积极地使用这一渠道打击不法分子。当前各式各样的免打扰APP在防打扰方面采用的拉黑方式就足够便捷,但因APP种类繁多,且良莠不齐,让他们与通信运营商合作完成这一渠道的建设相对困难。但是各通信运营商都有自己的"掌上营业厅"APP,如果能在这个APP上构建这个投诉渠道,当是上策。在这个APP上直接将近期本号收到的骚扰电话和垃圾短信批量举报,消除了各平台间信息交换的问题,对于用户们也是十分的方便。

以上便是笔者的方案设想。如能得到进一步改进并投入实施,相信对保护快递业个人信息乃至打击电信犯罪都会有所裨益。

问题(二):国内各类快递公司、中转站、代收点繁多,管理标准不统一、难度大,存在灰色地带,给了倒卖、利用个人信息的不法分子可乘之机。

解决措施:减少数量、加强管理、投入设备

1. 减少数量。具体来讲,我们可以借鉴前文所提到的北美快递行业做法,减少国内快递中转站、代收点。冗杂的站点其实并不利于效率提高,反而在安全问题上存有隐患,并且在国内开设中转站、代收点的门槛并不高,工作人员素质也参差不齐,这事实上对于不法分子而言是一个极大的漏洞。所以,少而精,建立大型片区性的快递流转、收发中心,将流程、服务一体化,配置资深的运营管理者,提高设站准入门槛及信用监管体系将是一个不错的选择。

2. 加强管理。对员工的职业发展阶段提供一系列有针对性的培训,包括专业技能、软性技能、内外沟通、企业文化等,将个人与企业、服务与利润连接起来,让员工从心底认可自己的职业。对员工权责明确划分,在应有范围内给予最大支持,危险红区则严格管控,涉及隐私信息时企业也不应使员工直接获取,对信息全流程监控,从获取存储再到保护销毁,确保信息无缝对接,成立专门的安全技术团队应对,对重点区域客户也要有专门的团队负责。

3. 投入设备。精细化管理带来的效率及利润提高可用于采购先进技术设备,如先进的企业信息安全监测软件、X光检验设备、仓储物流机器人、通信卫星等。毕竟,在精细化与稳定性方面,机器比人要优越一些。

问题(三):安全保护技术存在漏洞。

解决措施:

1. 利用二维码与手机APP切断不法分子信息来源。我们可以采取一种比较直接的思路——既然会有人通过寄/收快递的各个环节来盗取个人信息,那么我们就需要一种让人在任何环节都无法获取有效个人信息的方法。例如,取消在快递包装上贴个人信息的做法,取而代之的是两个二维码,两个二维码皆由客户在手机上利用设计好的APP,输入个人信息生成,然后发送给客服/工作人员,让客服贴在包装上。第一个二维码由快递公司扫,扫出来的信息只有具体地址,快递公司根据这个送货,同时贴上第三个含有快递单号的二维码;送到后由快递代收站工作人员先扫第三个二维码,再扫第二个二维码。如此,客户端的APP就能接收到快递单号、代收站名称和位置,最后客户根据以上信息去代收站取件,在此过程中快递代收站工作人员除了快递单号,其他任何信息都不知道。这种方法使个人信息极难被人非法利用,与原来的方法相比复杂度也并未提高多少,较易于推广。

2. 可以借鉴北美快递行业与外卖行业做法,并配套专用设备增强信息安全保障。如若由于技术或其他条件的限制暂时不能使用二维码识别快递业个人信息的方法,我们可以借鉴北美快递行业的保护措施——对基层职员来讲,他们往往没有太多的权限,所有信息都必须一次一次查阅,无法整体浏览或批量下载,也不可能被拷贝,这样就避免了个人信息被基层快递员或快递站点批量倒卖的问题。不但如此,所有数据通过 SSL 加密传输,这些数据是不提供给第三方的,也极难被窃取。但我国的快递行业物流主要通过全封闭车辆或商务飞机运输,但在最后送给消费者的时候,会采取传统运输工具,快递行业从业人员在一定区域范围内流动性低,一般会设立固定的站点与职员,客户来源也相对稳定,对用户信息的收集相对简单,故而隐藏部分快递必要信息显得尤为重要。采取隐藏快递单上个人信息的做法,是一种有效的保护方法。那么我们可借鉴外卖行业中的关于个人信息的保护措施,如图 3 所示。(快递单上由于个人信息毫无遮掩,收/寄件人的姓名、手机号码、地址一览无遗,不太适合放在这里与外卖单进行对比,故只是展示外卖单,让读者对本方法有一个直观的了解。)

图 3 外卖单

将快递单上面的用户电话,用户姓名等只显示开头,如“180”,剩余部分打码,即用“#”等符号代替。并且只能在快递员专用通信设备上显示,从而规避了快递平台和快递员泄露信息的问题,做到最基本层次上的保护。如此,快递单即可随意丢弃而不需小心翼翼地做一番处理,怕快递单上的姓名、电话、地址及包裹内物品等私人信息会被某些不法分子利用,轻则造成财产损失,重则可能危害生命安全。这样规定,也方便直接查明在商家的哪一环节出现信息泄露问题。还需要采取的配套措施是,快递员只能用专用设备与消费者联系,在将快递送予消费者之后,在一定时间内,若无问题或在消费者成功收货后,就本单快递,不能再次与消费者联系。

问题(四):教育存在不足,公民个人综合素质不足,国家机关与企业工作人员存在以权谋私等不端行为,群众自我保护意识弱。

解决措施:加强教育与宣传;因材施教,兼顾教育资源分配效率与公平。

从前文中可以看出,我国快递业个人信息泄露防不胜防,正面阻止犯罪极为困难。正所谓"破山中贼易,破心中贼难",这一切的一切,都是人们心中赤裸裸的贪欲作祟,当然也是由于人们薄弱的自我保护意识和落后的自我保护方法给犯罪分子以可乘之机;而要从根本上解决快递业个人信息泄露问题,只有加强宣传教育。在教育方面,目前在全国范围内对个人信息安全方面的教育比较匮乏;在清廉自律方面的教育虽不匮乏,但其主要针对已参加工作的人,而已参加工作的人三观早已形成,此时的教育很难从根本上影响他们。相应地,民众素质也参差不齐——有人严守心中的底线,坚决保护人民群众的个人信息;有人心思缜密,令犯罪分子如不用技术手段则极难获取他们的个人信息;有人则利令智昏,不计后果地大批量出卖公民个人信息,只是为了金钱;更有目光短浅、知识贫瘠之人对个人信息的重要性一无所知,丝毫不作防范,任由他人盗取。因此,要通过教育解决问题,首先要"从娃娃抓起",让清正廉洁的信念从小就在人们的心中生根发芽,同时也让人们从小就懂得保护自己的个人信息。并且发展教育不应"一刀切",因为在情况不同的人的身上投入相同的教育资源的话,明显会导致资源的浪费。因此建议相关部门做一个基本的问卷调查后,对不同的人投入不同的教育资源,对思想较危险、自我保护意识较薄弱的人群进行强度较高的集中教育,做到因材施教,提高资源分配的效率,同时也不失公平。至于宣传,党的十九大后倡导人们清廉自律、洁身自好的宣传力度又迈上了一个新的台阶,只需要对保护个人信息的重要性及方法,利用各种媒体进行广泛地宣传即可。通过反复、高强度地宣传教育,使清廉自律的思想与保护个人信息的意识深深根植于内心,是根除快递业个人信息泄露问题的根本途径。

五、结　语

我们从确定课题之初至今，经过了近一年的时间，完成了收集资料、实地调研、分析研究等工作，发现了当前快递业关于个人信息保护问题的诸多漏洞，针对国内相关规定、快递业发展现状、安全保护技术、国民思想教育等方面提出了解决措施。以上的解决之策虽未必可直接应用于实践，但如可为真正解决此问题提供思路，能为此尽一份绵薄之力，便已是达到了我们的初衷。愿在不远的将来，诸位皆能免受快递业个人信息泄露之扰。

国际视阈下的法经济学最新发展的知识图谱分析

——基于 WoS 数据库(1990～2017 年)数据的科学计量

蚁东烁*

摘　要　借助 CiteSpace 可视化工具，选出 Web of Science(WoS)数据库中 1990～2017 年关于法经济学的 3334 篇英文文献分析发现：在近 30 年的法经济学研究过程中，国外法经济学经历了两个阶段：较为单一研究阶段(1990～2000 年)和多元化研究阶段(2001 年至今)；在研究内容上，涉及法学、经济学等学科，多采用市场、模型等范式，侧重研究契约、制度等内容。此外，美国、欧洲是世界上法经济学的研究重镇，研究成果丰富，大多数文献构成本学科的学科基础。最后，笔者对国际视阈下的法经济学的发展趋势进行预测，未来的法经济学研究将更加注重具体问题的研究，不断增强法经济学的实践应用性及更加注重法经济学中的法学研究。

关键词　法经济学　CiteSpace　知识图谱

一、引　言

法经济学，又称法与经济学，是 20 世纪 70 年代以后

* 华南理工大学法学院 2017 级硕士研究生。

国际经济学界也是法学界发展最快的，是从法与经济学交叉的视角研究社会的重要学科之一。① 随着全球法经济学家的研究的进一步深入，有关法经济学的文献日益增加，同时，随着互联网时代的到来，数以万计的法经济学文献被上传到各个数据库中。在科学研究中，从海量的文献数据中了解到最感兴趣的主题及其科学文献，找到其中最为重要、关键的有效信息，弄清其过去与现在的发展历程，识别最活跃的研究前沿和发展趋势，无疑是学者们最关注的话题。

信息可视化软件 CiteSpace，就是可以解决上述一系列难题的一种工具与技术，其突出特征就在于把一个文献数据，以一种多元、分时、动态的引文分析可视化语言，通过巧妙的空间布局，将该领域的演进历程集中在一幅引文网络的知识图谱上，并把图谱上作为知识基础的引文节点文献和共引聚类所表征的研究前沿自动标识出来，显示出图谱本身的可解读性。通过使用 CiteSpace 软件对法经济学文献进行分析，得出法经济学知识图谱，对其进行可视化研究，了解法经济学的最新发展趋势。

在大数据时代，法经济学领域涌现出许多文献，每篇文献作为施引文献，会对好的文献进行引用，一篇文献一般而言会援引 20 篇左右的文献作为参考文献，如此算来，面对如此庞大的文献量，怎样才能快速地找到有价值的文献？这是一个令人困扰的难题。通过 CiteSpace 软件，对法经济学的文献进行分析，抽取最有价值的文献，并进行研究，极大地缩短搜索时间，提高了研究效率。

二、CiteSpace 科学计量法经济学文献数据步骤

（一）数据来源与数据描述

本文的数据来源于 Thomson Rcuters 公司的 Web of Science（WoS）数据库中的核心合集数据库，该数据库收录了全世界重要期刊论文和会议论文，内容覆盖了工程技术、社会科学、自然科学以及人文与艺术等各个领域，被广泛应用于政策制定、科研评价。基于上文对“法经济学”这一概念的称呼和定义，笔者于 2018 年 3 月 2 日使用 Topic =（“law and economics”or“Legal Economics” or “Jurisprudence of

① 过去，有人望文生义地称其为“法和经济学”“法与经济学”，现在应予以澄清。虽然英文多用 Law&Economics，但绝不是两个学科的简单相加。同时也存在很多的称呼，如 Legal Economics、Jurisprudence of Economic Analysis、Economic Analysis of law、Economic Jurisprudence 等。笔者在此文中将使用“法经济学”这一称呼。

Economic Analysis"),精简策略选取为 Document Types = (ARTICLE),Time span = 1990 - 2017,Databases = SSCI 的条件进行检索。通过以上策略检索,共得到 3334 篇文献(见图 1)。

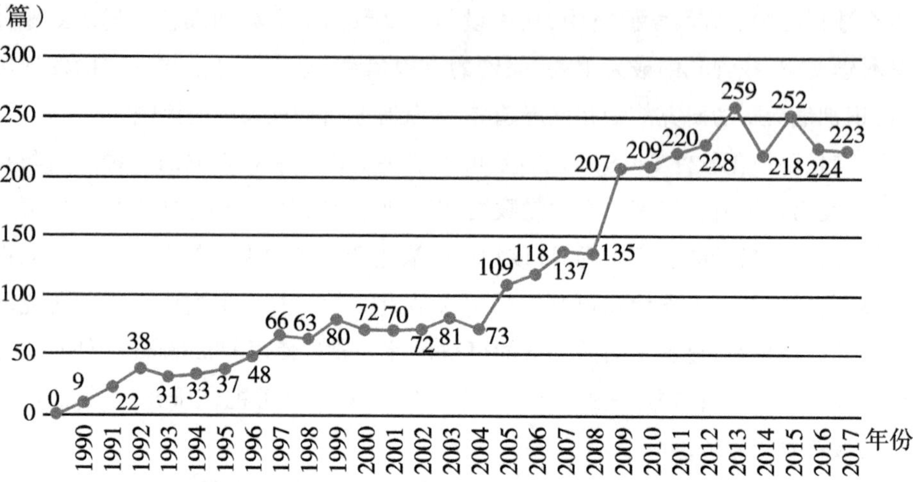

图 1　WoS 核心数据库法经济学英文文献发文量统计

(二)计量原理和方法描述

CiteSpace 软件能够直观地展示每个节点在知识网络中的位置和大小,通过不同功能的选择,分析相关领域研究文献的来源地区、研究学者、研究热点及其演变情况。CiteSpace 可视化工具的图谱由蓝色到红色代表时间的推进,每个节点的大小表示其出现的频率,节点之间的连线表明两者存在共引和共现关系;外圈被标注为紫红色表示该节点具有较大的中心度;使用突现功能(Citation/Frequency Burst)后,部分圈层变成红色的节点即为突现词,表明相应的研究内容在短时间突然增多或减少,这在一定程度上代表了研究方向的转变。

在图谱分析中主要用到共词分析、共被引分析两种方法:

共词分析的基本原理是对一组词两两统计他们在同一组文献中出现的次数,通过这种共现次数来测度他们之间的亲疏关系。① 共被引分析是指两篇文献共同

① 李杰、陈超美:《CiteSpace:科技文本挖掘及可视化》,首都经济贸易大学出版社 2016 年版,第 195 页。

出现在第三篇施引文献的参考文献目录中,则这两篇文献形成共被引关系。①

科学合作就是研究学者为产生新的科学知识这一共同目的而在一起工作。本文所提到的科学合作是指在一篇论文中同时出现不同的作者、机构或者国家/地区,那么我们就认为存在合作关系。

三、结果分析

(一)研究文献关键词分析

由于 CiteSpace 所调用的关键词(Keywords)、题名(Titles)、摘要(Abstracts)、标识符(Identifier)和描述符(Descriptor)可以用于表征该文献的内容;关键词是作者对于文章内容的概括和精练,能够反映文献的核心内容,因此分析某个学术领域关键词的聚合,可以揭示其内容总体特征以及研究内容之间的内在联系等,并窥斑见豹摸清该领域学术研究的发展脉络和发展方向。利用已采集的 WoS 文献数据库的关键词,来确定法经济学的研究热点。

1. 研究领域活力分析

在 CiteSpace 关键词共现分析时,对关键词的提取是其首次出现的年份。因此,分析各年份共现关键词数量的变化不仅可以判断研究领域扩展的丰富程度,还认为可以判断该领域内容的更新速度和学科研究活力。②

将上述数据源输入 CiteSpace 软件中,时间分割为 2 年,网络节点为关键词(Keywords),合并重复词汇后,通过提取 1990 ~ 2017 年国际上法经济学研究文献的关键词,共得 216 个,并根据各年份共现词数量分布制成图 2 和图 3。可见,2005 年之前,关于法经济学研究的新的关键词出现次数较多,在前三个阶段中,法经济学研究的关键词词汇量狂增,分别于 1992 年、2000 年和 2003 年出现三个高峰值。丰富的关键词数量充分说明了该领域研究充满活力,研究内容开始多样化,economics(经济)、law(法律)、policy(政策)、cost(费用)、competition(竞争)、模型(model)等问题开始受到关注,2006 年又出现了一个小型的高峰值,说明法经济学经过十多年的发展再次得到学者的关注。2000 年后,在文献快速增

① 李杰、陈超美:《CiteSpace:科技文本挖掘及可视化》,首都经济贸易大学出版社 2016 年版,第 143 页。

② 余构雄、戴光全:《期刊视角的中国旅游空间生产研究述评——从空间生产研究知识体系谈起》,载《热带地理》2018 年第 1 期。

加的同时,研究内容也相应发生了变化。2008年后,国际视阈下的法经济学研究在文献资料上和研究内容上表现出相对平稳的发展态势。这种趋势充分反映了学者对法经济学领域研究从开始的集体狂热再到逐步稳定,理性发展的态势。同时,法经济学的研究话题较为集中,关键词之间的关系较为紧密。其中,中心度较高的词汇有:economics(经济)、law(法律)、policy(政策)、cost(费用)、competition(竞争)、模型(model)等(见图3)。

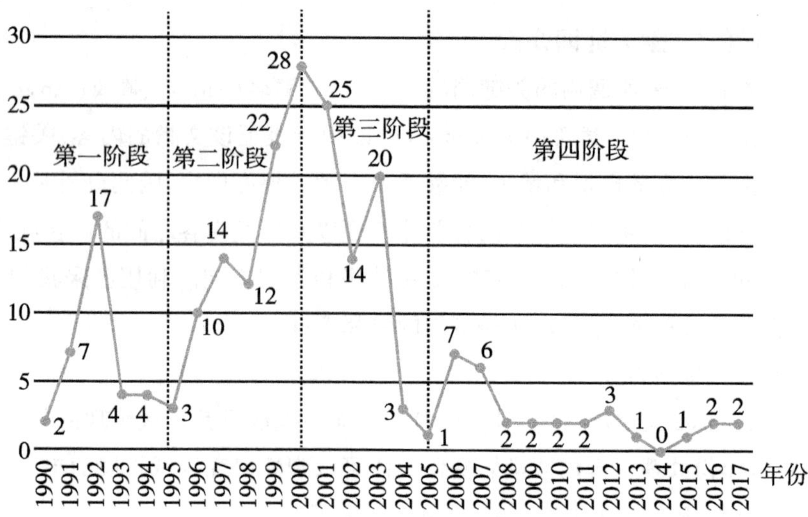

图2 1990~2017年国际法经济学研究文献关键词类别数量

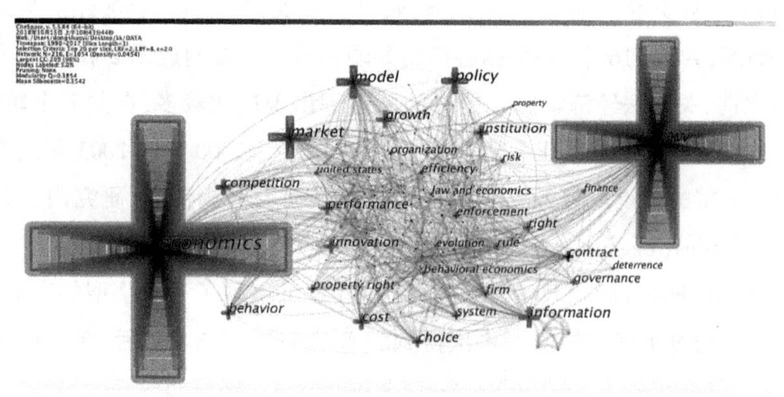

图3 法经济学研究关键词共现关系

根据表1,剔除常见的economics(经济,1038次)和law(法律,829次)这两个关键词，高频次关键词主要集中在 market（市场）、model（模型）、policy（政策）、information（信息）、cost（成本）、growth（增长）、innovation（改革）、choice（选择）等，也重点关注 behavior（行为）、performance（执行）、system（系统）。可见，近 30 年来法经济学的研究热点主要集中在以下几方面：economics（经济）、law（法律）等学科类；market（市场）、model（模型）等法经济学基本范式；behavior（行为）、performance（执行）、system（系统）、institution（制度）等研究侧重点。

表 1　法经济学研究热点统计（频次 Top20）

序号	频次	年份	中心性	突破性	关键词
1	1038	1990	0.4	—	economics
2	829	1991	0.21	—	law
3	205	1992	0.18	—	market
4	148	1997	0.20	—	model
5	137	1998	0.11	—	policy
6	132	1991	0.14	—	information
7	97	1991	0.09	—	cost
8	84	1999	0.03	7.40	growth
9	83	1999	0.03	5.63	institution
10	82	1992	0.10	5.47	choice
11	77	2000	0.05	12.56	competition
12	75	2000	0.01	3.48	innovation
13	75	1996	0.06	—	behavior
14	75	1998	0.03	—	performance
15	70	1993	0.14	12.42	contract
16	64	1992	0.05	—	right
17	59	2000	0.04	4.92	system

2. 阶段性前沿研究领域分析

关键词突现度可以反映一段时间内影响力较大的研究领域。在法经济学文献关键词分析中得出 30 个突现词（如图 4 所示），其中，突现度排在前十位的分别是：contract（契约）、enforcement（强制）、dynamics（动力）、crime（犯罪）、liability（责任）、intellectual property（知识产权）、price（价格）、institution（机构）、choice

(选择)、legal(法律)。从时间序列上看,2000 年之前的突现词是 price(价格)、choice(选择)、legal(法律)、common law(普通法)和 contract(契约)、preference(优惠)等;2000 年之后的突现词是 scaling behavior(缩放行为)、company growth(公司增值)、trust(信用)、intellectual property(知识产权)、cooperation(合作)、trade(趋势)、incentive(激励)、employment(雇佣)、fluctuation(起伏)、dynamics(动力)、corporate governance(公司治理)等。从这些关键词的突现度和突现节点看,在法经济学研究上有一个明显的转变,以 2000 年为分割点,2000 年以前法经济学学者进行的大多是基础性、宏观性研究,多是对法经济学基础理论,或是对法理学的研究,而 2000 年之后,法经济学学者研究领域开始细化至部门法,进行更为具体的研究。从突现词影响的周期来看,price(价格)、legal(法律)、contract(契约)、common law(普通法)、protection(保护)、trade(趋势)、preference(优惠)等影响周期长。虽然关注的具体问题跳跃性较强,但价格和法律一直贯穿始终,且价格周期为 15 年,法律和契约周期为 10 年。

Keywords	Strength	Begin	End	1990~2017
price	5.9046	1992	2007	
choice	5.467	1992	1995	
legal	5.4478	1992	2002	
common law	3.5214	1992	2001	
contract	12.42	1993	2003	
preference	5.0494	1997	2003	
social norm	3.7023	1998	2000	
firm	3.4329	1998	2000	
ethics	3.5293	1998	2001	
norm	3.7707	2000	2004	
protection	3.6496	2000	2009	
scaling behavior	3.4336	2001	2004	
company growth	4.0604	2001	2007	
trust	4.209	2002	2004	
intellectual property	6.5664	2002	2008	
cooperation	5.3244	2003	2008	
trade	4.0394	2003	2010	
incentive	5.1006	2003	2007	
liability	6.7277	2004	2009	
investment	3.9381	2004	2006	
employment	3.6965	2004	2009	
uncertainty	3.4264	2005	2011	
fluctuation	5.1744	2006	2009	
dynamics	7.5723	2006	2008	
corporate governance	4.2089	2007	2008	
system	4.9198	2007	2009	
enforcement	8.8934	2007	2011	
deterrence	5.3096	2008	2011	
institution	5.6265	2008	2010	
crime	6.9034	2008	2010	

图 4　被引用次数最多的 30 个关键词

3. 研究主题演变和阶段划分

研究热点是在一定时间内,有内在联系的,数量较多的一组论文所探讨的科学问题或专题。① 关键词作为论文主题的高度概括,它出现的频率和关联程度可以揭示某领域研究的热点和内在联系。② 通过软件的词频分析、词汇突现性等功能判断一定时段内的研究热点,并根据时序变化分析研究主题演变,能够直观地反映不同时间阶段某一领域的研究前沿及其衍生关系,进而对未来的发展方向作出合理的预测。通过对法经济学研究文献关键词共现分析生成 Timezone 图谱(如图 5 所示)。

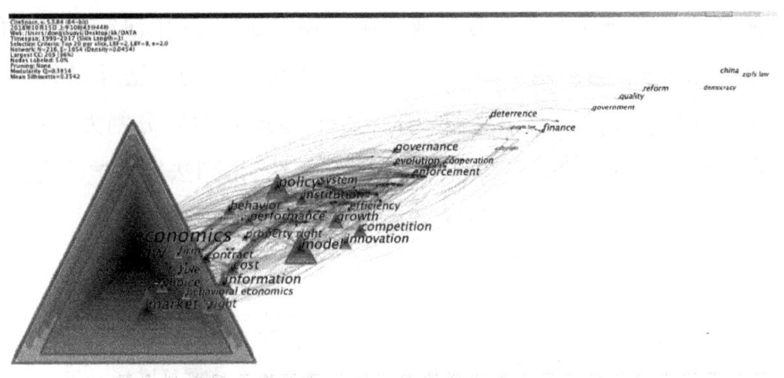

图 5　法经济学研究关键词时区演化

将相同时间内的节点集合在相同的时区内,时间按从远到近的顺序排列,聚类分析得到网络模块化(Modularity)的评价指标③ Q = 0.4369,网络同质性平均值④ Mean Silhouette = 0.4148,说明图谱网络聚类较好,同质性较高,聚类结果合理。总体来看,大多数法经济学的研究热点都于 1990 年至 2000 年提出,如经济(economics)、法律(law)、竞争(competition)等,且在这一段时间里,学者们的视野较为单一,主要集中在经济、法学这两大领域,同时经济、法律尚未很好地结合起来,研究多为基础理论的研究。2000 年后,学者们的关注点更加多元化,不仅

---

① 李琬、孙斌栋:《西方经济地理学的知识结构与研究热点——基于 CiteSpace 的图谱量化研究》,载《经济地理》2014 年第 4 期。

② 余构雄、戴光全:《期刊视角的中国旅游空间生产研究述评——从空间生产研究知识体系谈起》,载《热带地理》2018 年第 1 期。

③ Modularity 是网络模块化的评价指标,一个网络的 Modularity 值越大,则表示网络得到的聚类越好。Q 的取值区间是[0,1],Q〉0.3 时就意味着得到的网络社团结构是显著的。

④ Silhouette 值是用来衡量网络同质性的指标,越接近于 1,反映网络的同质性越高。

从法律和经济上关注法经济学,同时结合增长、公司制度等方面对法经济学进行分析,并且法律方面的论文明显增多,研究热点开始转变。这向我们传递出一个信息:法经济学的发展经历了从侧重经济学的研究到侧重法学与经济学相结合进行研究的一个过程,同时,20世纪90年代世界兴起了一股研究法经济学的热潮。

(二)经典文献:基于文献共被引分析

在文献计量学中,施引文献通常被认为是研究前沿,而被引文献被称为知识基础,且高被引文献通常被认为是经典文献。在CiteSpace中研究前沿指的是正在兴起的理论趋势和新主题的涌现,知识基础使用聚类的方法并以共引网络的形式呈现。将节点设置为被引文献(Cited Reference),时间分割为1年,选择每个时间分割中频次最高的被引文献,使用LLR算法,得到法经济学研究文献的共被引图谱(如图6所示),得到595个节点、1378条相互存在的关系。

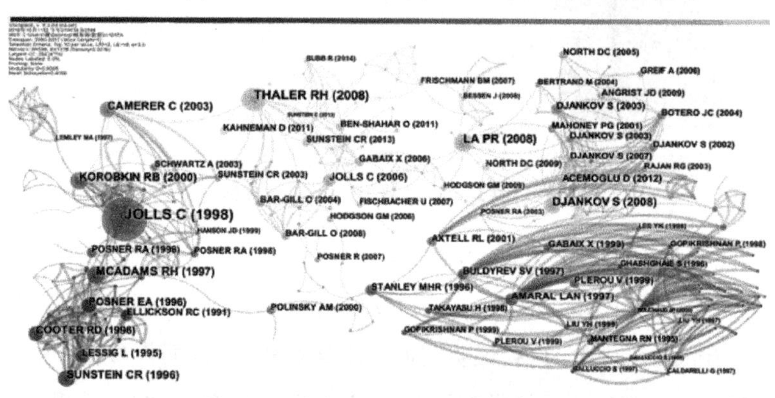

图6　法经济学研究文献共被引图谱

通过图6能够很好地反映出法经济学研究过程中的经典文献。CiteSpace通过链接节点线条的粗细来判定共现次数,测度其间的亲疏关系,并通过颜色来判断节点出现的时间,由图6可以直观地看到,国外法经济学学者联系紧密,形成了广泛、紧密的学术合作网络,在各个时间段都有领军人物。

值得注意的是,通过CiteSpace的Generate a Narrative功能直接导出法经济学研究中的高被引文献(如表2所示),这些文献在法经济学研究中发挥了重要作用,是法经济学研究的经典文献。*A behavioral approach to law and economics*(《法律经济学的行为途径》)一文于1998年在*Stanford Law Rev*(《斯坦福法律评论》)上发表,作者 Jolls C.(乔尔斯)在该文中提供了一个广泛的视野,如何通过增加对实际人类行为的洞察力改进法律和经济学分析。他考虑了法律经济分析中的具体主题,并提出了解决这些主题的新模式和方法。通过提请注意公民和政府的认知和激励问题,行为法和经济学提供了与标准分析不同的答案。作者 La Porta R.(拉波特)于 2008 年在 *J ECON LIT*(《人口经济学杂志》)上发表的 *The economic consequences of legal origins*(《法律渊源的经济后果》),作者在本文中试图总结证据,尝试统一解释过去 10 年中,经济学家已经产生了相当多的研究结果,表明一个国家的法律的历史起源与其广泛的法律规则和法规以及经济结果高度相关这一结论。Djankov S.(德加科沃)在其一文 *The law and economics of self-dealing*(《自我交易的法经济学》)中运用法经济学提出了小股东对法律保护的一项新的衡量标准:Anti-self index(反自我指数)。作者在 Lex Mundi(莱克斯芝迪)律师事务所的帮助下,根据 2003 年普遍的法律规则计算了 72 个国家的指数,并依据指数预测了各种股票市场的结果。Korobkin R. B.(科罗布金)在 *RBMICH LAW REV*(《密歇根法律评论》)上发表的 *Law and behavioral science: Removing the rationality assumption from law and economics*(《法律和行为科学:从法经济学中删除理性假设》)一文首先解释了理性假设在法律学术中使用的各种方式,以及导致不满意结果的政策规定。然后,系统地研究与理性假设不一致的实证证据,并应用于广泛的实体法律领域,解释法律和经济学的规范性政策结论将如何根据法律和行为科学方法改变和改进。Gabaix X.(加贝克斯)在其 *Power Laws in Economics and Finance*(《经济学和金融学中的幂律》)一文中,回顾了关于收入和财富,城市和公司规模,股票市场收益,交易量,国际贸易和高管薪酬的详细记录的经验公式等。由此可见,经典文献涉及法经济学中的不同方面,但均离不开国家、政府政策这一方面的分析。半衰期表示文献老化的速度,从半衰期来看,影响力较大的经典文献作者为 Posner E. A.(波斯奈)、Camerer C.(卡默勒)、Thaler R. H.(泰勒)、Sunstein CR(桑斯坦)等,半衰期分别为 7 年、6 年、5 年、5 年。

表 2 法经济学研究的经典文献 Top10 统计(频次≥16)

序号	被引文献	作者	发表刊物	半衰期	年份
1	46	Jolls C.	STANFORD LAW REV, V50, P1471	4	1998
2	28	Thaler R. H.	NUDGE IMPROVING DECI, V, P	5	2008

续表

序号	被引文献	作者	发表刊物	半衰期	年份
3	23	La Porta R.	J ECON LIT, V46, P. 285	4	2008
4	20	Camerer C.	U PENN LAW REV, V151, P. 1211	6	2003
5	20	Korobkin R. B.	CALIF LAW REV, V88, P. 1051	4	2000
6	19	Mcadams R. H.	MICH LAW REV, V96, P. 338	4	2009
7	17	Sunstein C. R.	COLUMBIA LAW REV, V96, P. 903	5	1996
8	17	Djankov S.	J FINANC ECON, V88, P. 430	3	2008
9	16	Gabaix X.	ANNUAL REVIEW OF ECONOMICS, V1, P. 255	3	2009
10	16	Posner E. A.	U PENN LAW REV, V144, P. 1697	7	1996

(三)突出贡献学者及其机构分布

法经济学研究的作者分析,是从作者发文的排名和作者的共被引图谱两个方面进行分析。作者的合作图谱中的节点大小表示作者发表论文的数量,之间的连线反映合作关系强度。将节点设置为作者(Author),时间分割为1年,选取Top50,使用LLR算法,得到法经济学研究作者载文量图谱(如图7所示),得到130个节点、65条相互存在的关系。

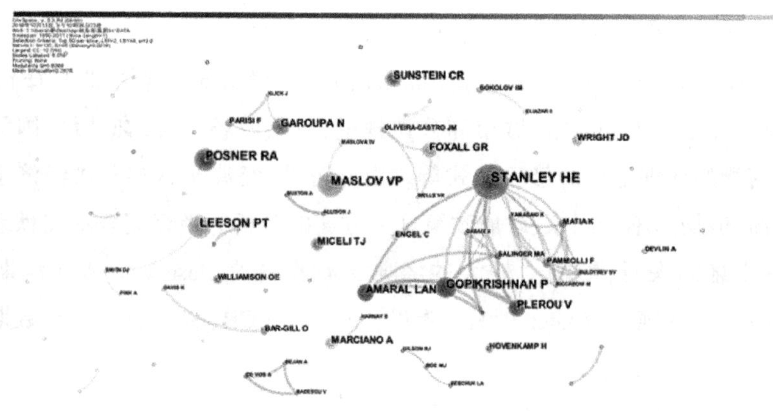

图7 法经济学研究作者载文量图谱

根据Citespace中Generate a Narrative功能直接导出的作者载文量排名显示(如表3所示),Stanley H. E.(斯坦利)、Leeson P. T.(黑森)、Maslov V. P.(马斯

洛夫)、Amaral LAN(阿马拉尔)、Gopikrishnan P.(克里希南)、Sunstein C. R.、Posner R. A.、Garoupa N.(加娄帕)、Buldyrev S. V.(布尔德列夫)及 Foxall G. R.(富克沙)关于法经济学研究的载文量位居前 10。10 名学者中,特别是 Stanley H. E.,其载文量远远高于其他作者,其在法经济学研究方面的成果值得关注。此外,前 10 名的作者们是法经济学研究领域的代表作者和权威学者,极大地促进了法经济学研究在全球的发展。

表 3　法经济学研究发文量作者统计

序号	发文量	作者
1	23	Stanley H. E.
2	14	Leeson P. T.
3	13	Maslov V. P.
4	13	Posner R. A.
5	12	Garoupa N.
6	12	Amaral LAN
7	11	Gopikrishnan P.
8	10	Sunstein C. R.
9	9	Plerou V.
10	8	Buldyrev S. V.
11	8	Foxall G. R.

作者的共被引网络反映作者被引用的次数,之间的连线反映了共被引的强度。将节点设置为被引作者(Cited Author),时间分割为 1 年,选取 Top10,使用 LLR 算法,得到法经济学研究作者共被引图谱(如图 8 所示),得到 84 个节点、411 条相互存在的关系。

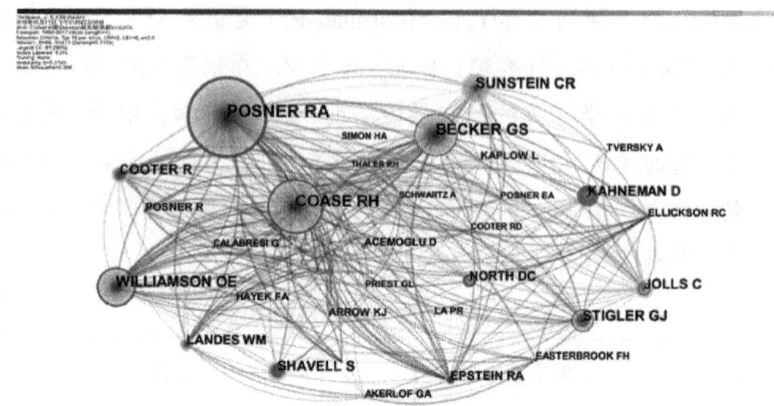

图8 法经济学研究作者共被引图谱

通过作者共被引知识图谱,可以得到 Coase RH(科斯)、Posner RA、Landes WM(兰德斯)、Cooter R(库特)、Becker GS(贝克尔)、Sunstein CR、Jolls C、North Douglass C(诺斯)(中心度大于或等于0.04)等学者具有较高的中心度(如表4所示),说明这些作者在法经济学研究中发挥着重要的纽带作用,从表4可以直观地看出,Coase RH 和 Posner RA 的中心度是最高的,分别是0.66和0.42,他们两人的影响力最大,这与他们对法经济学作出的贡献密不可分。Coase RH 在《企业的性质》和《社会成本问题》中提出了交易概念,并以交易成本学说为基础建构了法经济学体系。而 Posner RA 则不满足于将交易成本仅仅用于法经济学领域,而将法经济学的核心转到效率上。Posner RA 在其 *Creating and enforcing norms, with special reference to sanctions*(《制定和执行规范,特别是制裁方面的规范》)一文中,通过对社会规范两个中心谜题的分析,运用经济模型分析法律制裁和政府规范修改,从而对政府规范制定进行预测,最后得出结论,预测政府行动的不利影响限制了其可行范围;Becker GS 在其 *The endogenous determination of time preference*(《时间偏好的成因测定》)一文中,通过模拟消费者努力降低未来公用事业的折扣,其分析显示财富,死亡率等不确定性变量如何影响时间偏好程度。Sunstein CR 在其 *Nondelegation canons*(《非授权准则》)一文中对疑罪从无的报告进行了反驳,并运用成本—效益方法对疑罪从无制度进行分析,并得出"疑罪从无原则这一制度可取"这一结论;Jolls C 与 Sunstein CR 合作的 *Debiasing through law*(《通过法律消除偏见》)指出许多法律战略是努力通过减少甚至消除人们的有限理性行为,通过法律参与不同的消除贫穷的方法。进一步对图谱进行聚类,得到32个类别,并以 LLR 算法标记聚类标签。聚类词汇包括财政、价格、统一理论、风险等词汇，显示了法经济学作者群对不同方面的法经济学研究。

表4　法经济学研究共被引作者 Top10 统计

序号	中心度	作者
1	0.66	Coase RH
2	0.42	Posner RA
3	0.13	Landes WM
4	0.12	Cooter R
5	0.11	Becker GS
6	0.1	Sunstein CR
7	0.08	Jolls C
8	0.06	North Douglass C
9	0.05	Kahneman D
10	0.04	Willamson OE

地理分布主要从国家/地区和机构两个方面对法经济学研究力量进行统计分析。图谱中的节点大小表示机构或者国家/地区发表论文的数量，之间的连线反映合作关系强度。

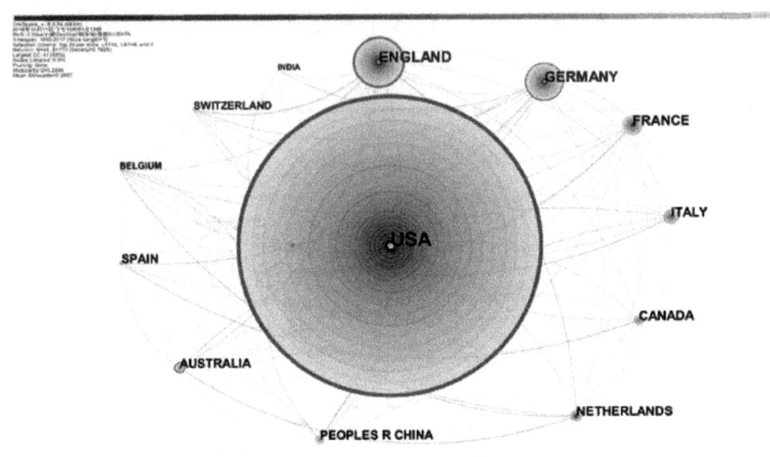

图9　法经济学研究文献国家分布

将节点设置为国家(Country)，时间分割为1年，使用LLR算法，选取每年排前20名的国家，得到法经济学研究文献国家分布图谱(如图9所示)，分析结果显示，在法经济学研究上USA(美国)、ENGLAND(英国)、GERMANY(德国)、

FRANCE(法国)、ITALY(意大利)、CANADA(加拿大)、NETHERLANDS(荷兰)、PEOPLES R CHINA(中国)、AUSTRALIA(澳大利亚)、SPAIN(西班牙)位居前10。(见表5)

表5　法经济学研究文献地理分布

序号	发文量	国家	百分比
1	1522	USA	0.4565
2	267	ENGLAND	0.081
3	214	GERMANY	0.0645
4	146	FRANCE	0.0444
5	123	ITALY	0.0378
6	109	CANADA	0.0327
7	98	NETHERLANDS	0.0294
8	96	PEOPLES R CHINA	0.0288
9	79	AUSTRALIA	0.024
10	74	SPAIN	0.0222

同时,值得注意的是美国对法经济学的研究已远远超过其他国家,英国、德国两个国家对法经济学的研究也相对多于其他国家,已经成为法经济学研究的重要国家。

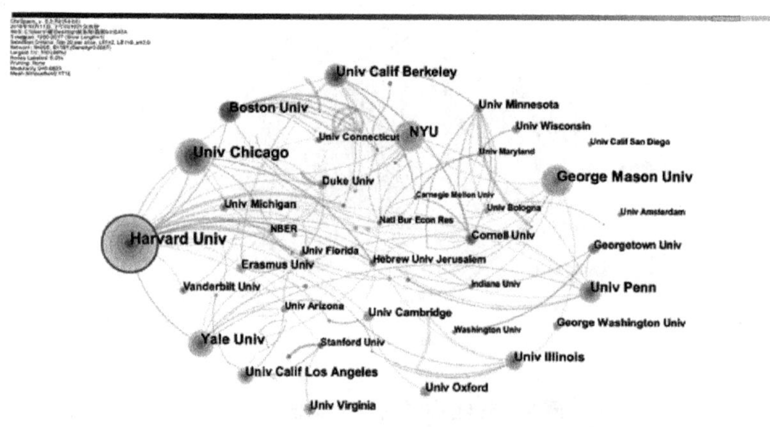

图10　法经济学研究文献机构分布

将节点设置为机构(Institution),时间分割为1年,选取Top 20,得出法经济学载文量机构分布图谱(如图10所示)。法经济学的重要研究机构为Harvard Univ(哈佛大学)、Univ Chicago(芝加哥大学)、George Mason Univ(乔治梅森大学)、NYU(纽约大学)、Yale Univ(耶鲁大学)、Univ Calif Berkeley(加利福尼亚大学伯克利分校)、Boston Univ(波士顿大学)、Univ Illinois(伊利诺伊大学)、Univ Calif Los Angeles(南加州大学)、Univ Penn(宾州大学),这10所机构位居前10,为法经济学研究作出了重要贡献。图中出现了以哈佛大学为核心,包含芝加哥大学、耶鲁大学、波士顿大学等科研机构的合作网络关系。从合作强度上看形成了广泛、紧密的学术合作网络,从主要连接点看,哈佛大学、芝加哥大学、波士顿大学、耶鲁大学、加利福尼亚大学伯克利分校表现出了较强的中介中心性,表明这几所研究机构在法经济学领域有着较大的影响力。此外结合地理分布与机构分布可知,地理分布和机构分布的结果具有相关性,即多数高产机构和国家之间是隶属的。发文量位居前10名的机构(如表6所示),均位于美国,而美国也是发文量排名第一的国家,是最重要的法经济学研究力量。

表6 法经济学研究文献发文量机构分布

序号	发文量	机构
1	73	Harvard Univ
2	57	Univ Chicago
3	48	George Mason Univ
4	45	NYU
5	45	Yale Univ
6	39	Univ Calif Berkeley
7	38	Boston Univ
8	35	Univ Penn
9	30	Univ Illinois
10	26	Univ Calif Los Angeles

四、国际视阈下法经济学研究趋势预测

本文通过运用CiteSpace这一科学知识图谱分析软件,对Web of Science核心合集数据库中收录的关于法经济学研究的英文文献进行详细的可视化分析与

解读,根据所得到的图谱及相关数据,笔者认为,未来国际视野下的法经济学研究应该重点关注以下几个方面。

(一)法经济学基础研究逐渐减少,具体研究逐渐增加

综观 WoS 数据库近 30 年的关于法经济学的文献,可以发现自 2000 年后,国际上法经济学的研究重点逐渐从法经济学的基础理论转移到对具体问题的具体分析上。换言之,国外法经济学的研究已经从一开始的初创发展到现在的巩固和阐述阶段,最近的学术进展只是在现有的框架里,而没有超越框架本身。法经济学自 2000 年以后,由数据库刊载的论文可以看出,学者们已经开始关注财产法、契约法及侵权法、刑法等部门法,并运用法经济学的基础理论对这些部门法中的立法、执法、司法等方面进行论述。不过,有些法领域法经济学还没有涉及,如家事法领域。并不是说这些法领域没有之前研究的法领域那般重要,而是其本身的法性质决定其本身不具财产法、契约法、侵权法那样明显的财产属性,但是家事法领域是一个前景光明的研究领域。法经济学的部门法研究,不仅是法经济学实务价值实现的保障,而且是法经济学由浅入深的关键,并由此推动法经济学的进一步发展。[①] 法经济学的基础研究为法经济学的具体研究提供理论支撑,具体研究为基础研究提供检验工具,这是基础研究与具体研究的题中应有之义。

(二)法经济学的实践应用性不断加强

随着法经济学具体研究的推进,法经济学的实践应用性也在不断增强。法经济学与真实世界有着极为密切的联系,具体的社会规范与法经济学两者深入的互动研究以及法经济学的实证研究的深入是未来法经济学研究的重要趋势。自进入 20 世纪 90 年代,法经济学学者研究法经济学时,大多采用模型、市场这些范式,模型这一关键词的使用频次位居第三,这也从另一个侧面说明,国外学者研究法经济学,主要采用定量分析方法,通过在研究中大量应用数学、模型等范式,为立法界和司法界决策提供经济学定量分析依据,同时,数学模型的应用也大大增加了结论的可信度,使结论更易为人所接受。此外,随着研究的推进,法经济学与社会规范间的互动研究也能够成为相对完整的理论体系,为立法、执

---

① 魏建、周林彬主编:《法经济学》,中国人民大学出版社 2008 年版,第 32~33 页。

法、司法等法律实践服务,使理论与实践真正统一,能够真正有益于社会。国外法经济学的研究中加入了一系列数据,通过实证,采集样本,运用经济学的分析方法对社会规范进行分析,通过提高定量分析方法的运用,减少定性分析方法的运用,避免造成法经济学研究过度理论化,使其具有更强的实践应用性。因此,对法律的效果进行严谨的实证检验,增强法经济学的实践应用性,也是未来法经济学应该深入研究的问题。

(三)"法律研究"比重不断加大

通过对近 30 年法经济学英文文献关键词的分析,可以发现 2000 年以前,高频次关键词除了法律、普通法,基本上都是经济学的概念,包括但不限于市场、价格、公司等。2000 年后,法经济学的研究领域发生变化,法经济学学者把目光投向知识产权法、反托拉斯法、侵权法等领域,研究重点由"经济研究"向"法律研究"转变,从高发文量学者的分析中也可以看出,其发表的文献大多集中于法律领域,同时,法律的许多重要领域也因为引入经济分析而发生很大的变化,如反托拉斯领域就是一个典型的例子,反托拉斯思想现在正在被经济分析所占据,大量放松管制运动的思想火花源于经济分析,甚至管制中也体现着经济分析的烙印,这一切都离不开法经济学研究重点的转变。此外,由法经济学研究重要期刊知识图谱可知,近 30 年来,排名前 10 的重要期刊虽然经济学期刊和法学期刊各占一半,但随着法经济学研究重点的转变,法学类期刊也将得到进一步发展,其中心性也会进一步提高。

五、结　　论

法经济学作为一门法学与经济学有机结合的新兴边缘性学科,它的意义在于强调法学和经济学的联系,并且为法律的制定、实施、效果分析以及法制改革提供了一个新的视野和研究方法。法经济学从萌芽、初创、产生到发展,其丰富的研究成果在学术界及实务界中的影响越来越大。采用 CiteSpace 可视化工具,对 WoS 数据库中近 30 年来的法经济学研究文献进行计量分析,绘制知识图谱,可以展示国际视阈下法经济学研究的总体概括。从分析结果可以看出,国际视阈下的法经济学研究在近 30 年的研究过程中,主要采用的研究方法更偏重于实证经济学的方法,多采用 model(模型)、empirical evidence(经验证据)等范式,对社会热点进行研究,通过数据使研究更具有说服力;随着研究的推进,法经济学的研究内容也不断发生变化,从21世纪前的以经济学研究为主,逐渐转移研究重点,形成了法学、经济学并重的研究格局,同时,研究主题也不断地在变化,由21世纪前的关注法经济学基础理论研究,到21世纪后的研究重点逐渐转移到具体的部门法,具体的市场问题上,关键词中由单一的law(法律)、economics(经济),发展到intellectual property(知识产权)、crime(犯罪)、market(市场)等多元化、更微观的主题。通过对法经济学学者的分析,根据文献作者中心性,可以看到,法经济学大家Coase RH(科斯)、Posner RA(波斯纳)对法经济学领域的影响之深远,且在近30年的发展过程中,也涌现出一大批法经济学学者,如Jolls C、Landes WM、Cooter R等,他们在各自的研究领域开展研究,对法经济学的发展作出了重要贡献。此外,法经济学家也活跃在不同的领域中,如比较经济学、社会科学、行为经济学、政治学等。通过对合作机构和地区/国家的分析,发现美国在世界法经济学的研究中作出了巨大贡献,其对法经济学的研究,所发表的关于法经济学的论文数量,远远超过其他国家,这与其本身即是法经济学的发源地不无关系,且主要研究机构多为世界名校,如哈佛大学、芝加哥大学、耶鲁大学等。同时,通过研读图谱可看到,国外学者、机构间的合作较为紧密,联名发表的文章数量多,使学者间能够互相学习,极大地促进了法经济学研究的交流,以产生更多的创新性成果。未来国际视阈下的法经济学会更加注重具体问题的研究,并逐渐减少对基础理论的研究,加大法经济学研究的实践应用性。

基于金融消费者保护目标的金融科技监管路径探讨

张　恒*

摘　要　金融科技正在推动金融的变革,科技的发展改善了金融的服务渠道,提升了消费者的整体福利,以信息数据为核心的新兴金融业态直接为消费者中小企业提供金融产品和服务,围绕着服务金融消费者的新型金融业开启了新的发展模式。同时金融科技也给金融消费保护带来新的挑战,新一轮的金融系统性风险以及传统的信息不对称,在技术影响下的新风险都会导致金融消费者权益的受损,而传统的金融法制框架难以发挥有效的监管作用。针对现实困境,分析金融强国对金融科技的金融监管政策和监管理念,加强我国对金融科技的创新认识,从而探索与金融科技相匹配的金融监管路径,以"三足定理"的思路重构金融监管的价值目标,平衡创新与监管的关系,注重创新发展有益于金融消费者的金融产品与服务,创新应用监管科技,发挥大数据、人工智能、云计算等技术在监管中的作用,同时借鉴监管沙箱政策并可以考虑建立本土化的监管沙箱体制。

关键词　金融科技　金融消费者　金融监管　监管科技　监管沙箱

---

* 华南理工大学2017级经济法学研究生。

一、金融科技与金融消费者

金融科技作为后金融时代兴起的新生产物,各国的科技公司、金融机构以及监管机构都普遍关注其发展。从英文释义来看,金融科技(FinTech),是 Financial Technology 的缩写,字面意思上类似于金融(Financial)与科技(Technology)的合成。国外的高科技公司最早提出"金融科技"的定义,主要是指利用大数据、智能化应用等信息技术对传统金融服务重构,主要侧重于信息技术对传统金融的影响。国内最早定义金融科技的是京东金融,它认为金融科技是"遵从金融的本质,以数据为基础,以技术为手段,为金融行业服务,帮助金融行业提升效率、降低成本",此外中国银行对金融科技的定义是"主要指互联网公司或者高科技公司利用云计算、大数据、移动互联等新兴技术开展的低门槛金融服务"。[①] 可见,京东金融等科技公司的定位视角同国外的科技公司是相类似的,普遍关注的是科技对金融的革新式推动。金融机构对金融科技的定位则有所不同,主要着重于技术创新对传统金融业务产生的影响,侧重金融机构对科技手段和信息技术的运用。金融稳定理事会(Financial Stabilty Board,FSB)作出一份关于金融科技的专题报告,对金融科技进行了初步定义,即技术带来的金融创新,通过创造新的业务模式、应用、流程或产品,从而对金融市场、金融机构或金融服务的提供方式造成重大影响。[②] 该定义具有里程碑式的意义,是由国际金融组织金融稳定理事会给出的,不再局限于科技视角,更普遍地关注金融层面。

综合上述概念,各方机构普遍是从自身的视角来界定"金融科技"的内涵,国际组织的定义较为宽泛,着重于从宏观层面来进行总体阐释,即科技创新带来的新式金融效应,而金融机构更倾向于如何将信息技术运用于金融业务中,科技公司则更强调科技对于金融交易和服务方式的影响。从各方机构不尽相同的定义中反映出"金融科技"的共性,无论是国际组织,还是金融机构抑或科技公司,对"金融科技"的概念都是以金融为本质,科技为载体,以及金融和科技的融合三类要素来定位的。金融科技的本质始终是金融,信息技术作为金融科技的推动力,

---

① Fintech 透视——金融科技的定义与分类,载金色财经网:https://www.jinse.com/forex/33364.html,最后访问日期:2018年10月15日。

② 吴晓光、王振:《金融科技转型的着力点》,载《中国金融》2017年第5期。

而金融和技术作为金融科技的两个必备要素,无论是技术创新引发的金融服务变革,还是科技创新催生的金融创新业态,都离不开金融和科技的渗透和融合。结合中国的实践来看,互联网金融是近年来我国独创的概念,也是对国外金融科技领域的商业模式做出的创新。对比国外的"金融科技"与国内的"互联网金融",二者的相似之处在于均体现金融与科技的融合,对提供运用新技术手段、金融创新服务等行为都进行概括。① 但也存在细微的差别,金融科技更关注新兴技术对于传统金融服务方式的颠覆式革新,而互联网金融则强调金融行业在技术层面的应用与创新。那么就这个层面而言,我们所探讨的金融科技,不仅包括互联网层面的金融创新,也包括传统金融机构的数字化转型,以及金融行业运作层面对新兴技术的智能化应用。

金融科技的内在要求在于保护金融消费者利益。无论是金融科技创新抑或是金融科技监管政策,其最终都是出于服务和保护金融消费者利益的考虑。作为后金融时代的产物,金融科技推动着金融产品的革新与金融服务的改造,金融服务通过科技的手段普及广罗大众,如基于互联网的创新而发展出的第三方支付,使金融服务的运作摆脱了实体网点的束缚,消费者提供了更触手可及的服务,同时在一定程度上降低了整个市场的交易成本。在金融借贷领域,P2P 以大数据为支撑,平台化运作为基础的运营模式为那些从传统银行贷款较为困难的群体提供借贷服务,同时也为消费者提供了更多样化的投资机会。② 换言之,借助着数字化平台的 P2P 网络借贷的替代性金融业态的创新为中小投资者提供了资金融通的渠道,加快了金融市场资金流通的效率。此外,依托于人工智能化平台的金融知识教育通过数字化的渠道传递给消费者实时的信息,从而提升金融消费者的知识素养与抗风险能力。由此可见,金融科技是金融业适应信息时代所发生的深刻变革,大数据、云计算和人工智能等金融科技的底层技术,在此基础上不断涌现的金融创新与竞争,整体上有利于金融消费者社会福利的提升。③ 但不容忽视的是金融科技本身是利弊共存的,金融消费者在享受着科技发展所带来的金融服务的同时也面临不同于传统金融的类型化风险。由于法律的滞后性与监管真空的问题,金融科技领域无序发展的行业乱象频频发生,造成金融消

---

① 苏治:《金融科技时代:冲击与变革》,经济科学出版社 2017 年版,第 24 ~26 页。

② 丁冬:《金融科技勃兴背景下金融监管法制的变革》,载《上海政法学院学报》(法治论丛)2017 年第 4 期。

③ 杨东:《监管科技:金融科技的监管挑战与维度建构》,载《中国社会科学》2018 年第 5 期。

费者权益的受损。因而监管同样是随着金融科技的创新而不断改变的,金融科技监管的目标是在不抑制创新的基础上最大限度地保护金融消费者,其内在要求是围绕金融消费者权益保护进行创新发展。

二、金融科技对金融消费者保护的挑战

在金融的发展历程中,金融消费者总是处于伴生金融而出现的风险之中。传统金融在科技手段的推动下逐渐脱离了原有的监管法律体系,技术的利弊共存与形式多样性也加剧了金融风险的特点,结合金融本身的脆弱性,金融科技的风险具有传播速度快、监管难度大、渗透范围广等特点。因此,无论是对于金融消费者还是监管部门,金融科技都是一项全新的挑战。

(一)金融监管法律滞后性的风险

金融科技是金融创新和法律技术紧密融合以促进融资方式的转变,通常以破坏式创新的方式出现。[①] 这种“破坏式创新”给传统的金融监管法律带来了严峻的挑战,并且会因为金融机构的趋利性而引发更深层次的破坏。金融监管法规来自监管部门应对某个时期的各种经验总结,并非是自发生成的,金融系统本身的脆弱性与危机的循环往复性,决定了不同时期的金融监管法律会显现与相应时期相吻合的监管理念。因此,传统金融监管框架都是基于事后总结教训型立法。[②] 换言之,在金融立法滞后于金融创新的情形下,监管理念与制度框架也无法建立起来,现行的法律框架难以规范在金融科技创新背景下出现的新型法律纠纷,进而引发合规性问题,损害金融消费者权益。大数据和信息技术的整合运用可能会存在侵犯消费者隐私的情况,在金融科技的环境下,公司和企业往往通过数字化信息来分析消费者对各类金融产品的喜好倾向和需求程度,而这些消费者偏好数据都属于消费者的个人信息。另外,层出不穷的新型金融交易方式使传统的金融监管界限出现模糊,第三方支付技术的诞生造就了传统支付监管体系外的新型支付市场,而原有的法律对第三方支付市场缺乏相应的具体规

---

① 许多奇:《金融科技的“破坏性创新”本质与监管科技新思路》,载《东方法学》2018年第2期。

② Wulf A. Kaal and Erik PM Vermeulen, How to Regulate Disruptive Innovation—From Facts to Data *Jurimetrics*57, 2017, pp. 4-6.

范,致使监管措施没有明确的法律依据。金融科技所带来的金融创新和作为监管依据的金融法规并不是同步的,金融创新注定是超前发展的,同时伴随日渐加快的科技手段,制定法律亦无法跟上金融产品的创新步伐,①然而监管应是伴随金融创新不断前进的,由此产生的“步调问题”凸显了科技创新背景下金融监管法律的滞后性风险。

(二)信息不对称引发的风险

信息不对称作为市场经济的缺陷之一,其最显著的影响是交易双方的信息失衡会引发金融市场的失灵。金融市场由于金融产品的复杂性而迫切需要实时的掌握信息,传统的金融市场是依靠金融信息媒介进行交流,而金融科技时代的到来尤其是互联网金融的发展,信息披露方式的优化使金融市场信息更具透明度。在市场条件下,金融科技有可能实现自发而有效的信息配置,但其在与其他行业相融合时,仍会显现出严重的信息不对称问题。② 现实中我国互联网金融中的欺诈和“跑路”事件大多是由于信息披露不完全造成的,被监管者为了获得最大利益而刻意虚造交易双方的信息。以 P2P 网络借贷的交易流程来看,借款方和投资方是在 P2P 平台的信息交流下进行资金的借贷融通,而这三方在信息获取、占用及交流层面是存在差异的,投资方对平台的真伪、借款方的真实信息以及资金的具体用途均是存在不确定性的,平台方则难以对借贷双方的信息真伪以及潜在的风险进行有效的分析,而借款方能够对自己的征信层面以及平台的优劣作出合理的分析。那么投资方基于理性的考量会选择投资平均回报率高的平台,有可能造成市场融通资金向征信较低的借款方倾斜,而借款方可能会将资金挪作其他用途或是不按期偿还借款,随之各类风险也会增加。一旦出现信息不对称的风险,那么 P2P 网络借贷对于市场资源配置效率就会大打折扣,削弱了这个金融市场对闲散资金的融通能力,进而对金融消费者的财产安全和收益水平产生不利影响。③ 传统金融风险在金融科技背景下,在技术的驱动下,变得更

---

① Roger Brownsword and Han Somsen, Law, Innovation and Technology: Before We Fast Forward—A Forum for Debate,Law, Innovation and Technology, Vol. 1, No. 1,2009, pp. 1 – 73.

② 杨东:《互联网金融的法律规制——基于信息工具的视角》,载《中国社会科学》2015 年第 4 期。

③ 徐会志:《互联网金融消费者保护研究》,对外经济贸易大学法学系 2016 年博士学位论文,第 30 ~ 32 页。

加分散且更具有传染性。

另外,日渐加快的金融科技带动了全球金融产品的创新,包括众多金融衍生品的出现,新型的金融交易方式以及金融大数据的应用,这类新兴的金融业态致使金融市场上充斥着各类碎片化乃至虚假错误的信息数据。申言之,监管者和被监管者之间的信息获取与占用程度随着技术手段的革新进一步变得复杂多变,一方面这源于金融科技企业往往会利用技术手段去隐藏和掩盖其金融活动以及数据信息;另一方面是监管者难以配备相适应的专业技术去获取有实质性价值的信息和识别潜在风险。尽管科技赋能下的金融创新提高了金融业交易效率,降低了金融业的信息不对称和交易成本,但既有的金融监管和监管者因为缺乏必要技术支撑而无法进行有效监管。① 当金融监管者无法获取实时有效的监管数据时,相应的监管政策、监管对象与监管流程亦无法具有针对性,从而造成金融风险缺乏相关机制的约束。因此,监管者在面对着真伪不明、片面性的数据信息时难以作出有效的监管政策,我国互联网金融的问题事件正是由于监管者难以及时制定准确有效的金融监管法规而造成的,不仅导致对整个金融体系稳定的削弱,也给广大投资者带来较大的损失。

(三)金融系统性风险的加剧

金融科技的具体应用带动了整个金融系统行业发展,实现了支付清算、资金流通以及精准的个性化服务,从而提高了金融业服务实体经济的能力,促进消费者福利。与此同时,回归于金融科技的本质,系统性金融风险始终存在,而信息技术固有的风险性与金融本身的脆弱性相结合则会增大金融潜在的系统性风险。在金融科技的运作框架下,不同金融业务平台之间的信息交流与共享显著增强,单个平台发生的金融风险,在业务的交叉性作用下,传递到其他平台上,继而使风险更具传染性和系统性。根据传统经验,金融监管法主要是重点关注市场资金集中且信用指数较高的系统性金融机构,但在科技广泛适用金融行业的环境下,分布广泛且信用程度较低的金融科技企业可能会引发更严重的系统性金融风险。而这类融合了金融业、科技行业以及市场基础运营行业的金融科技

---

① Iris H-Y Chiu, Fintech and Disruptive Business Models in Financial Products, Intermediation and Markets: Policy Implications for Financial Regulators, *Journal of Technology Law and Policy*21(1),2016, pp. 55 – 112.

企业往往会游离于现有的金融监管体系之外,造成监管空白。① 此外,不同于传统的系统化金融机构,大多数的金融科技企业更关注分布广散的长尾客户②,该客户群体缺乏金融基本知识,抗风险能力低,一旦发生风险,势必会影响金融消费者的信心与预期,同时金融科技的强劲渗透力和瞬时爆发性将使风险横跨多行业领域,③使单一的行业风险演变成系统性风险。以我国目前的市场行业来看,金融科技行业建立的时间较短,企业的市场化程度和抗风险能力较低,同时金融科技企业与大多数普通金融投资者存在的密切关系,一旦发生系统性风险,首先遭受侵害的就是广大的金融消费者。另外,互联网的发展使区域性风险变得规模化,结合金融科技的渗透性更会加剧风险的传播,因此,金融科技的风险特点不同于传统金融,对金融科技的监管手段和消费者的保护方式亟须予以创新。

三、英、美两国金融科技监管的政策研究

面对金融科技所带来的机遇与风险,英国、美国作为传统的金融大国同样尤为重视。无论是在监管政策抑或是金融创新层面,都呈现了对金融科技发展的态度,科技创新对于金融来说是风险相伴而行的推进器,需要适当的监管以保证整个金融体系的稳健发展,因而各国政府都会基于本国的金融发展状况来制定监管政策。由于金融科技监管是针对多方面的,因此文章旨在重点分析英、美两国在金融科技监管中关于金融消费者保护层面的政策内容。

(一)英国

目前,大量的金融科技企业与人才都汇集在英国,包括全球第一家 P2P 公司 Zopa 与第一家互联网众筹平台 Crowdcube。金融科技领域的创新给英国金融业带来了发展的动力,进而更好地服务实体经济。因此金融科技成为英国当前金融行业发展的重要目标,一方面通过立法明确监管机构的职责权限与范围;另一

---

① 李文红、蒋则沈:《金融科技(FinTench)发展与监管:一个监管者的视角》,载《金融监管研究》2017 年第 3 期。

② 根据长尾理论,众多小市场汇聚成可产生与主流相匹敌的市场能量,在这里典型表现是小型的金融科技企业所关注的客户引发的风险足以相当于大型金融机构造成的系统性风险。

③ 王文杰:《金融科技:缘起、风险及监管》,载《吉林工商学院学报》2017 年第 5 期。

方面加大对金融科技创新的扶持计划,在此基础上逐渐形成了一套精细化且极具前瞻性的做法。

目前,金融科技是英国金融业中重点关注和予以政策支持的发展目标,因此对其监管主要是进行适度监管,监管的职能主要由2013年成立的金融行为监管局(Financial Condnct Authoritg,FCA)承担。[①] FCA在2014年4月推出"项目创新"(Project Innovate)计划,并成立了创新中心以保障该计划的实施,该中心建立明确的监管工作机制:一方面,是提供相关监管政策的咨询,帮助初创企业提交合规的企业计划以获得持牌资格;另一方面,FCA通过加入创新企业的规划发展,根据具体情况对监管政策和流程进行调整,以此适应复杂多变的金融市场环境。[②] 实际上,"项目创新"计划的主要目的是为金融科技初创公司了解金融监管制度提供途径,防止其在发展过程中脱离金融监管体系,这是在市场企业的角度支持创新和保护消费者利益。

随着金融机构借助金融科技的力量以降低合规成本并提高金融服务效率,金融科技的监管难度给FCA提出了更高的要求。FCA要及时发现被监管者的监管套利行为和识别监管制度中的漏洞,同时为了避免造成FCA与金融科技企业之间过度的信息失衡,监管科技应运而生。换言之,正是金融科技的发展才促使了监管科技的出现。率先将监管科技运用于政府层面的FCA认为,监管科技是金融科技的一部分,是促进监管要求在现有框架上更有效率和更有成效地执行的。[③] FCA认为,在金融消费者没有充分了解金融创新产品的信息和获取足够保障措施的情况下,金融科技的商业模式会将风险从金融科技企业转移到消费者上,而监管科技能帮助监管部门实时掌握企业的产品和服务信息,从而进行合理的规制,最大限度保护消费者利益。目前,英国监管科技运用的主要领域在企业和消费者数据处理、客户身份识别、市场行为监控以及法律法规跟踪,这些领域都与金融消费者的利益息息相关。

在应对和防范金融科技所带来的风险时,传统的金融监管方式逐渐失效,英国金融监管当局率先开创了"监管沙箱"机制。将沙箱理念引入金融监管领域是金融监管机制的重要创新,其核心是鼓励金融科技创新与保护金融消费者利益。

---

① 孙国峰:《从FinTech到RegTech》,载《清华金融评论》2017年第5期。

② 薛高:《英国金融科技监管实践及启示》,载《金融电子化》2017年第5期。

③ 吴燕妮:《金融科技前沿应用的法律挑战与监管——区块链和监管科技的视角》,载《大连理工大学学报》(社会科学版)2018年第3期。

实质上,“监管沙箱”机制类似于我国试点改革方案,其通过设计并提供一个“微缩型”的市场和“宽松型”的外部监管环境,金融科技初创企业在保障消费者权益的前提下可以对其创新的产品、服务、商业模式和交付机制进行操作和实践。[①] 监管沙箱中包含了众多金融科技企业的数据以及金融消费者的反馈信息,准入企业可在其中测试其创新的产品、服务、交易方式以及法律风险机制,通过沙箱实验,企业可以缩短产品、服务投放市场的时间,同时其创新的产品与服务又可在消费者保护的基础上为消费者提供更好的体验。FCA 从 5 个标准层面来判断申请测试的企业是否需要适用监管沙箱,其中一个标准是创新是否为消费者创造价值,FCA 要求申请沙箱试验的创新是否具有好的可识别的消费者受益性前景(无论是直接受益或是通过激烈竞争)。[②] 并且该标准在整个沙箱测试期间是持续性的,由此以确保 FCA 专注于消费者福利保护的原则。监管沙箱解决了金融监管者一直以来被困惑的难题,即如何在保持金融科技的不断创新的基础上保护金融消费者的利益,从而实现最有效率的监管。换言之,监管沙箱提供了一个可供金融科技创新产品或服务测试以及风险防范评估的实验机制,,继而为金融科技企业进入市场提供一个安全的前置平台,同时也给金融消费者带来金融创新的优质体验。

(二)美国

美国监管当局认为,金融科技并未改变金融市场的基本格局和金融业务的基本法律关系,因此依旧沿用现行金融法律和监管框架,根据金融业务种类及其方式对金融科技实施归口管理。[③] 因而,针对金融科技表现出的新业态形式,美国监管部门会根据金融业态表现出的形式抓住金融科技的本质,沿用功能性监管原则,按照金融科技所创新的金融业务的功能特点纳入现有的金融管理体系。比如,金融科技领域的 P2P 业务,由于涉及资产证券化,因此该部分业务是由美国证券交易委员会监管。在宏观的监管层面上,美国并没有因金融科技的创新而改变监管模式,功能性监管的有效性是取决于现有监管法律的成熟度以及美国金融监管历史的经验性,即使处在现有法律法规无法完全覆盖到的金融科技

---

① 徐忠、孙国峰、姚前:《金融科技:发展趋势与监管》,中国金融出版社 2017 年版,第 336 页。

② 吴凌翔:《金融监管沙箱试验及其法律规制国际比较与启示》,载《金融发展研究》2017 年第 10 期。

③ 宋湘燕、姚艳:《美国金融科技监管框架》,载《中国金融》2017 年第 18 期。

领域,政府也能及时进行有效的立法规制。

2017年1月美国白宫发布了一份关于金融科技白皮书的文件Framework for Fintech。白皮书文件认为金融科技能够促进普惠金融的发展,为中小企业和投资个体的资金融通与投资提供更广泛的渠道,传递出了美国对于金融科技领域的前瞻性态度。白皮书阐述了政府对金融科技发展的六大政策目标,其中一个目标是推广安全、实惠和公平的资金触达,让广大的投资人个体与中小企业对自己的财务拥有更多掌控权以支持经济增长,这是政府认识到创新性网络平台为金融消费者提供融资渠道,同时确保予以适当的保护。文件还在政策目标的基础上提出了十项总体性原则,构成了监管机构或政策制定者在考虑政策目标时需要参考、评估金融科技生态系统的政策框架。其中将消费者保护作为首要目标是一项基本原则,政府要求金融科技企业应提供安全、透明、友好型的产品和服务,并且保证其提供的金融产品和服务是处于合规范围的。

此外,为了维持金融科技创新与消费者利益保护之间的平衡,美国金融消费者权益保护局(Consumer Financial Protection Bureau,CFPB)发布了一份《CFPB创新细则》,该文件包含了《无异议函细则》(Policy on No-Action Letters)。其出台的目的是促进对消费者有利的金融科技产品创新,并降低来自监管层面的政策风险。申请无异议函的金融科技企业需提供关于其产品和服务的相关说明,至少四个层面①的标准来确保金融科技企业在提供能够提升消费者福利产品的同时,最大限度地降低风险的暴露。在提出申请无异议函之后,CFPB会审查相关材料,向符合要求的金融科技公司出具"无异议函",并声明CFPB近期没有针对该公司推出的创新性产品和服务采取监管行为的计划,以此降低金融科技公司面临的监管不确定性风险,为金融科技公司创新发展提供适宜的市场环境。②由于美国监管当局对于金融科技业态仍处于观望状态,因而该细则是美国金融监管行业为数不多的细则之一,可见美国监管当局在针对新兴的金融业态时往往会优先消费者利益。

---

① 申请无异议函至少包括以下四个层面内容:一是能为消费者提供有别于市场上现有产品的便利;二是对消费者造成的有别于市场上现有产品的潜在风险;三是能为消费者提供降低成本和减少风险的保障措施;四是能让消费者充分了解其条款、特征、成本、价值和风险。

② 中国人民银行广州分行课题组:《中美金融科技发展的比较与启示》,载《南方金融》2017年第5期。

四、我国基于保护金融消费者的金融科技监管路径

金融消费者是金融市场良好运行的基石,它关系金融行业的发展态势,维系整个金融体系稳定的关键点在于维护金融消费者基本权益。金融科技的高速发展将金融消费者形成一个集团化,其引发的风险与传统金融风险呈现不同的特点,致使传统的金融监管方式无法行之有效,因而探求与金融科技相匹配的金融监管法规与政策是目前刻不容缓的任务。

(一)重构金融监管的目标——基于“三足定理”思路

有学者指出,在我国改革开放以来30年的金融监管体制改革中,金融体制改革围绕着两大重要目标:一是安全性目标,即防止系统性金融风险;二是效益性目标,即增进金融体系的市场效率。① 也就是说,传统的金融监管立法一直围绕着以金融安全与效率两大目标的平衡为重点,监管部门和政策制定者在面对新形式的金融环境时首先考虑的是在金融安全与效率之间寻求一个平衡机制,并没有将消费者的利益保护作为首要目标。事实上,金融市场一直呈现治乱循环的固定模式,金融安全与效率之间难以达成有效的平衡,在出现金融危机后,由于过分重视金融安全而抑制金融效率,为了加快金融创新进而提升金融效率,从而放松监管,忽视金融安全,于是又酝酿了新一轮的金融危机。② 而金融科技归其本质所引发的问题同样会导致类似的循环模式,在问题出现后监管部门加强安全监管的力度,这又抑制了金融科技创新的效率,从而又会放松管制,鼓励金融创新。因此在金融治理的法制框架下,如何在金融科技创新背景下调和金融安全与金融效率是金融监管立法的迫切要求。针对这个现实困境,邢会强教授提出的“三足定理”思路是一个值得借鉴的立法理念,之后冯果教授对该“定理”进一步进行完善。冯果教授认为,“三足”指的是金融法制中所应依归的三个基本价值目标,即金融安全、效率和公平,而新引入的金融公平正是消费者权益保护的最高价值体现,因此稳定的金融市场法制体系应是建立在三者相互配合

① 刘晓勇:《监管者的视角:金融体制改革三十年回顾与展望》,载《经济社会体制比较》2008年第4期。

② 邢会强:《金融危机治乱循环与金融法的改进路径——金融法中“三足定理”的提出》,载《法学评论》2010年第5期。

的基础之上,形成金融法规制过程中的平衡机制。通过金融公平的指引和参照,可以实现金融安全与金融效率之间的平衡,并且可以弥补片面强调金融安全与金融效率的局限。[①] 立足于"三足定理"的思路,重塑金融监管的价值目标,为我国金融监管法制的改革明确一个立法方向,从而在金融科技的浪潮中确保监管部门对金融消费者的保护。

(二)监管科技的应用

日渐加快的金融科技创新给金融监管部门的监管措施与流程提出了新挑战,如何运用相配套的专业技术来确保金融体系的稳定考验着监管者的监管能力,监管科技的出现成为金融监管部门应对新型金融风险的一件良器。实质上,监管科技是运用信息技术来提升金融监管部门的监管效率以及降低金融科技企业的合规成本,通过在监管部门和被监管者之间进行系统的对口连接来实现金融数据和监管制度、政策的共通共享,进而能够及时有效地发现被监管者修改数据信息与违规交易等隐藏问题,提升金融市场交易方的合规效率。监管科技在金融科技领域的应用要求监管者具备利用信息科技的能力,不仅需要建立相应的监管科技的基础设施,还需要借鉴英、美等金融强国的监管政策。英、美等主要发达国家之所以运用监管科技,一方面,突破旧监管方式的金融科技创新推动了金融监管的革新;另一方面,是在于其监管部门的技术监管系统与金融机构的信息数据库是相互联通的,能够实时的获取相应数据,并建立相应的数据分析系统,从而实现长期有效的持续性监管,提升监管效率。对我国来说,在引进监管科技政策的同时,首先要做好前瞻性计划,围绕保护金融消费者利益来制定一套采用监管科技的应用规范,建立良好的监管环境。此外,监管机构应树立技术驱动型监管思维,在行业内业已成熟的大数据和云计算技术上建立实时、动态的监管系统,[②]信息的流动性恰恰是监管思路与决策的正确性、方向性的关键所在。监管科技可以使金融市场上的信息更具透明化,适当性的实时监管能够缓解信息不对称,继而降低金融消费者在金融市场中盲目投资的风险。

综观目前中国金融科技发展的态势,网络借贷、互联网支付、股权众筹等新兴金融科技产业如火如荼,银行等传统的金融机构也在构建数字化平台,采用人

---

① 冯果:《金融法的"三足定理"及中国金融法制的变革》,载《法学》2011年第9期。

② 杨东:《互联网金融治理新思维》,载《中国金融》2016年第23期。

工智能,发展移动互联支付。金融产业的数据化、智能化无疑是拉大了监管者与金融机构的代沟,同时也强化了监管部门运用科技的力量,对于金融机构提交海量且碎片化的数据信息,监管部门需要依靠科技的力量去分析和处理后才能形成准确的决策判断和相应的监管政策。因此,发展监管科技是需要长远考虑的,科技在监管中的应用须转化为具体、有效的法律制度方能达致良治之功效,①在日益成熟的监管体系下构建金融监管法制框架,切实有效地保护消费者利益以及持续性地进行科技监管。

(三)监管沙箱的试点建立

如何既支持真正的金融创新,又能防控金融业系统性风险,充分考虑金融消费者的利益,这是各国监管的共同难题。设立"监管沙箱"能在风险可控之前提下激励金融创新,确保金融科技的健康发展而不伤及金融消费者利益,使金融创新与金融监管之间达成新平衡。② 因此,借鉴"监管沙箱"不仅可以提供金融科技创新的政策支持,还能为我国金融消费者的风险防范设置一个实验平台,将金融创新所带来的风险遏制在进入市场前。然而建立"中国版"的"监管沙箱"并不是生搬硬套国外的沙箱模式,沙箱的本土化构建才能凸显其核心功能。因此在"监管沙箱"的具体制度框架的构建上需要考虑许多问题,首先是"监管沙箱"的责任主体问题,这需要厘清当前我国的金融监管部门的具体框架与职责,在2017 年 7 月的全国金融工作会议上宣布设立国务院金融稳定发展委员会(以下简称金稳会)③,此后在 2018 年 3 月的《国务院机构改革方案》将中国银行业监督管理委员会和中国保险监督管理委员会的职责整合,组建中国银行保险监督管理委员会,④由此我国正式形成新的"一委一行两会"⑤的金融监管体制。实际上,现行的"一委一行两会"的金融监管格局是对我国现阶段金融行业创新态势的适应性变革,同时鉴于要求监管沙箱能够统一反映出金融科技企业的创新产

---

① 杨松、张永亮:《金融科技监管的路径转换与中国选择》,载《法学》2017 年第 8 期。

② 柴瑞娟:《监管沙箱的域外经验及其启示》,载《法学》2017 年第 8 期。

③ 新华社:《全国金融工作会议在京召开》,载中国政府网:http://www.gov.cn/xinwen/2017-07/15/content_5210774.htm,最后访问日期:2018 年 10 月 15 日。

④ 新华社:《国务院机构改革方案》,载中国政府网:http://www.gov.cn/xinwen/2018-03/17/content_5275116.htm,最后访问日期:2018 年 10 月 15 日。

⑤ "一委"即国务院金融稳定发展委员会,"一行"即中国人民银行,"两会"即中国银行保险监督管理委员会(以下简称中国银保会)和中国证券监督管理委员会(以下简称中国证监会)。

品与服务的信息数据,所以将“监管沙箱”的监管主体资格交由金稳会或是中国人民银行的金融科技委员会是相对比较稳妥的。此外是“监管沙箱”的具体专业制度设计方面,如金融机构的准入标准、沙箱的运行时间、测试方案、消费者保护措施以及退出计划等,这些配套制度要发挥出良好的功效并非是一朝一夕所能设计的,除了适度借鉴国外的制度经验外,还需要长期的实践经验积累,更重要的是监管层自身的专业知识和监管经验,在结合我国金融科技行业的具体情况的基础上建立本土化的“监管沙箱”。

弱人工智能时代下生成物著作权类型化研究

孙　悦*

摘　要　法律研究社会问题而不研究科学设想，在强人工智能的科学可行性尚不清晰之际，具有法律意义的人工智能生成物仅指弱人工智能生成物。在研究生成物的著作权问题时，可按生成方式将生成物分为弱人工智能独立完成的生成物和蕴含人类独创性贡献的生成物。对于弱人工智能独立完成的生成物，从人格权理论出发，弱人工智能不能直接或通过拟制获得人格，从而成为权利人。从作品的构成要件出发，弱人工智能对生成物的贡献是完全按照规则运行的结果，不属于独创性表达。因此，独立生成物不是作品。对于蕴含人类独创性贡献的生成物，当人类对生成物的贡献达到独创性表达的要求时，应当将生成物认定为作品。关于该类作品的权利归属问题，从独创性的角度出发，生成物不完全是编程者思想的体现，而在自然语言处理等情况下，使用者对生成物的贡献可以达到独创性表达的程度。为了确保等价交换下的利益平衡，对生成物的贡献达到独创性表达标准的使用者应当享有生成物的著作权。在国际上对本问题尚无定论之际，我国应当尽快确定对本问题的态度

* 华南理工大学法学院知识产权法专业2018级硕士研究生。

并由此完善人工智能衍生的其他问题所涉及的法律制度,以期在法律上与人工智能产业发展打好配合战。

关键词 人工智能生成物 著作权 可版权性 权利归属

一、弱人工智能生成物著作权问题的研究范围

(一)人工智能生成物的概念界定

1.人工智能的概念界定

人工智能,是一种用机器实现人类部分智能的技术。学界在描述人工智能生成物的著作权问题时,还常常出现"人工智能机器人"和"机器写手"等表述。但这些表述与本文所研究的"人工智能"有一定区别,且会影响生成物性质的判定,因此有必要对本文所研究的"人工智能"这一概念进行解释和界定。

人工智能不是横空出世,它的学科基础正是计算机科学。互联网和手机的接入采集了大量的数据,用深度学习算法对大数据进行分析和应用,由此产生的质的飞跃便被称为人工智能三个阶段。① 人工智能的核心是智能,智能使它具备创作的能力,这也是它不同于一般机器的重要因素。那么具体到作品创作中,智能是怎样发挥作用的呢?一方面,人工智能需要具备一个知识库,知识是一切智能行为的基础。以阿尔法狗为例,它的知识库便是成千上万盘不同的棋局。另一方面,它还需要智力,智力是获取知识并应用知识求解问题的能力。可以说,智力是智能技术的核心,也是它能够趋于人的智能的关键所在。总体来说,智能是知识和智力的总和。② 一个产品必须具备应用数据库解决问题的能力,才可以被称为人工智能产品。但目前,人工智能产业有一定泡沫成分,③各行各业都希望与之紧密结合,宣传得大张旗鼓,产品质量却参差不齐,有些甚至根本没有应用人工智能技术。

"人工智能机器人"和"机器写手"也是两个常用的概念,但它们与人工智能有一定区别。如前所述,人工智能是一种技术,它能应用在博弈、机器视觉、智能

---

① 周鸿祎:《智能主义:未来商业与社会的新生态》,中信出版集团股份有限公司2016年版,自序第Ⅸ页。

② 王万良:《人工智能导论》(第4版),高等教育出版社2017年版,第2页。

③ 周鸿祎:《智能主义:未来商业与社会的新生态》,中信出版集团股份有限公司2016年版,自序第Ⅷ页。

信息检索、专家系统、智能控制、智能管理与智能决策、组合优化问题和机器人等多种领域。[①] 人工智能机器人只是人工智能技术的一个载体,很多人工智能技术没有机器人载体,如微软小冰,但它生成的诗歌和歌曲的著作权问题同样值得研究。而机器写手这一概念容易令人产生以下误解:一是"机器"这一概念较为模糊,它可以指机器人或生产机器,与人工智能存在一定差别。二是"写手"一词缩小了生成物的范围,生成物不仅以书面的形式存在,还可以以声音、动作等形式存在。因此,采用人工智能这一说法更为准确。

2. 生成物的概念界定

我国学者对人工智能生成的稿件、音乐、图画等产物的称谓有一定分歧,大抵有以下几种说法:人工智能生成物、人工智能创作物和人工智能创造物等。对问题的描述应当清晰客观,因此有必要对产物的称谓加以阐释。

日本公益社团法人版权信息中心网站显示,日本将人工智能产物称为"コンピュータ創作物",直译为"计算机创作物",类似于"人工智能创作物"这一说法。[②] 美国则有两种称谓,一是"computer-created works","create"一词有创造之意,类似于"人工智能创造物";二是"computer-generated works","generate"一词则蕴含生成之意,类似于"人工智能生成物"。可见,世界范围内对这一问题的描述都有一定分歧。

研究人工智能生成物著作权问题的关键就是人工智能是否发挥独创性作用,对问题的描述应该保持客观中立的态度,直接将产物称为创作物或创造物有失客观性,因此应当采取人工智能生成物这一说法。

(二)弱人工智能时代生成物著作权的研究范围

1. 生成物的研究范围

根据人工智能的发展阶段,可将其分为弱人工智能、强人工智能和超人工智能三个阶段。弱人工智能只能胜任人类的一部分工作,不拥有完整的智慧。[③] 显而易见的是,我们所接触到的人工智能,诸如"诗人'小冰'""棋手'阿尔法狗'"等都只能胜任人类的部分工作。也就是说,目前我们仍处在弱人工智能阶段。

---

① 王万良:《人工智能导论》(第4版),高等教育出版社2017年版,第11~20页。

② 日本著作权审议会第9小委员会.コンピュータ創作物関係報告書[EB/OL]。日本:1993. http://www.cric.or.jp/db/report/h5_11_2/h5_11_2_main.html.。

③ 李开复、王咏刚:《人工智能》,文化发展出版社2017年版,第191~209页。

严格来说,弱人工智能并不是真正意义上的人工智能,许多科学家也表示,人工智能时代尚未到来。① 法律研究社会问题而不研究科学设想,目前,强人工智能只是一种科学设想,尚未产生具有科研意义的实质性进展,因此具有法律意义的人工智能生成物仅指弱人工智能生成物。

2. 著作权问题的提出

世界上第一部著作权法在英国颁布时,英文中尚未出现"copyright"一词,②这部法律当时的归类,也被归入英国安娜女王时期的"印刷法律"中。可见,著作权法随着技术发展而产生,它也必然会随着技术发展而产生前所未有的变革。弱人工智能时代已经到来,随之而来的法律问题无可避免。

编程者创造了人工智能,随着智能系统的不断进化,使用者的创造性作用逐渐降低。人工智能生成物与人类创作的作品越来越难以区分,它的产生凝结了人工智能、编程者和使用者的贡献。人工智能对生成物的贡献来自程序的运行、编程者赋予人工智能应用知识解决问题的能力、使用者借助了人工智能进行创作,它们对生成物的贡献都不同于以往的作者,因此需要对人工智能运行模式及编程者和使用者的行为进行分析。

(三)类型化研究的必要性

在相关研究中,学者们通常将人工智能生成物视为一个整体,先评价它的可版权性,再研究权利归属问题。这样的方法虽合乎逻辑,却忽略了对人工智能运行模式的本质探究。人工智能只是一个相对宏观的学科概念,图像识别、自然语言处理、专家系统等都是它的子技术。不同的技术有不同的运行模式,基于不同模式所产生的生成物可能会导致不同的法律评价。例如,微软小冰可以根据指令自动生成诗歌,而 Microsoft Translator 需要根据人类的语言生成相应的文字。这两种人工智能产品的运行模式有较大区别,一个几乎是自动运行,另一个则需要以人类的语言作为生成物的基础,对这两种产品的法律评价显然需要分别进行。因此,可版权性及权利归属研究的前提是对生成物进行类型化区分。

需要注意的是,类型化研究的意义是得出更加清晰合理的法律评价,而不是

---

① [日]松尾丰:《人工智能狂潮》,赵函宏、高华彬译,机械工业出版社2015年版,第20页。

② 据英国前版权委员会名誉主席威尔(R. F. Whale)考证,Copy与Right两个英文词合并成"版权",是在1740年,而英国第一部版权法颁布于1709年。参见郑成思:《知识产权法》,法律出版社1997年版,第309~310页。

对科学问题进行细化研究。因此，具有法律意义的类型区分不能直接按照人工智能的子研究方向进行。法律调整的是人与人之间的关系，即使是在野生动物保护法中，也是通过直接调整人与人的关系来间接调整人与自然的关系。抛开人类的参与行为去谈论技术不具有法律意义，人类的参与行为应当成为区分生成物类型的唯一标准。

根据生成物是否体现人类的独创性贡献，可以将其分为两类：一是弱人工智能独立完成的生成物，即生成物主要由人工智能完成，人类在此过程中只是机械操作，不付出独创性贡献。二是蕴含人类独创性贡献的生成物，即人类的参与行为并非机械操作，而是具有著作权法意义的创作行为。

二、弱人工智能独立完成的生成物

（一）结合人格权理论对弱人工智能进行主体资格分析

人格权理论是解决主体资格问题的核心。但并非所有民事主体的人格都是与生俱来的，自然人的人格制度是随着时代的发展逐渐扩张和完善的，而法人的人格则是根据社会发展的需要特殊拟制的。[①] 如今，弱人工智能作为新事物出现在公众视野中，它具有学习并应用知识的能力，它能够胜任人类的部分工作，这是否意味着它也和自然人一样享有人格，或者可以对其进行人格拟制？

1. 基于科学观点的人格制度适用分析

从西方近代哲学的角度来看，人格是关于人的本质的总括。“以此为基础，内在化的伦理价值观念成为近代民法关于人的伦理性认识的核心，并由此构成近代民法人格构造的基础。”[②]伦理价值观念的外化对人格权的实现至关重要，因此我们可以越来越频繁地看到生命、健康、自由、尊严正逐步转化为法律明确规定的人格权。

虽然人工智能的目标是完成人类能够做到的事情，但具有行为的能力并不

---

① 古罗马时期，并非所有自然人都享有人格，拥有完全人格的条件是同时具备自由人、罗马市民和家长三种身份，只有拥有完全的人格才能享有自由权、市民权和家族权。法人人格的拟制实际上也起源于罗马，根据罗马法学家的观点，团体拥有自己的权利和义务，与属于团体的各个人无关。参见［意］彼德罗·彭梵得：《罗马法教科书》，黄风译，中国政法大学出版社2018年版，第42~44页。

② 吴汉东：《试论人格利益和无形财产利益的权利构造——以法人人格权为研究对象》，载《法商研究》2012年第1期。

能成为它具有人格的理由。从技术层面来看,它是否可以塑造出人类的“心灵”,拥有人类的意识,才是对判断人格问题至关重要的因素。

人工智能技术是否能够实现塑造心灵的目标与人工智能的技术原理关系密切。我们的大脑里分布着很多神经元,神经元中有一些叫作“突触”的地方,如果电压积累到一定水平,它们就会释放出神经递质,当这些神经递质被传递至下一个神经元后,电信号也随之得以传递。因此,人脑和电路极其相似,实现智能技术的核心便是通过电路模仿大脑。①

但人脑真的只是一个单纯的电路吗?人类的思维是可以计算的吗?科学家对此尚无统一的结论。以马文·明斯基为代表的乐观派认为,人类的思维也是某种计算,根据图灵的理论,一切能够计算的事物都能通过计算机来实现,因此,可以在人工智能身上塑造出“人的心灵”。② 而以塞尔为代表的保守派认为,人类的思维不能用算法来体现,人工智能不可能具有人格。塞尔进行的中文屋思想实验证明,计算机只是规则和程序的集合,它只是一个机械的工具,对自己输出的内容一无所知,更不可能产生自我认知。③

此外,虽然目前的脑科学研究还没有穷尽人脑的奥秘,但著名数学家罗杰·彭罗斯(Roger Penrose)在其著作《皇帝新脑》中提出了这样的观点:在大脑中的微管里面会产生“量子现象”,是它促成和产生了意识。量子现象是一种凭直觉很难理解的物理现象,但可以肯定的是弱人工智能的“大脑”中不可能存在这种现象。也就是说,弱人工智能无法产生意识,自然不能享有人格。

如果还对此问题心存疑虑,那么至少要等“塑造心灵”的技术真正实现再讨论是否赋予其人格的问题。至少在当下的弱人工智能时代,人工智能不具备意识,无法产生自我认知,没有自由和尊严保障的需求,因此不能自然地享有人格。

2. 法人人格拟制适用分析

罗马法时期的人格拟制的对象主要是团体,“团体和组织团体的分子都具有独立的人格,而作为法律关系的不同主体,也可以享有和行使各自的权利。这种

---

① [日]松尾丰:《人工智能狂潮》,赵函宏、高华彬译,机械工业出版社2015年版,第21页。

② 张娜:《“中文屋论证”问题的探讨》,复旦大学哲学学院科学技术哲学专业2009年硕士学位论文,第13页。

③ John Seale, Minds, brains, and programs, *Behavioral and Brain Sciences*, Vol. 3(3), 1980, 417 - 424.

抽象人格的理论,扩大了民事主体范围,将权利直接赋予'法律拟制之人'。"①回归到著作权领域,这种对人格的法律拟制通常被称为"视为作者"。如今各国法律中视为作者的情况并不少见,但本文只讨论将法人视为作者的情况,如进行软件开发的法人和法人作品中的法人。法人拟制的合理性主要有以下两点:

一是从经济人的角度出发,法人作为理性追求自己利益的经济人,具有意思能力和责任能力,应当将其视为具有权利能力的法律主体。但在弱人工智能时代,人工智能显然不能独立参与社会经济生活,不能成为理性追求经济利益的市民。即使智能技术达到了可以参与社会经济生活的程度,至少从上文对弱人工智能技术障碍的描述来看,它不可能拥有意识,这将直接影响它的意思能力。在此情况下对其进行人格拟制,不符合法律逻辑,有违法律制度构建的初衷。

二是从法人人格的实质出发,法人人格最早源于无数个自然人人格的集合,在罗马法上也称"团体人格"。自然人可以预见法人行为的后果,并控制法人的行为。在无限连带责任的情况下,自然人和法人的财产也是互不分离的。但对人工智能而言,人们无法预知它面对特定情形会作何反应,因为编程者只是给予弱人工智能一个数据库和一个深度学习的大脑,编程者自己不会学习这个数据库,也没有和人工智能相同的大脑。因此,他并不能确切预见人工智能的行为后果,阿尔法狗之父也曾坦言自己不能战胜李世石,他无法预见阿尔法狗在棋局中会使用何种技巧。使用者更不了解人工智能的运作机制,他也无法对人工智能的深度学习成果做出准确的判断。

人格在民法中是统一的概念,在不可预知的情况下赋予人工智能以拟制人格将在其他法律领域产生更大的风险。因此,无论从人格权理论还是拟制人格的角度出发,弱人工智能都不能享有法律主体资格。

综上所述,弱人工智能不具备法律主体资格,不能成为生成物的作者,对于人类参与创作的生成物,在判断生成物可版权性及权利归属问题时就不必再考虑弱人工智能的主体资格问题。

---

① 吴汉东:《试论人格利益和无形财产利益的权利构造——以法人人格权为研究对象》,载《法商研究》2012 年第 1 期。

(二)生成物的可版权性

1. 独立生成物不具有独创性

综观世界范围内其他国家的著作权法,无论是大陆法系国家还是英美法系国家,都普遍将独创性或者创造性作为认定作品的重要因素。① 但世界范围内对独创性的认定标准存在很大分歧,大陆法系国家对独创性的要求往往高于英美法系国家,②我国学界对独创性的争论也持续至今。笔者尝试对目前存在的几种观点进行梳理:第一种是着重强调创作过程中的独立性,例如郑成思先生认为"独创性是指作品是自己完成的而不是抄袭的。"③第二种是不仅强调独立性,还强调创作的智力高度,例如王迁先生认为独创性代表独立性和创造性的结合,创造性是指一定水准的智力创造高度。④ 独创性的标准对认定弱人工智能生成物的著作权至关重要,如果仅要求独立性,几乎不要求创造性,那么弱人工智能对生成物的贡献显然符合独创性的要求。反之,如果要求生成物具有一定创造性,就要根据创造性的含义,结合弱人工智能运行模式进行进一步讨论。

在陈建与富顺县万普印务有限公司侵犯著作权纠纷案⑤中,陈建长期从事机读卡研究工作,并设计了三个答题卡。万普公司未经陈建许可,生产销售这三种答题卡。本案焦点在于诉争答题卡是否属于著作权法意义上的作品。答题卡不属于通用数表,是陈建独立完成的产物。如果仅要求独立性,该答题卡显然属于作品的范畴,但最高人民法院认为,答题卡的排列受制于光标阅读机软件所识别的行列间距等参数,本身并不表达某种思想,因此不构成著作权法意义上的作品。也就是说,最高人民法院要求作品具有一定创造性。

笔者赞同最高人民法院要求创造性的观点,主要出于以下考虑。作为知识产权的一种,著作权本身就包含着知识共享和知识独占之间的矛盾。从知识论

---

① 《美国版权法》第102条规定:"为作者所创作并固定于有形媒体,不论现在或今后发明的,从而可以直接或者借助机械或装置被感知、复制或者以其他方式传播的作品,依本法予以保护。"《日本著作权法》第2条规定:"著作物,系指创作性得表现思想或者情感,属于文艺、学术、美术或者音乐领域的原作。"《意大利著作权法》第1条规定:"具有创作性并属于文学、音乐、平面艺术、建筑、戏剧和电影范畴的智慧作品,不问其表达方式及形式,而受本法保护。"

② 关永宏:《知识产权法学》,华南理工大学出版社2008年版,第198页。

③ 韦之:《著作权法原理》,北京大学出版社1998年版,第18页。

④ 王迁:《知识产权法教程》,中国人民大学出版社2016年版,第33~39页。

⑤ 吴汉东、宋晓明:《人民法院知识产权案例裁判要旨通纂》(上卷),北京大学出版社2016年版,第52页。

的角度来看,可以将满足人们审美需要的作品视为某种知识,而从社会论的角度来看,知识属于全社会,是人类的共同精神财富。① 之所以将一部分知识纳入法律保护的范畴,是为了保护智力成果不被他人不合理地分享,是为了鼓励知识创新②。那么这部分知识一定有被保护的价值,这种价值可以理解为创造性。

有一种情形可以帮助我们更好地理解创造性的必要性:任何人运用特定规则都可以得出的一致结论不具有创造性。例如,英文老师教几位从没有接触过英文的中国人特定的语法和单词,每个汉语词汇只教对应的一种英文,每个汉语句子只教一种英文句式。最后,老师让他们翻译一篇文章,大家的翻译结果必然是一致的,这种机械运用规则的结果显然没有被著作权法保护的必要。而一位经验丰富的翻译家,他的翻译作品就可以得到著作权法的保护,因为他的翻译能够体现对不同句式、词汇的选择,能够体现他对文化的理解,能够体现他本人的聪明才智,因而具有被保护的价值。

根据上述标准,弱人工智能对生成物的贡献是按照详细规则得出的特定结果,显然不具有创造性。明代谈迁在《国榷》书稿被盗后,又发愤重写,即使是出自一人之手,今天流传于世的《国榷》与丢失的版本也一定有许多不同之处。同样是写明史,还有汤纲、南炳文所著的《明史》,黄仁宇所著的《万历十五年》等,他们从不同角度勾勒出了历史的天空。如果把写明史看作一种指令,可见,同一人在不同时间完成同一指令会得到不同的作品,不同人在不同时间完成同一指令也会得到不同的作品。但若是弱人工智能生成物丢失,它完全可以按照同一指令重新完成一个一模一样的生成物。即使是把智能程序安装在其他设备上都可以得出一样的生成物。弱人工智能对生成物的贡献是完全规则运行的结果,不能体现个体的聪明才智,自然不是著作权法保护的范围。

2. 弱人工智能对生成物的贡献不属于思想的表达

我国《著作权法实施条例》第 2 条也暗含了西方著作权法的一项基本原则——“思想与表达二分”,即著作权法不保护作品中的思想、观念,只保护思想、观念的独创性表达。这主要是因为法律属于行为规则,而非思想规则。③

再次回顾陈建诉万普案,答题卡显然构成一种表达,但根据《著作权法实施

① 汪丁丁:《知识印象》,中信出版社 2003 年版,第 221 页。

② 曲三强:《现代知识产权法概论》,北京大学出版社 2015 年版,第 14 页。

③ 吴汉东、宋晓明:《人民法院知识产权案例裁判要旨通纂》(上卷),北京大学出版社 2016 年版,第 7 页。

条例》第2条,创造性必然要求作品内体现一定的思想。答题卡只是根据考题选项和统计信息的需要而设置的,它是不体现任何思想的表达,因此不能称为著作权法意义上的作品。可见,虽然著作权法只保护思想的表达,但它保护的是能够传达某种思想的表达,而不保护没有体现任何思想的表达。

有学者从二分法出发,认为著作权法只保护表达,不保护思想,思想是无从判断的,因此不必考虑弱人工智能是否体现思想。[①] 这种观点认为,我们所说的思想都只是我们自己认为作品能够体现的思想,而不一定是作品真正所表达的,一部作品是否有思想是无从判断的。但这种观点有两个缺陷:一是一部作品高度的体现就在于它所传达的千万种可能性,一千个读者眼中有一千个哈姆雷特,这就是《哈姆雷特》的魅力,想象的空间就是作品的灵魂,也是作品值得被保护的重要理由。我们欣赏一部作品就是因为我们对它能够产生共鸣,也许作者在创作时并没有想到这种可能性,但那只是因为他自己也没有意识到这个作品完整的价值,这也是很多作品随着时间的推移历久弥新的原因。因此,判断出作者的思想究竟是什么并没有意义,我们确实无从得知作者在写作的时刻究竟在想什么。但在著作权法领域中,我们保护的是作品的价值,这种价值体现在读者的共鸣中,从读者的角度来判断作品思想的有无并无不妥。二是这种观点只描述了读者和作者思想不一致的情况,并没有提及作者没有倾注思想的情况。在很多情况下,我们很容易就能分辨出一个内容是否能体现思想。例如,陈述事实的时事新闻,对事实的陈述显然不能体现思想,这也是它不能得到著作权法保护的重要原因。[②]

还有一些学者认为,弱人工智能对生成物的贡献实际上体现了设计者或训练者的思想,[③]它对生成物的贡献是由背后的编程者或使用者带来的,因此它体现了人的思想。但根据上文对弱人工智能工作原理的分析,我们可以得知,编程者赋予弱人工智能一个数据库和一个程序,但编程者自己不会应用这个程序来对数据库进行学习,因此它和弱人工智能在特定问题上的知识水平和反应能力完全不同,弱人工智能面对某一问题会做出怎样的反应,编程者不能预知。使用者更加不得而知,否则就失去了借助弱人工智能的意义。这种不可预知性也是

---

① 孙山:《人工智能生成内容的著作权法规制——基于对核心概念分析的证成》,载《浙江学刊》2018年第2期。

② 我国《著作权法》第5条规定:"本法不适用于……(二)时事新闻……"

③ 熊琦:《人工智能生成内容的著作权认定》,载《知识产权》2017年第3期。

不应该赋予弱人工智能以拟制人格的重要原因。因此，弱人工智能虽然没有意识，不具有思想，但它有别于传统的机械，深度学习能力使它所呈现的结论往往超乎人类的想象，不能认为它的生成物完全是编程者或者使用者思想的体现。

综上所述，著作权法保护的是能够体现思想的表达，思想的有无完全可以从读者的角度进行判断。通过前文人格权部分的剖析，我们可以得知弱人工智能不可能产生意识和思想，因此它对生成物的贡献不能够体现思想。另外，由于人类无法预知它面对具体问题输出的结果，所以它对生成物的贡献不是思想的体现。不能体现思想的表达不受著作权法的保护，因此，弱人工智能对生成物的贡献不是著作权法保护的表达。

三、蕴含人类独创性贡献的生成物

编程者创造了弱人工智能，为它赋予了“智慧的头脑”，使用者运用弱人工智能，为生成物开启了“生命的来源”。两者都对生成物的产生付出了一定智力贡献，但只有在智力贡献达到著作权法所规定的独创性表达的要求时，生成物才可能成为作品。

（一）使用者贡献可能构成独创性表达

对于使用者参与创作的生成物，如果使用者贡献的部分达到了独创性表达的要求，则该生成物应该受到著作权法的保护。自然语言处理技术能够很好地体现出对弱人工智能和使用者参与部分进行区分的必要性。自然语言处理技术是人工智能技术的一种，简言之，就是让计算机“听懂”“看懂”人类的语言，并翻译成另一种语言。[①] 近日，在美国罗切斯特理工学院的课堂上，老师在课堂上口述的内容可以通过 Microsoft Translator 实时转换为字幕，听障学生也可以轻松地理解老师所教授的内容，[②]Microsoft Translator 利用的便是自然语言处理技术。根据上文观点，微软翻译器对生成物的贡献只是对规则的机械运用，不体现个体智慧，不是独创性思想的表达。但翻译器最终生成的课堂内容字幕也因此不受

---

① 王万良：《人工智能导论（第四版）》，高等教育出版社 2017 年版，第 2 页。

② 微软亚洲研究院：《弱人工智能为听障学生打造全新课堂》，载搜狐网：http://www.sohu.com/a/228593732_133098，最后访问日期：2019 年 8 月 11 日。

著作权法的保护吗?答案是否定的,判断课堂内容字幕是否属于作品,关键在于对课堂内容本身的认定。如果老师口述的课堂内容属于具有独创性思想的表达,并满足作品的其他构成要件,课堂内容字幕当然也属于著作权法规定的作品,应当受到著作权法的保护。

(二)生成物不完全是编程者思想的表达

人工智能产品的开发需要经历需求分析、设计、编程、测试等多个步骤,每个步骤都对机器"智慧"的诞生具有至关重要的作用。这个过程涉及下列主体:软件分析人员、软件架构人员、软件设计人员、软件工程管理人员、程序员等。广义的编程者包含参与软件开发的所有上述技术人员,而狭义的编程者仅指程序员。编程者说广泛存在于英美法系,我国诸多学者在讨论本命题时也采用"编程者"这种称谓,但对编程者究竟为哪一主体却没有进一步解释。

对软件开发过程稍加研究就会发现,上述所有参与研发的人员都为机器"智慧"的产生付出了相当的智力劳动。① 因此,在讨论人工智能生成物的著作权问题时,编程者应采用广义的概念,即包括所有参与软件开发的技术人员。人工智能编程者不是单一的个人,而是指整个编程团队。关于编程团队在法律上的权利划分,可以参照我国《计算机软件保护条例》第3条和第9条,即"实际组织开发、直接进行开发,并对开发完成的软件承担责任的法人或者其他组织;或者依靠自己具有的条件独立完成软件开发,并对软件承担责任的自然人"是由编程衍生的权利的主体。

编程者赋予人工智能"智慧",人工智能则借助"智慧"生成各种形式的生成物。编程者说便是基于这一点认为人工智能生成物的著作权应当属于编程者。美国在司法实践中有一个和本命题非常相似的案例,经常被学者们引用,即网络游戏画面的著作权问题。案例中美国法院的观点常被用来解释或支持编程者说。

在1982年Williams Electronics, Inc. v. Arctic International案②中,Williams公司制作了一款名为"Defender"的视频游戏。此后,Arctic公司根据"Defender"仿

---

① [美]理查德·F.施密特:《软件工程——架构驱动的软件开发》,江贺等译,机械工业出版社2016年版,第6~7页。

② See Williams Electronics v. Arctic International, 685 F.2d 870(3d Cir.1982).

制了一款名为“Defense Command”的游戏。Williams 公司因此控诉 Arctic 公司侵犯了自己的著作权。Arctic 公司认为游戏玩家在游戏过程中控制着人物的动作和场景的切换,他们的操作和策略使游戏画面更加丰富,因此 Williams 公司不能对游戏独享著作权。第三巡回法院最终认为,玩家的参与不能改变游戏著作权的归属,因为不管玩家如何操作,都是对游戏公司事先设计好的画面的一种选择,因此支持了 Williams 公司的诉讼请求。美国法院的主要观点是游戏设计者在设计游戏场面和人物功能时,已经预想到了出现所有画面的可能性,因此,无论玩家如何操作都只是众多规则之上的一种选择,而非独立的创作。一些学者据此认为人工智能的工作过程也体现了对编程者预想的各种可能性的选择,因此著作权应当属于编程者。

游戏画面的著作权和人工智能生成物著作权是两个完全不同的问题。游戏玩家体验的核心是画面和功能的组合,而画面和功能是开发团队已经设计好的,他们在开发的时候必须要考虑画面和功能的各种组合结果,确保游戏的品质,提高游戏的娱乐性。但人工智能不只是简单的排列组合,它具备深度学习功能,也就是说,编程者只是给人工智能一个智慧的“大脑”和一个数据库,人工智能会运用“大脑”对数据库进行自主学习,由于编程者没有对数据库进行学习,也没有人工智能“坚持不懈”“超长待机”的能力,所以他事先不能完全预知人工智能会生成何物。举例来说,在围棋比赛中,阿尔法狗的设计者并不能准确说出它下一步要下什么棋,即使阿尔法狗战胜了李世石,设计者自己未必能获胜。阿尔法狗之父,Deepmind 的创始人之一 Demis Hassabis 印证了笔者的结论,被问到阿尔法狗的能力是否有上限时,Hassabis 说他不知道:“如果有,我们也还未发现。”①因此,编程者虽然对人工智能的“智慧”有一定贡献,但他事先并不知道生成物具体的内容,所以不应当将其和游戏画面作类比,从而将著作权赋予编程者。

编程团队创造了人工智能,但由于他们没有亲自学习数据库也没有人工智能强大的学习能力,所以在相同情况下,编程者不能预知生成物的具体内容。因此,不能将生成物视为编程者思想的体现,编程者对生成物的智力贡献不符合思想的表达这一构成要件。

① 澎湃新闻:《AlphaGo 之父谈儿子智力“上限”:我真的不知道》,载与非网:http://www.eefocus.com/consumer-electronics/359725,最后访问日期:2019 年 8 月 11 日。

(三)借鉴权利穷竭原则分析权利归属

在使用者对生成物的贡献达到独创性表达要求时,生成物应当被认定为作品。关于此类作品的权利归属问题,即使独创性贡献来自使用者,仍可能有人认为编程者贡献应该得到保护,编程者和使用者应当共同享有著作权。但通过借鉴权利穷竭原则,可以得出使用者应当独享此类作品著作权的结论。

从权利穷竭原则的实际应用上来看,并没有应用到弱人工智能生成物著作权问题的先例,从产生时的理论来看,也并不完全适用于弱人工智能生成物的著作权问题。但从产生的原因来看,本问题和权利穷竭原则应用的对象和情况比较类似,都是为了限制权利的排他性。从利益平衡的角度来看,弱人工智能生成物既体现了编程者的利益,又体现了使用者的利益,在等价交换的情形下,与权利穷竭原则有相似之处。

1. 对排他性权利的合理限制

权利穷竭原则的目的是使知识产品在进入流通领域以后,作为产品的物权所有人,有权再使用、销售该物品,从而达到"物尽其用"的目的。一旦适用了权利穷竭原则,知识产权所有人的独占性排他权就会受到限制。人工智能生成物的著作权同样是一种排他性权利。与普通作品不同的是,普通作品的产生过程只能体现著作权,而人工智能生成物的产生可以体现著作权、专利权等多种权利。如前所述,编程者可以依据我国《计算机软件保护条例》第5条对人工智能程序享有著作权,也可以依据我国《专利法》对软件申请方法类专利,或者将软件与设备结合,申请发明专利。

在编程者已经受到足够的知识产权保护的情况下,如果仍然规定生成物的著作权属于编程者,编程者就成为"最大赢家",与人工智能有关的一切收益都被他收入囊中,权利的排他性又得到了极大的展现。但完全的排他性会损害其他社会主体的正当利益,对排他性权利加以适当限制更有利于人工智能行业的健康发展和社会利益的公平分配。

2. 等价交换背景下的利益平衡

从价值交换的角度来说,使用者用一定金钱购买人工智能产品,编程者获得金钱,使用者获得产品的所有权并利用其进行创作,这与权利穷竭的情况非常相似。权利穷竭原则限制了原权利的绝对性,类比可知,编程者的权利也应该受到限制,不能任由其进行无度地扩张。使用者进行价值交换得到人工智能产品后,他的目的不只是体验人工智能产品的优劣，更是借助它来更好地完成创作。如果将人工智能生成物的著作权划分给编程者，那么使用者的权益无疑会受到侵害，使用者不能实现自己的购买目的，人工智能市场也会因此受到不合理制度的冲击。法律应该是对社会发展的合理回应，如此方能收到社会的良性反馈。

结合权利穷竭理论，从编程者的角度来讲，其可以对人工智能程序享有著作权，也可以对设备享有专利权，不应对其生成物再享有著作权。从使用者的角度讲，其通过等价交换的方式得到了人工智能产品，为了维护利益平衡，理应享有人工智能生成物著作权。

四、结　语

本文立足当下，尝试对人工智能生成物著作权问题的研究范围进行界定，并结合法学理论与科学观点，以类型化研究的方式对弱人工智能时代相关主体的利益权衡作出分析，并得出结论：弱人工智能独立完成的生成物不受著作权法保护。蕴含人类独创性贡献的生成物受著作权法保护，对生成物的贡献达到独创性表达标准的使用者应当成为权利人。科技发展会带来更大的社会变革，对法律制度合理性的思考一刻也不能停止。弱人工智能时代产生的著作权问题尚可以运用现行著作权法进行解决。但强人工智能时代、超人工智能时代产生的著作权问题可能还需要从伦理、哲学、法经济学等多方面进行考量，以决定是否更新著作权法的理念，改变著作权法的调整范围。从哲学的角度讲，一切问题都可以视为矛盾。矛盾具有普遍性，这也是方法论得以普遍存在的原因。人工智能并非横空出世，计算机科学正是它得以存在的基础。矛盾也具有特殊性，人工智能与其他科学技术相比具有特殊性，人工智能技术之间也存在特殊性。因此，在解决人工智能衍生的其他法律问题的过程中，应当从矛盾的普遍性和特殊性出发，遵循社会发展规律，为相关问题寻找新的平衡点，以期促进人工智能产业的良性发展。

"用户创造内容"中合理使用问题研究

王铂铭*

摘　要　"用户创造内容",以现有版权法观之,其对他人作品的使用行为涉嫌侵犯改编权、信息网络传播权。用户创造内容陷入侵权的境地,是版权法在数字互联网环境下扩张而合理使用名存实亡带来的不合理结果。基于用户创造内容的非商业性、对原作品的无替代性等特征,应赋予其合法地位。转换性使用作为判断合理使用的重要标准,可作为用户创造内容合法性判定的标准,以此标准衡量,二次创作形成的用户创造内容可纳入合理使用范畴。此外,变革传统"个人使用",突破"私域"性要求以改变传统个人使用在互联网环境下无从适用的现状,亦是恢复互联网环境下利益失衡的必由之路。

关键词　用户创造内容　合理使用　转换性使用

一、概念的界定及其研究价值

2019年3月26日,欧洲议会以348票赞成274票反对的结果,通过了《数字化单一市场版权指令》。其第17条要求,Face book、YouTube这类用户创作内容平台需要在用户上传内容时阻止未经授权的版权内容发布,这种

* 华南理工大学法学院2016级硕士研究生。

审核机制被称为"上传过滤器"(upload filter)。由此,网络版权的事后的通知删除规则强化为事前审查,著作权在网络领域的强势扩张引起了人们对言论自由干预与二次创作限制的普遍忧虑,也引发了新一轮的著作权正当性危机。欧洲议会议员茱莉亚·瑞达(Julia Reda)称为"互联网自由历史上最黑暗的一天",500万人签署了反对意见书,反对者中不乏Google、Facebook这样的巨头。①

所谓"用户创造内容",系"User-Generated Content"(以下简称UGC)的中文翻译,亦有翻译作"用户创制内容"或"用户生成内容",但于其内涵并无影响,是指网络用户在线创作并上传至互联网在互联网传播的内容。2007年经济合作与发展组织(Organization for Econanic Co-operation and Deualop-ment,OECD)发布名为"Participative Web And User-Creative Content: Web2.0, Wikis and Social Networking"②(《参与性网络与用户创造内容:Web2.0,维基与社交网络》)的报告,该报告并未直接给出概念的抽象定义,而是阐述了"用户创造内容"的三个核心特征:(1)公开发表于网络;(2)反映一定程度的创造性劳动;(3)非专业的③惯例和经验的创造④。通过对上述核心特征进行抽象概括,本文将"用户创造内容"定义表述为:通过非专业途径创作的具有一定创造性劳动并公布于网络的内容。

"用户创造内容"是web2.0⑤时代的产物,也代表了web2.0时代互联网的典型特征。所谓web2.0是指用户参与、用户主导、用户建设的开放、共享的模式,用户将自己创造的内容分享到网络进行传播,这一模式在著作权法上带来了颠覆性影响:首先,用户不再是单纯的作品使用者,而是同时集创作者、使用者、

① 王毓蝉:《欧盟新版权法改变互联网免费传统,它可能带来8种令人不安的未来》,载好奇心日报:https://m.qdaily.com/mobile/articles/62591.html,最后访问日期:2019年4月2日。

② 该报告所用术语为"User-Creative Content",与"User generated content"概念内涵实质相同。

③ 此处之"非专业",非创作能力与水平"非专业",而指无商业性利益驱使。例如,某具有专业能力的专业人士在工作之余,无盈利动机创作的作品,也可称为"非专业的惯例和经验的创造"。See Andrew Keen, The Cult of The Amateur: How Today's Internet is Killing Our Culture, Doubleday (2007), p.54.

④ 原表述为 In this study UCC is defined as: i) content made publicly available over the Internet, ii) which reflects a "certain amount of creative effort", and iii) which is "created outside of professional routines and practices"。

⑤ Web2.0概念由美国O'Reilly公司的Dale Dougherty和Media Live公司的Craig Cline在一次头脑风暴会中首先提出,指允许用户通过交互合作主动在互联网社交媒体上创造发布内容的互联网模式,区别于传统的由专门的互联网运营商制造传播信息而用户仅被动地通过网络获取信息的互联网模式。中国互联网协会对Web2.0的定义是:互联网2.0是互联网的一次理念和思想体系的升级换代,由原来自上而下由少数资源控制者集中控制主导的互联网体系转变为自下而上由广大用户集体智能和力量主导的互联网体系。

传播者身份于一身。而传统著作权法调整的著作权法律关系事实上是严格区分使用者与传播者的——传统著作权法建立在规制版权产业竞争的基础上,规制对象主要是商业性版权机构,而对对版权行业利益无显著影响的个人使用持宽容态度。其次,人人创造、人人传播的超高频次远超传统著作权法所能设想到的作品使用频率,授权许可的交易成本与互联网作品创作传播的即时性要求相悖。再次,用户创造内容具有使用—传播一体化特征。个人使用,一般要求使用人系在私人空间乃至家人亲友之间使用,而难以涵盖互联网环境下的公开传播行为,这就构成了用户创造内容使用他人作品通过个人使用而纳入合理使用范畴的障碍。最后,用户创造内容具有明显的非商业性特征,创作、传播者具有非职业化特征。网络用户创作、上传自制作品,往往无获取经济利益的动机,而仅是追求一种认同感、分享带来的快感。而著作权法一直以来,均以规制职业化创作、传播者为任务①,即便在P2P软件带来的作品交互式传播盛行的20世纪末,版权法亦仅是通过引入共同侵权及间接侵权规则来规制网络服务提供者,重点仍在职业化传播者。

"用户创造内容"本身实非新鲜事物,主要包含的类型有微博、博客上的文字作品,视频分享网站上的视频等,然而其对版权法的巨大冲击却一直是学界悬而未决的疑难问题,甚至有学者认为,用户创造内容对版权法带来的颠覆性影响是重塑版权法的重要契机②。2006年改编自电影《无极》的网络视频《一个馒头引发的血案》引起轰动效应,并首次引发了学界对用户创造内容使用他人作品的合法性思考,但由于该案最终未进入司法程序,其性质的司法认定也就成为悬案。《一个馒头引发的血案》实为典型的戏仿作品,当时学界以戏仿作品为对象展开了较多研究,并有观点认为戏仿作品中使用他人作品因符合转换性使用而应构成合理使用③。而学界对UGC概念下的使用现有作品的合法性判定研究则极少,笔者认为,戏仿作品仅为用户创造内容中的一个特殊类型,然而戏仿作品之外的其他用户创造内容更为普遍,因而在UGC概念下展开用户创造内容使用现有作品的合法性判定研究极有必要。本文以用户创造内容对他人作品合理使用

---

① Montagnani M. L. , A New Interface between Copyright Law and Technology: How User-Generated Content Will Shape the Future of Online Distribution, *Ssrn Electronic Journal*, 2008(9), pp. 719 - 773.

② Ibid.

③ 王迁:《论认定"模仿讽刺作品"构成"合理使用"的法律规则——兼评〈一个馒头引发的血案〉涉及的著作权问题》,载《科技与法律》2006年第1期。

的困境为视角,尝试为其寻求合法性出路,并借以反思网络环境下著作财产权的持续扩张。或许,最大价值不在寻求用户创造内容使用他人作品合法性判定的答案,而在于省视著作财产权在网络环境下持续扩张带来的种种不适应性。

二、版权法灰色地带的形成

我国《著作权法》第22条列举式地规定了可不经权利人许可、不支付报酬而使用作品的12种情形,其中跟用户创造内容合理使用他人作品相关的主要是第一款:为个人学习、研究或者欣赏,使用他人已经发表的作品。而用户创造内容难以适用我国著作权法中的权利限制条款的主要障碍在于:一方面,个人使用限于私域使用,而用户创造内容是一个创造—传播一体化不可分割的过程,这就突破了传统个人使用有关"私域"的范围限制。另一方面,著作权法中关于"个人使用"的"使用方式"问题,虽有研究观点认为可包含对作品的改编行为①,但这种改编行为仍需受"私域性"限制,未经原作品权利人许可不得公开传播改编作品。而用户创造内容往往是在改编式创作之后将内容上传网络,涉嫌构成对信息网络传播权的侵权。

依现行法,大量用户创造内容未经原作品权利人许可,使用、改编并传播的行为难以构成《著作权法》第22条所规定的权利限制情形,涉嫌侵犯原作品权利人的改编权、信息网络传播权,这意味着几乎每个用户创造内容的上传人都有极大可能是侵权人,而实务中却又极其少见有权利人向用户追究侵权责任。这样,广大的用户创造内容就成为一个既涉嫌侵权,但又为权利人所默认的著作权法灰色地带。② 权利人默认用户对其作品的改编传播行为原因具有多样性:一方面,用户极其分散,权利主张困难,权利人即便欲主张权利,也更倾向于向网络服务提供商主张;另一方面,笔者认为,最根本的原因仍在于用户创造内容并未对原作品形成替代效应,不会对原作品权利人经济利益形成威胁。如前所述,用户创造内容一个最重要的特征便是创作者的非职业性,亦即其创作、传播行为无经济动机,那么也就不会对权利人的潜在市场产生威胁。例如,某用户创造内容为

① 李杨:《著作财产权体系中的个人使用研究》,西南政法大学2012年博士学位论文,第29页。

② Lee E, Warming Up to User-Generated Content, *Social Science Electronic Publishing*, 2008(5), pp. 1459 – 1548.

用户自制的视听作品,其中完整包含了某首音乐作为背景音乐,看似未经许可使用、传播了权利人的作品,但并不会有该音乐的消费者以该视频为替代品而停止对该音乐的消费,因此该视频显然不会挤占权利人的市场份额。

这个可轻易得出却又看起来并不合理的侵权结论恰恰深刻折射了版权法在数字互联网时代的尴尬:该结论意味着,极其高频率的互联网在线创作、传播行为,若要避免侵权,皆须经原作权利人许可并付费。无法去想象,在这样一种全民进行重混式在线创作、传播作品的时代,网络用户的在线创作活动随时受到著作权法掣肘将带来多高的社会成本。不仅如此,假设用户创造内容受原作品著作权控制具有合理性,那么这样一种即时的、超高交易频率的交易成本又该通过何种手段控制在合理范围内亦不得不考虑。这样一种尴尬,是著作权调整手段的失灵的结果:网络环境极大地放大了作品的使用频率、方式和同一性预设①——在前数字化时代,个人对作品的使用往往不涉及改编,涉及改编的往往是职业化创作者,数字化条件下,每个用户都具备了对原作品进行改编的能力,原有的低频率改编许可在超高频的改编行为及传播频率下就显得极不合理。试想,如果改编权控制用户创造内容,那么不仅仅是改编用户需得到原作品权利人许可,在后续的网络传播中,每一次的转发、转载均须得到原作品权利人与改编者的双重许可,这几乎扼杀了用户创造内容的传播可能性,极其不可思议。

三、用户创造内容纳入合理使用的正当性

当"用户创造内容"这种广泛而意义重大的大众参与式文化现象陷于著作权法的灰色地带,当著作权法总对现实无可奈何,我们至少应当思索:如何让过往的法律②不至桎梏未来?"用户创造内容"纳入合理使用范畴,是著作权法平衡精神的本质回归,也是"用户创造内容"正外部性的现实要求。

(一)网络环境下的著作权法利益失衡

在笔者看来,"用户创造内容"的著作权法困境,是著作权法利益失衡的结

① 熊琦:《"用户创造内容"与作品转换性使用认定》,载《法学评论》2017年第3期。

② 任何法律都是特定历史条件下经济、政治、文化等因素作用的产物,因而都必然具有滞后性,这一特征在知识产权法/著作权法之上尤为突出,概因知识产权法/著作权受技术条件变迁的影响更甚。

果。而著作权法利益失衡的现状又是由著作权的持续单向度扩张与技术措施共同作用形成的。

1. 著作权的持续扩张

纵观著作权的发展历史,著作权的演变史即一部伴随传播技术的发展而不断演化的扩张史①,在每次新的传播技术出现后,著作权都借助浪漫化修辞②与利益集团的立法游说延伸至新的传播领域。著作权扩张,具体表现为权利类型(所控制的行为类型)的不断增加、客体范围的扩大、保护期限的延长与地域范围的扩张。著作权由单一的复制权逐步扩张至演绎权,是通过表演权、翻译权的逐步确立实现的。18 世纪末,人们逐渐发现表演行为再现了音乐、戏剧等作品,也是另一种形式的复制,于是 1791 年法国《表演权法》率先授予剧作家公开表演权,打破了"复制权"一统天下的局面。19 世纪,随着跨国图书贸易的开展,在作者及出版商的要求下,翻译权得以确立。③ 演绎权发展至今,几乎涵盖了一切可能的创作利用形式。④

著作权扩张不仅体现在控制作品利用类型增加方面,也体现在随传播技术的不断发展而著作权相应地延伸至新的传播手段。随广播、录音录像播放等传播方式的出现,广播权、放映权得到确立,以保护权利人作品未经许可可被广播、录音录像播放等手段传播。至 20 世纪 90 年代,随着互联网传播方式的出现,著作权法又再次延伸至控制网络传播行为。

从保护期限来看,《安娜女王法》规定的著作权保护期限为 14 年;美国 1790 年《著作权法》也将保护期限规定为 14 年;美国 1909 年《著作权法》将著作权保护期限规定为 28 年,另可延续 28 年;美国 1976 年《著作权法》将著作权保护期

---

① 一般认为,著作权的演变史根据传播技术的发展阶段可划分为印刷技术时代、模拟技术时代、数字技术时代。参见[美]保罗·戈斯汀:《著作权之道:从谷登堡到数字点播机》,金海军译,北京大学出版社 2008 年版,序言部分。

② 浪漫化修辞指版权利益集团为谋求保护的最大化所宣扬的"人格价值观""财产价值观""天赋人权""私权神圣"等一系列带有资产阶级自由主义色彩的理论修辞。

③ 布拉德·谢尔曼、莱昂利尔·本特利著:《现代知识产权法的演进(1760—1911):英国的历程》,金海军译,北京大学出版社 2006 年版。

④ 我国著作权法没有采用演绎权这一表述,而是分别规定了可被涵盖于演绎权范围之内的摄制权、改编权、翻译权和汇编权四项权利。其中,《著作权法》第 10 条规定改编权是"改变作品、创作出具有独创性的新作品的权利"。立法者在对该规定进行释义时指出,改编作品一般指在不改变作品主要内容的前提下,将作品由一种类型改变成另一种类型,也包括将作品扩写、缩写或者改写,虽未改变作品类型,只要创作出具有独创性的作品,也可认为是改编。参见胡康生主编:《〈中华人民共和国著作权法〉释义》,法律出版社 2002 年版,第 58 页。

限延长为作者终身及死后50年;1998年美国国会通过《著作权期限延伸法》将个人著作权延伸至作者死后70年,公司著作权延长至95年。[①] 著作权保护期限的不断延长,意味着社会公众义务的不断加重,作品进入公有领域的时间延缓,著作权法平衡著作权人与公众利益平衡的原则有遭到背离之嫌,因而引发了广泛争议。

再从著作权保护的地域范围看,作为地域性特征明显的知识产权制度之一的著作权法律制度,滥觞于欧美发达国家,在以美国为代表的少数发达国家的极力推动下通过一系列国际条约获得国际社会普遍承认不过近30年的历史[②]。欧美发达国家将著作权保护作为刺激其文化产业的工具性手段,并以外交手段迫使广大发展中国家接受其知识产权政策,实现知识产权法律制度体系的全球化,[③]从而某种意义上实现对发展中国家的新"殖民主义"。

著作权在客体、权能、期限与地域方面全面持续的扩张历程清晰标明,著作权范畴并非一成不变,亦非有天然正义性;相反,其具有鲜明的功利主义色彩,是一定时期技术手段、产业利益、思想观念乃至决策机制[④]综合作用的结果,并随诸要素的变化而动态发展。著作权法对作品上之利益的保护亦非"面面俱到",而仅限于一定社会背景下的"市场利益"。[⑤] 因此,我们有理由去质疑:当下的著作权持续扩张是否背离了著作权法的宗旨,又是否真正符合我国大众文化发展的现实需要。著作权的持续扩张,尤其自扩张至网络传播领域后,使现实空间大量完全不受规制的行为在网络空间受到版权法规制,大部分的创造性活动已从自由文化转向许可文化[⑥],使用者利益被漠视,参与式文化的价值被低估,形成了

---

① 冯晓青:《著作权扩张及其缘由透视》,载《政法论坛》2006年第6期。

② TRIPs协议签署于1994年4月15日,150余国参与缔约,该协议是世界范围内将知识视为私有财产的开始;《世界知识产权组织版权条约》(WCT)签署于1996年;这两大条约极大推动了知识产权法律制度的全球化。

③ [澳]彼得·达沃豪斯(Perter Drahos)、约翰·布雷斯韦特(John Braithwaite):《信息封建主义》,刘雪涛译,知识产权出版社2005年版,第221~231页。

④ 著作权政策/法律的制定是各利益方通过现有决策机制博弈的结果,这场博弈中利益集中的产业集团利益获得了很好的代表,而社会公众/使用者利益则因其利益的分散性而被忽略,故彼得·达沃豪斯(Perter Drahos)认为,著作权利益失衡反映了现有民主制度的失败。参见[澳]彼得·达沃豪斯(Perter Drahos)、约翰·布雷斯韦特(John Braithwaite):《信息封建主义》,刘雪涛译,知识产权出版社2005年版,第221~231页。

⑤ 何鹏:《知识产权传播权论——寻找权利束的"束点"》,载《知识产权》2009年第1期。

⑥ [美]劳伦斯·莱斯格(Lawrence Lessig):《代码2.0:网络空间的法律》,李旭、沈伟伟译,清华大学出版社2018年版,第286页。

"用户创造内容"著作权法困境的根本原因。对此,劳伦斯·莱斯格(Lawrence Lessig)说道:"当下的我们需要担心的不是著作权保护是不是不够,而是保护是否过当。"①

2. 技术措施作用下的合理使用弱化

著作权的持续扩张是著作权法对技术发展做出的反应,也是对新技术条件下著作权人经济利益损失的法律补救措施和经济补偿机制②。从这个意义上说,著作权的扩张具有其合理性与必然性。本文言及著作权的扩张导致的著作权法利益失衡为"用户创造内容"著作权法困境的深层根源,并非欲想简单责难著作权之扩张,而是认为是在著作权单向扩张与网络环境中技术措施的双重作用下导致的合理使用制度几近消弭方为"用户创造内容"著作权法困境的深层根源。

技术措施的出现直接以私立规则的方式扼杀了合理使用。在前数字时代,虽然著作权法也移植了有形财产的保护逻辑——在知识财产之上设立排他性财产权,实施拟物化保护逻辑。但由信息的不可占有的特性所决了作品一旦发行,权利人就无法真正干涉个人在私域范围内的使用行为,拟物化保护逻辑只能对范围有限的商业性利用作品的版权机构真正有效,而很难真正对每个最终用户有效,这就使在著作权之外形成了一个个人相对自由使用作品的合理使用事实状态。而技术保护措施的出现则打破了这一利益平衡状态,技术措施使权利人得以真正实现对作品的拟物化控制,即使用者不付费或未经许可,根本无法接触到作品,更谈不上利用作品了。因技术保护措施无法识别哪些使用是合理使用,因此原本属于法律上的合理使用行为也一概遭到了技术保护措施的排斥,使合理使用在数字互联网环境下名存实亡。

(二)用户创造内容的正外部性

所谓正外部性,是指一个人的行为对外界福利的无补偿的影响。如果对外部的影响是有利的,那么就称为正外部性,如果对外部影响是负面的,则称为负外部性。③ 用户创造内容具有极强的正外部性。首先,用户创造内容形成了一种前所未有地全民参与文化创造局面,极大地丰富了社会文化总量,繁荣了人民文

---

① [美]劳伦斯·莱斯格(Lawrence Lessig):《代码 2.0:网络空间的法律》,李旭、沈伟伟译,清华大学出版社 2018 年版,第 190 页。

② 冯晓青:《著作权扩张及其缘由透视》,载《政法论坛》2006 年第 6 期。

③ [美]曼昆:《经济学原理》(第 5 版),梁小民、梁砾译,北京大学出版社 2009 年版,第 211 页。

化生活。这一现象的出现,既是文化生产力发展的必然结果,也符合版权法追求文化繁荣的终极目的。因此,我们有理由对这一现象予以宽容接纳,而非以垄断性权利对其加以排斥。其次,用户创造内容的二次创作行为对现有作品也有着极强的正外部性。正所谓一千个读者就有一千个哈姆雷特,广泛的用户创造行为,极大地丰富了现有作品的利用方式、增加了欣赏视角、发觉了新的美学价值,很多都超出了作者原有的思想情感范围,使作品价值得以充分实现,也为现有作品的后续创作源源不断地增添了灵感源泉。最后,用户创造内容有着保障表达自由与增进民主及文化多元的正外部性。著作权对表达自由的限制长期以来就是人们质疑著作权合理性的原因之一,而在著作权扩张至规制最终用户的今天,著作权对表达自由形成的限制更应当引起警惕。在前 web2.0 时代,作品传播主要控制在商业性版权机构手中,形成一种单向的传播体系,而在用户创造内容时代,这一单向体系得以打破,用户表达自由得到极大扩展。这种扩展对增进表达自由与增进民主及文化多元都起到了积极推动作用。而可能对用户创造内容形成限制的部分著作人身权如改编权和保护作品完整权的合理性在用户创造内容视野下则值得怀疑,若是对用户创造内容行为加以控制,则文化传播与表达又将回到单向体系中去。

用户创造内容使用现有作品应纳入合理使用范畴不仅因其具有正外部性,还因这种正外部性存在无法内部化。所谓正外部性无法内部化,是指行为人无法得到行为所产生的全部外部利益,在此种情形下,行为人可能就会放弃该行为,导致该对社会有正外部性的行为无从发生。例如,教师使用某作品开展教学活动,这一行为是具有正外部性的,但教师本人并不能得到这一行为产生的全部外部利益,如果需许可—付费使用,这一行为可能就基于成本考量而取消。同样的,用户创造内容视野下,用户创作—分享行为具有正外部性,但用户本人并不能得到这一行为带来的全部利益,用户的收获主要体现在精神满足上,并未获取经济利益,而若要求其承担经济成本,则很大比例的用户创造内容将不再产生。

四、著作权法对用户创造内容的合理回应

用户创造内容造成了一种用户广泛侵权,但又能得到权利人默认的事实状态,这一问题虽不具司法实践上的紧迫性,却说明了著作权法存在的与现实相脱离的严重问题。那么著作权法应当如何回应用户创造内容呢?笔者认为,主要

有转换性使用与个人使用两条路径可以作为对用户创造中使用他人作品行为合法性判定的标准。

(一)转换性使用标准

转换性使用,是指对原作品的使用行为并非为了单纯再现原作品的文学艺术价值或其内在功能,而是增加了新的内容、新的视角,使原作品在使用中具有了新的价值、新的功能或性质。[①] 转换性使用之要件主要为两个方面:其一,内容的转换,即改变原作品的表达内容表达方式;其二,使用原作品的目的与原作品目的相区别。[②] 转换性使用在美国的发端最初用于解释戏仿作品,事实上,不仅戏仿作品,UGC 中的大多数使用行为均符合转换性使用的上述两要件。例如,对网络现有视听作品进行剪辑形成的新作品,既改变了原作品内容,往往也在使用目的上明显区别于原作品——或用于恶搞,或用于讽刺。再如,将网络上流行音乐重新编排形成的新的音乐作品,与原作品相比,其创作目的虽同为追求音乐上的美感,但这种改变已经形成了新的美学价值,且在具备较高程度转换性时,不会对原作品形成替代效应。

借鉴转换性使用理论解释用户创造内容,实际上便可将大部分用户创造内容对现有作品的使用行为合法化。其与现有著作权法权利限制之规定相比,适应性体现在:首先,转换性使用不再严格限制使用篇幅,这与用户创造内容中往往大篇幅使用现有作品的现实情况相适应。我国《著作权法》第 22 条第 2 款第 2 项规定:为介绍、评论某一作品或者说明某一问题,在作品中适当引用他人已经发表的作品。援引此款为合理使用抗辩依据的障碍主要便是"适当引用"的规定。除了戏仿作品外,其他用户创造内容往往也不符合"介绍、评论、说明某一问题"的目的性要求,该款过于狭窄的规定导致难以适用于用户创造内容。事实上,使用行为是否会导致权利人利益受损的关键往往不在使用篇幅的问题上,而在于使用者是否有商业性动机及威胁权利人市场的可能性。因此,转换性使用将判断是否构成合理使用的重点放在了使用目的与性质上,更符合版权法的利益平衡的要求。其次,转换性使用得以解决用户改编原作品行为的合法性问题。

---

① 王迁:《论认定"模仿讽刺作品"构成"合理使用"的法律规则——兼评〈一个馒头引发的血案〉涉及的著作权问题》,载《科技与法律》2006 年第 1 期。

② 同上。

《著作权法》第22条规定的12种权利限制情形,除第11项和第12项有关译成少数民族语言及盲文涉及改编之外,其他条款均不涵盖改编行为。而转换性使用恰恰要求使用者在内容或使用目的、使用性质方面发生转换,很好地解决了用户未经许可改编他人作品的合法性问题。最后,转换性使用得以涵盖传播行为。如前所述,现行《著作权法》第22条第1款第1项关于个人使用的规定,无法涵盖传播行为。该项规定为"为个人学习、研究或者欣赏,使用他人已经发表的作品",根据语意解释,"学习、研究、欣赏"行为一定是私域范围内进行的,很难将带有原作品的用户创造内容在网上的传播行为以"学习、研究、欣赏"涵盖进来。而转换性使用则不然,只要使用者对原作品进行了内容、使用目的的转换,则可构成合理使用,而无"个人使用"条款关于私域范围的限制。

关于我国《著作权法》权利限制部分的修改问题,笔者认为,现行著作权法关于权利限制的完全列举式规定太过狭隘,早已无法满足互联网环境下用户接触、使用、传播作品需求爆炸式增长的现实情况。现行法极其谨慎地列举了12种权利限制情形,这12种类型化的使用行为无一涉及互联网环境下的用户使用行为,带有浓厚的前互联网时代色彩。因此,笔者认为,在《著作权法》修改中,著作权权利限制部分首先应增加类型化的涉网合理使用行为,并将转换性使用标准引入著作权法,明确其认定要件,以其作为合理使用判断的抽象标准,以避免有限的类型化合理使用行为无法跟上网络环境下迅速变化的使用行为。

(二)个人使用的革新

所谓"个人使用",非法律规范概念,于学理上亦有多种界定方式。帕特森(Patterson)认为,"个人使用"是指自然人无任何营利性动机,为学习、欣赏或与家人朋友分享的目的,在私域范围内对他人作品的使用①。该定义明确了"个人使用"之主体、主观、范围要素。杰西卡·李特曼(Jessica Litman)认为,"个人使用"是指自然人出于非商业性目的,在本人或家庭、密友间的使用,包括阅读、观赏、运行、复制及演绎等转换性使用行为②。综合以上学者的概念界定,本文将"个人使用"的概念概括为三要素:一为使用目的的非营利性;二为使用范围的

---

① L. Ray Patterson & Stanley W. Lindberg, "The Nature of Copyright: A Law of Users' Rights", *University of Georgia Press*, 1991, p. 193. 转引自李杨:《著作财产权体系中的个人使用问题研究》,西南政法大学2012年博士学位论文,第44页。

② LitmanJ, Lawful Personal Use, *Texas law review*, 2007, 85(7), pp. 1871 - 1290.

私域性,即其乃是与公开使用相对的[①];三为使用方式不局限于复制,也包含演绎。

理解"个人使用",须注意两大误区:其一,不能当然地把"个人使用"概念同我国《著作权法》第22条第1款第1项的立法作对应理解。我国《著作权法》第22条第1款第1项将主观状态限定为"为学习、研究或欣赏",而"个人使用"主观状态的一般要求则仅是"非营利性"。因此,该法条所限范围显然远远小于一般"个人使用"范围,可视为"个人使用"的限定情形。其二,不能当然将"个人使用"视为合理使用。传统的合理使用判断注重进行"商业性""公开性"判断,以"商业性""公开性"标准来看,"个人使用"显然可以构成合理使用。然而到网络环境下,原来不会对著作权人利益造成损害的行为可能对权利人利益形成威胁,原来标准下不能构成合理使用的行为也可能对权利人利益不再具有威胁。例如,数字互联网时代,作品的消费模式从购买、占有复制品转为直接体验作品[②],且人人都开始具备复制、传播作品的能力。在这样的背景下,著作权法为防止著作权人利益遭受不当损害而收紧"个人使用"成为国际立法潮流。一般的做法是,对"个人使用"进行"创造性"目的和"消费性"目的的划分[③]。"创造性"目的的个人使用包括为学习、研究而进行的使用行为,使用者既是使用者,也是潜在的创作者,该类使用行为一般仍被承认为合理使用行为。"消费性"目的的使用指基于欣赏、娱乐的需要的使用行为,该类使用行为逐渐不再被认为是合理使用行为[④]。

个人使用既体现了"法不干涉琐事"原则,又体现了著作权法以"商业性利用"和"非商业性利用"之标准为公众圈出一块自由接触、使用作品的领地。我国《著作权法》第22条第1款第1项,即为个人使用的立法实践。"个人使用"理念虽好,却打上了浓厚的前互联网时代烙印。其使用方式限于复制、演绎,却不延及传播,尤其是信息网络传播。而在互联网环境下,传播效率是互联网的诉求,分享是互联网的本质,个人使用这一最为重要的合理使用形式却不延及信息网

---

① [美]保罗·戈尔斯坦:《国际版权原则、法律与惯例》,王文娟译,中国劳动社会保障出版社2003年版,第290页。

② 张玉敏、李杨:《"个人使用"的著作权法定位及政策选择》,载《西南民族大学学报》(人文社会科学版)2011年第1期。

③ [美]保罗·戈尔斯坦:《国际版权原则、法律与惯例》,王文娟译,中国劳动社会保障出版社2003年版,第160页。

④ 参见吴汉东:《著作权合理使用制度研究》,中国政法大学出版社2005年版,第203页。

络传播行为,实际上使个人使用在互联网环境下没有了适用空间。在互联网成为主要传播手段之后,著作权法通过创设信息网络传播权将对作品的传播保护延伸至互联网传播,但合理使用却并未相应延伸至互联网领域。试想,一个以学习欣赏为目的的弹唱现有音乐作品行为,当然地属于合理使用行为,但到了追求分享的互联网时代,使用者极有可能将该弹唱音乐作品上传到网上,那么这就构成了信息网络传播权侵权。这就反映了在著作权延伸至互联网领域后,原有的个人使用成为空头支票,导致互联网环境下著作权人与使用者之间利益失衡。

笔者认为,互联网环境下的个人使用应做相应的调整,以适应网络环境下使用行为的使用—传播一体化特性。具体而言,调整方式为打破个人使用要件中的"私域性"要求,将个人使用由仅含对复制权、演绎权的例外延伸至包含对复制权、演绎权、信息网络传播权的限制。唯有这样,版权人在网络领域对作品传播的过度控制才能被打破,使著作权在网络中回复利益平衡状态,互联网产业对传播效率的诉求和版权产业对传播控制的诉求也得以平衡。我国现行《信息网络传播权保护条例》第6条规定的8种"通过信息网络提供他人作品,可以不经著作权人许可,不向其支付报酬"的情形。[①] 将这8种信息网络传播权的例外情形与《著作权法》第22条规定的著作权限制的12种情形比较可以发现,《著作权法》第22条第1款第1项规定的"为个人学习、研究或者欣赏,使用他人已经发表的作品;"没能体现在《信息网络传播权保护条例》规定的信息网络传播权例外情形之中。换言之,这明确反映了我国不支持个人使用涉及信息网络传播的立法态度。尽管如此,国际上已有立法例率先突破传统个人使用范畴,大胆肯定用户创造内容的使用、传播行为的合法性。面对"用户创造内容"的著作权法困境,加拿大成为将其行为明确规定为合理使用行为类型的立法先驱,以期缓解著作权与使用者利益间的尖锐对立,保护公众互联网大众文化参与的积极性。在2012年通过的加拿大著作权法修正案中,其著作权法的"Fair Dealing"部分新增

---

① 八种情形分别为:(一)为介绍、评论某一作品或者说明某一问题,在向公众提供的作品中适当引用已经发表的作品;(二)为报道时事新闻,在向公众提供的作品中不可避免地再现或者引用已经发表的作品;(三)为学校课堂教学或者科学研究,向少数教学、科研人员提供少量已经发表的作品;(四)国家机关为执行公务,在合理范围内向公众提供已经发表的作品;(五)将中国公民、法人或者其他组织已经发表的、以汉语言文字创作的作品翻译成的少数民族语言文字作品,向中国境内少数民族提供;(六)不以营利为目的,以盲人能够感知的独特方式向盲人提供已经发表的文字作品;(七)向公众提供在信息网络上已经发表的关于政治、经济问题的时事性文章;(八)向公众提供在公众集会上发表的讲话。

第 29.21 条:"Non-commercial User-generated Content"[①],具体规定为:

(1)在创作新作品或其他主题时,个人使用已出版或以其他方式提供给公众的现有作品或其他主题材料或复制品,不属侵犯版权。并允许该个人或经个人授权,其家庭成员使用或传播新作品,如果满足以下条件:

(a)新作品或其他主题的使用或传播授权仅为非商业目进行。

(b)如现有作品或其他材料的来源有注明作者、表演者、制作者或广播机构的名称,则应当在情况允许的情况下注明其来源。

(c)该人有合理理由相信现有作品或该作品的其他题材或复制品(视属何情况而定)并无侵犯版权。

(d)新作品或其他材料的使用或传播授权对现有作品开发或潜在的开发没有重大经济影响或其他方面的不利影响。新作品不能对现有作品形成替代。

(2)以下定义适用于第(1)款

中介(intermediary),是指经常为作品或其他主题提供空间或手段的个人或实体。

使用(use),是指可为任何根据本法由版权人专有权所控制的行为,但授权的权利除外[②]。

根据该条的规定,个人用户基于非商业性目的,在不构成与原作的市场竞争的前提下即可自由使用现有版权作品进行二次创作,还可对该演绎作品进行公开传播。《加拿大 2012 年著作权法修订案》序言明确表示:此次修法是基于数字技术和传播手段为版权作品的创造和使用带来机遇与挑战的背景,鼓励教育和研究目的的使用以提升加拿大参与以互联网创新为驱动力的知识经济的能力[③]。加拿大政府对该立法的目的解释为:新法案使个人用户在不影响原作品市场的前提下使用他人版权作品进行非商业目的的二次创作行为合法化,如家人朋友和着流行音乐跳舞的家庭视频及剪辑视频(mash up of video clips)[④]。学者也多

① 加拿大的立法语言表述为"Non-commercial User-generated Content",译为非商业性用户创造内容,根据本文对"用户创造内容"的定义,"非商业性"即为该概念的题中应有之义,故该法中的"Non-commercial User-generated Content"可与本文的"用户创造内容"等同使用。

② Canada Copyright Act(R. S. C., 1985, c. C-42)(as amended up to December 13, 2018), https://wipolex.wipo.int/zh/text/505258, March 22,2019.

③ Marian Hebb, UGC and Fan Fiction: Rethinking Section29.21, 26IPJ-CAN237,238(2014).

④ See Marian Hebb, UGC and Fan Fiction: Rethinking Section29.21, 26IPJ-CAN237,238(2014).

认为,该条立法所指涉的主要是剪辑视频(mash-up videos)、混录音乐(remixed music)和以版权音乐为背景的自制视频(home movies with commercial music in the background)①。因此该条款通常也被称为"YouTube 例外条款"或"重混例外条款"。在国会审议法案的辩论中,有议员表示:"个人使用者不应遭受处于强势地位的著作权人的诉讼威胁,为此,著作权法应使普通加拿大人每天进行的而又没什么危害的行为合法化"②。

笔者认为,加拿大的上述立法值得我国研究借鉴。其合理性体现为:第一,其仍然保留了判断个人使用的最核心标准——非商业性使用,既为非商业性使用行为留出了应有的自由领地,又未威胁到著作权权利人的市场;第二,明确该利用—传播行为不得损害现有作品的潜在市场开发,著作权人的利益依然得到了充分保护;第三,使广泛存在的符合上述条件的在线二次创作行为得到合法性确认,避免非商业性作品利用行为承担商业性利用的成本,提高了著作权法的可预见性及 UGC 侵权诉讼中的司法统一性。

五、结　　语

用户创造内容的合法性判定标准的缺失犹如一面镜子,折射出了前互联网时代形成的著作权法在互联网环境下的种种不适应。为用户创造内容寻找合法性依据,也是欲反思著作权的单向扩张,回归法的利益平衡状态。合理使用并非仅是交易成本过高的市场失灵的产物,正外部性无法内部化的市场失灵使合理使用在互联网环境下仍有继续存在的必要。用户创造内容纳入合理使用,可以转换性使用标准作为合法性判定标准;此外,变革传统"个人使用",允许限定条件下的使用行为涉及在线传播,亦是在网络环境下恢复合理使用生命力的必由之路。

---

① House of Commons Debates, 41st Parl, 1st Sess, No. 51(22 November 2011) at 1714(Elizabeth May).

② House of Commons Debates, 41st Parl, 1st Sess, No. 123 (14 May 2012) at 1355 (Robert Goguen).

著作权转让合同之损害赔偿请求权溯及力问题研究

余佩诗[*]

摘　要　近日,实务中出现著作权转让时连同发生在转让合同之前的侵权损害赔偿请求权一并转让的现象。虽然我国著作权法未对著作权转让合同回溯的问题加以规制,但是本文通过对权利的产生根源进行分析,得出著作权转让只能对未来发生效力而不具有溯及过往的效力的结论,亦即在著作权转让时约定同时转让合同签订前的损害赔偿请求权不具有正当性。

关键词　著作权实务　著作权转让合同　损害赔偿请求权转让

一、引　　言

笔者曾经接受过关于一起著作权侵权案件的咨询,2004年7月,作者A公开发表文章,B网站同期转载,到了2005年,作者A和C著作权公司签订著作权转让合同,有效期为10年。其间,C著作权公司发现B网站转载的文章,故提出要起诉B网站侵犯其信息网络传播权,要求B网站删除该文章并进行赔偿。然而,B网站认为,

* 华南理工大学法学院2018级硕士研究生。

其转载A的文章时C著作权公司仍未取得文章著作权,不具有原告资格。

这种情况近年来也较为常见。实务中出现了一些知识产权代理公司,这些公司专门从事作品代理,和作者签订《著作权转让合同》,通过作品的转让来获得作者的所有权利,在合同里往往会有这样的规定:对于著作权转让前已经开展的诉讼由转让人继续履行到案件审理完毕,在转让合同生效之后,若发现侵权事件,则受让人用自己的名义进行诉讼,相应的损害赔偿归受让人所有。

在实务中,这种转让合同约定的效力具有争议。作品转让之后,即使侵权行为发生在转让之前,受让人都会以自己的名义进行维权,希望可以得到高于转让费用的损害赔偿。然而,在现实的诉讼中,侵权人往往会以原告的诉讼主体不适格作为抗辩理由。在实际的侵权行为发生时,权利人仍然是转让人而不是受让人,这样的情况也会让审理的法官难以判决。

通过在"无讼案例"中,分别输入关键词"著作权""知识产权代理""原告主体不适格",得到88个相关案例,其中"北京东星视讯科技有限公司与东莞报业传媒集团有限公司著作权权属、侵权纠纷"系列案件有15个。[①] 在这一系列案件中,主要焦点在于原告是否适格,原告是否具有损害赔偿请求权。

2012年10月2日,东莞报业传媒集团有限公司(以下简称东莞报业)在其经营的东莞时间网上传了若干张被控侵权图片。2012年11月15日,北京东星视讯科技有限公司(以下简称东星公司)在大连市中山区公证处对29个东莞时间网的网页内容进行了证据保全并刻录成光盘。2013年2月19日,摄影师林敬原与东星公司约定涉案图片著作权属于东星公司所有。

一审法院东莞市第一人民法院及二审法院东莞市中级人民法院认为,本案焦点在于东星公司是否享有涉案图片的著作权,[②][③]亦即东星公司是否为适格原告,证明证据具有瑕疵,不予采纳,东星公司的诉讼请求被驳回。(如图1所示)

---

① (2014)东中法知民终字第86号至100号。
② (2013)东一法知民初字第463号民事判决。
③ (2014)东中法知民终字第89号民事判决。

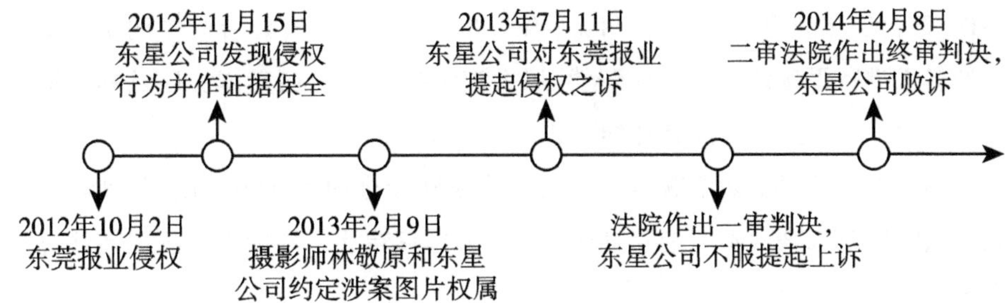

图1　案情流程

笔者认为，即使该案中证据不具有瑕疵，东星公司也不具有原告资格。此案最大的争议焦点在于转让人和受让人之间约定受让人有权对转让行为发生之前的侵权行为进行维权是否存在正当性，法院该如何认定著作权转让合同之损害赔偿请求权溯及力问题，本文将从权利的产生出发，对该问题进行研究。

二、实务中著作权转让合同的规定

在著作权转让的实务中，类似案例中所示的东星公司与原权利人签订的著作权转让合同非常常见。以摄影作品为例，原权利人大多是从事图片生产的公司或是个人，在作品完成之后，原权利人常以两种方式进行变现：

第一，将除了著作人身权之外的其他著作权项转让给他人，并在转让合同上约定转让行为自作品产生之日起生效。然而，原权利人在作品产生之日起到转让行为完成的期间也可能会有法律行为，如许可或者提起诉讼，这些在先权利或在先行为产生的法律后果是有效的，不会因为权利转让而发生无效的效果。这些收购摄影作品的代理公司大多规模较小，收购的图片价值普遍也不高，其盈利手段在于对大量存在的侵权行为进行大批量诉讼，通过诉讼的方式来实现高额赔偿的目的。换言之，这些以维权诉讼作为主要盈利模式的主体，和专利领域中的 NPE 相类似。①

第二，针对已经被侵权的作品著作权进行转让，其实质是把权利人的损害赔偿请求权进行转让。在该种情况下，可以细分为两种情形。第一种情形是在转让合同中约定以转让人的名义请求赔偿，受让人以代理或授权委托的身份进行

① NPE，Non-Practicing Entities，非执业实体，指拥有大量专利却不利用专利从事生产销售等经营活动的公司。

诉讼,符合法律规定,因此不作讨论;第二种情形是以在转让合同中约定以受让人的名义进行诉讼请求侵权人赔偿,那么该情况无论是在实体法还是程序法中都存在争议。下文将对此转让的形式进行法理分析。

笔者主要持以下两个观点:第一,著作权转让合同不能规定回溯,其转让的效力只能针对未来而不能溯及过往;第二,著作权转让合同中不能规定转让过往损害赔偿请求权。

三、著作权转让合同不能规定回溯

(一)违背著作权制度的权利内涵

著作权属于知识产权的一部分,具有知识产权的权利特点。而知识产权和传统物权的最大不同,在于其客体的无形性。传统物权的客体一般为有体物,而知识产权保护的客体是创造性的智力成果。① 传统的物权理论之一是"一物一权",也就是在一个物上只可以设立一个所有权,而不能同时设立两个或两个以上不同性质且排斥的其他物权。② 学者刘凯湘认为,一物一权符合财产的私有属性,而所有权制度根本目的是确立社会财富的归属,若存在一物多权,比起没有确立所有权的时代更容易引起混乱,也不利于物的使用。③ 由此可见,对于传统的物权而言,物是不会同时被两个独立的主体所占有、收益、处分的。

那么,对于知识产权而言,是否适合应用"一物一权"原则呢?如前所言,在知识产权领域中,客体是无体物,权利人并不需要对知识产权的客体实体意义上的占有。另外,知识产权通过大众的使用和传播,其内在的价值得以实现。知识产权的客体可被复制、分享,权利人通过这种复制、分享而享受其产生的利益。④ 其他人就算可以随意使用,甚至完全了解该知识财产,但是却不能从中获利,这是知识产权制度的独特之处。从上文阐述的知识产权的财产属性来看,知识产权也是符合物权的"一物一权"原则的,概括来说,也就是对同一项知识财产不允

---

① 刘春田:《知识产权法》(第5版),中国人民大学出版社2011年版,第10页。

② 梅夏英、高圣平:《物权法教程》(第3版),中国人民大学出版社2015年版,第13页。

③ 刘凯湘:《物权法原则的重新审视》,载《中外法学》2005年第4期。

④ 于玉:《知识产权及其权利构造以动产物权与知识产权的区别为视角》,载《法律适用》2006年第12期。

许有两个或两个以上同一属性的知识产权存在①,具体而言,是指同一时间、地域范围内,在同一个创新成果或标识上,只存在一个排他性的权利,该知识财产所产生的利益则由其权利享有者获得。

在这样的理论前提下,若著作权转让合同约定回溯正当,则在著作权产生之日起到转让行为完成前这段时间里,会产生"一物多权"的局面,违背著作权制度的权利特点。具体而言,可以将其分为两个阶段进行分析:第一阶段是著作权转让之前,该阶段未发生权利变动,由原权利人独占享有著作权;第二阶段是著作权转让之后,权利发生变动,双方经过合同约定将第一阶段的财产权转让给受让人,会在第一阶段发生"一物多权"的情形,甚至有逻辑不通之嫌。

(二)违背著作权效力的制度规定

知识产权由于不以"特定人的行为",而以无形的智力成果这一特定信息为客体,必然属于一种排他权。② 这种权利具体来说,具有时间和空间的约束,在一定的时间和空间内对于法律主体和客体产生了某些效力。史尚宽先生认为,权利效力和地域、时间、主体、客体等有关。③ 知识产权的一般效力和知识产权具有的作用力、约束力和保障力有关。其效力源自法律规范,知识产权的效力是一种利用实体权利和程序权利保护来实现其目的的法律之力。④

知识产权的效力包含时间和地域效力,制度的规定有助于知识产权内容得以落实。其中,时间效力是指知识产权从取得到行使的时间约束力,或者说是一种范围,包括知识产权保护期间的开始和结束,类型和限制等。⑤

至于著作权何时开始生效,则要分两种情况进行讨论。第一种是原始取得,亦即权利人完成作品后自始取得权利而生效;第二种是继受取得,或是转让,或是继承,或是赠与,通过这些行为权利人取得权利之后,著作权生效。在第一种情况中,著作权不需要通过法律程序,只需要创作的事实行为完成即可,而在第二种情况中,权利人需要通过规定的程序才可获得著作权,权利方可生效。

《著作权法》中并没有规定著作权转让需要通过申请或批准,也不需要公示

---

① 吴汉东:《知识产权法》(第5版),法律出版社2014年版,第12页。

② 方明:《论知识产权的权利构造——与物权比较的视角》,载《学海》2009年第5期。

③ 史尚宽:《民法总论》,中国政法大学出版社2000年版,第14页。

④ 关永红:《知识产权一般效力论要》,载《法学评论》2013年第1期。

⑤ 关永红:《知识产权一般效力研究》,武汉大学法学院2012年博士学位论文,第98页。

程序,但是著作权转让生效的时间点应当为转让合同的生效时间,而不能通过双方约定将其提前或是滞后,变更其法定生效时间。

四、不能转让过往损害赔偿请求权

实务中有人认为,对于过往发生的著作权损害赔偿请求权的转让具有法律上的正当性,由我国《合同法》第73条和最高人民法院《关于适用〈中华人民共和国合同法〉若干问题的解释(一)》第12条支撑其观点。[①][②] 从涉及的法律及相关司法解释似乎可以得出这样的一个观点:若债权并非专属于债务人,则债权人可以行使代位权履行债权。而侵犯著作权的侵权之债并不属于司法解释中所称的"专属于债务人自身的债权",因此是可以被代位行使或者被转让的。从该角度来看,在著作权转让之前发生的损害赔偿请求权也是可以转让的。然而,笔者对此观点持有保留意见,下文将进行具体分析。

(一)侵权损害赔偿请求权是不可单独转让的救济权

合同法规定的"债权转让"指向的是合同债权。只要双方当事人意思是真实的,同时没有违反相关法律法规和公序良俗,合同双方得到一致同意,那么合同中可以经过意思自治规定内容,其中包括合同债权的转让。

而前文讨论的著作权损害赔偿请求权是基于侵权行为产生,属于派生权利,存在的前提在于被侵权人的权益受到侵害、需要恢复原状或损害赔偿,这是救济权的立法定义。关于救济权的从属性,学者史尚宽认为,救济权在某种意义下似乎是一种从权利,其实不然,救济权不同于从权利的原因如下:第一,救济权是请求权,而从权利大多数属于支配权;第二,救济权的产生原因是因为原权利受到侵害,而从权利本来就随着原权利存在;第三,救济权是原权利的变形而产生的,

---

① 《合同法》第73条规定:"因债务人怠于行使其到期债权,对债权人造成损害的,债权人可以向人民法院请求以自己的名义代位行使债务人的债权,但该债权专属于债务人自身的除外。代位权的行使范围以债权人的债权为限。债权人行使代位权的必要费用,由债务人负担。"

② 最高人民法院《关于适用〈中华人民共和国合同法〉若干问题的解释(一)》第12条规定:"合同法第七十三条第一款规定的专属于债务人自身的债权,是指基于扶养关系、抚养关系、赡养关系、继承关系产生的给付请求权和劳动报酬、退休金、养老金、抚恤金、安置费、人寿保险、人身伤害赔偿请求权等权利。"

而从权利则是原权利的增加。①

我国《著作权法》第 10 条第 1 项至第 17 项，②是根据对作品的利用方式进行的划分，属于并列关系，并不存在"侵权损害赔偿请求权"的转让情况，可见，权利人可单独转让的应当是著作权法中规定的这些权利，而侵权损害赔偿请求权仅为一项从属于基础权利的救济权，不能和其主权利分开而单独转让。

前文已经提到，著作权的效力包括自身的作用力、约束力和保障力。所谓的保障力指的是保证权利行使的效力，包括多项请求权。这些请求权是为了保障权利人能有效行使著作权而产生的，依附在著作权中，如果在某一个阶段仅仅把请求权转让出去，则会发生缺乏基础权利的法律局面，没有实际的利益受到侵害，更不用提请求救济。另外，请求权中的"赔礼道歉"等具有人身属性，本来就不能单独转让，因此只能转让损害赔偿请求权等财产性权利。然而，这就可能会出现多个主体分别向侵权人主张不同权利的奇怪现象，同一侵权人就同一侵权行为需要向不同的主体承担不同的侵权责任，不符合法律的相关规定。另外，从《侵权责任法》的立法目的来看，其目的是救济权利、明确责任，而不是鼓励通过转让救济权从而获益，③因此立法的原意并不是将救济权分离，而是保障基础权利的实施。

（二）诉讼权利具有强制性，不适用意思自治

实务中支持著作权转让合同的损害赔偿请求权可以溯及过往的观点，实质上把实体权利和诉讼权利混为一谈，实则不然。

诉讼权利和救济请求权两者并不是等同的，救济请求权是一种私权利，效力范围仅限于当事人，是可以被放弃的；而诉讼权利更多的是一种程序法上的权利，亦即在诉讼过程中提出救济请求权等实体权利，相关的民事诉讼程序已经被法律预先规定，诉讼法是强制性法律规范，不能适用意思自治，不能由当事人排除适用。合同法中所适用意思自治的都是涉及实体权利的处分，而诉讼权利则不允许约定排除。著作权的损害赔偿请求权实际上可以通过程序上的诉讼权利

---

① 史尚宽：《民法总论》，中国政法大学出版社 2000 年版，第 29 页。

② 《著作权法》第 10 条规定："著作权包括下列人身权和财产权：……（十七）应当由著作权人享有的其他权利。著作权人可以全部或者部分转让本条第一款第（五）项至第（十七）项规定的权利，并依照约定或者本法有关规定获得报酬。"

③ 我国《侵权责任法》第 1 条。

行使,在著作权侵权之诉中,诉讼权利和救济请求权是相互结合,相互联系的,正如德国民法通论所言:"诉权不是一种独立的权利,而是与债权相结合、不能与债权分开的权能。"①

杨荣馨教授认为,诉权是否存在取决于当事人是否适格以及诉的利益是否存在。② 而何为当事人适格,则要结合具体的案件具体分析。学者史尚宽认为,诉的利益理论于诉权而言,仍然是与当事人适格联系起来才发挥作用。③ 诉的利益是原告向法院主张权利的必要条件,在具体的案件中,原告的起诉必须具有诉的利益,否则案件根本不会进入实体审理程序。④ 在我国的《民事诉讼法》⑤《侵权责任法》⑥《著作权法》中都有相关的规定。⑦

综上所述,在著作权侵权诉讼中,适格的原告是"著作权或者与著作权有关的权利"直接受到他人侵害的人。但是在本文所讨论的情况中,通过著作权转让合同获得损害赔偿请求权的受让人本身并没有受到侵权人的侵害,也没有相关的诉讼权利,由此看来,受让人不是适格的原告。

从诉讼时效期间来看,这种转让行为也存在矛盾。比如,损害赔偿请求权转让之后,受让人的诉讼时效期间难以确定,应当是从原权利人发现或应当发现侵权行为存在之日起计算,还是从受让人发现或应当发现侵权行为存在之日起计算?在实务中,确定这种转让行为的诉讼时效也成了一个困扰法官的难题。

五、结　　语

综上所述,尽管在我国的《著作权法》中没有对著作权转让合同的损害赔偿请求权溯及力问题进行规制,但是从权利本源、法理分析的角度出发,可得出著作权转让只能对未来发生效力而不具有溯及过往的效力的结论,亦即在著作权

---

① [德]卡尔·拉伦茨:《德国民法通论》,王晓晔等译,法律出版社2013年版,第264页。

② 杨荣馨:《民事诉讼原理》,法律出版社2003年版,第52页。

③ 史尚宽:《民法总论》,中国政法大学出版社2000年版,第63页。

④ 常怡、黄娟:《司法裁判供给中的利益衡量:一种诉的利益观》,载《中国法学》2003年第4期。

⑤ 我国《民事诉讼法》第119条规定:"起诉必须符合下列条件:(一)原告是与本案有直接利害关系的公民、法人和其他组织……"

⑥ 我国《侵权责任法》第3条规定:"被侵权人有权请求侵权人承担侵权责任。"

⑦ 我国《著作权法》第49条规定:"侵犯著作权或者与著作权有关的权利的,侵权人应当按照权利人的实际损失给予赔偿……"

转让时约定同时转让合同签订前的损害赔偿请求权不具有正当性。《著作权法》对作者的合法权利进行保护,其本质在于鼓励创作和传播,而不是将法律赋予的权利滥用,若著作权转让合同可以溯及既往涉及的损害赔偿请求权,那么将会有权利滥用的嫌疑。因此,笔者认为,在实务中应当对于这种利用先前侵权行为盈利的后著作权转让行为进行规制。

论 WTO 争端解决机制框架下发展中国家权益的保护

王银卿[*]

摘　要　基于对关税及贸易总协定的总结反思，WTO 发展出了一套独具特色的“差别待遇”争端解决制度，体现了其对发展中国家给予特殊保护的价值取向。但在实践中，WTO 争端解决机制却暴露出了报复制度无法被有效利用、技术援助难以满足实际需求、时间限制无法被严格遵守和争端解决之后没有实质意义上的补偿等问题，而备受瞩目的特殊及差别待遇条款，也由于在实践中体现出了可适用性差、根本无法被应用于争端等弊端而遭到诟病。对此，发展中国家和 WTO 都应采取一定的行动共同促进制度的完善和发展。

关键词　WTO 争端解决机制　发展中国家　《关于争端解决规则与程序的谅解》

一、引　　言

WTO 争端解决机制自诞生于乌拉圭回合之日起就备受瞩目，作为其中最突出、最重要的部分，20 多年来始终活跃于多边贸易解决的舞台之上，并获得了“皇冠上

* 华南理工大学法学院 2016 级本科生。

的明珠"[①]之美誉,在世界贸易体系内甚至都占据着举足轻重的地位。自 1995 年以来,已经接到超过 500 起争端,并已经发布了 350 多项裁决。

这一争端解决机制的前身是 1947 年签订的《关税与贸易总协定》(General Agreement on Tariffs and Trade, GATT),在综合其近半个世纪的制度使用情况后,WTO 争端解决机制积极总结经验和教训,吸收和保留其中行之有效部分的基础上,分析其种种弊病、锐意改革,最后不仅使规则的适用对象大大超出了原本的范围,还使世界贸易争端的解决有了更多可供选择的手段。

在各国的反复磋商和讨论中,形成了 WTO 争端解决机制的基本法律文件《关于争端解决规则与程序的谅解》(Understanding on Rules and Procedures Governing the Settlement of Disputes, DSU),共包括 27 条和 4 个附件。

二、WTO 争端解决机制的设计与发展中国家

WTO 争端解决机制的制度构建中,无不体现出发达国家与发展中国家智慧博弈的结果。值得一提的是,争端解决的统一化和规范化,本身就是对外交博弈的弱化,给予了实力较弱的发展中国家"走司法途径"的机会,有利于其更有效地维护自身权益。

(一)争端解决制度的理论构建与发展中国家

1. 争端解决价值取向的转变

WTO 建立了统一的争端解决机制,扩大了争端解决规则的适用范围并设立了专门的争端解决机构(Dispute Settlement Body, DSB),该机构的设立实质上促成了争端解决决定性因素的转变:从"实力取向"走向了"规则取向"。[②]

根据 DSU 第 1 条的规定,该解决机制的适用对象并不仅仅局限于 WTO 体系下及各多边、诸边贸易协定中的争端,还可通过协商与任何其他协定结合适用。这不仅促进了世界贸易争端的统一解决,还极大地扩展了争端解决规则的适用范围。而统一的争端解决机制的设立正是争端解决规范化和权威化的重要

---

① 赵骏:《皇冠上明珠的黯然失色——争端解决机制利用率减少的原因探究》,载《中外法学》2013 年第 6 期。

② SeeJ. H. Jackson, TheWorldTradingSystem: LawandPolicyofInternationalEconomicRelations (2nd edition), TheMITPress, 1997, pp. 109 – 110; E – UPetersmann.

前提。

同时,DSU第3条第2款中,一方面强调了该制度的价值,要求该规则不仅要为正常的贸易活动提供权威的指引,还要使接受规则调整的成员能明确其权利义务和行为后果,防止了规则使用的恣意性和随机性;另一方面也通过明文限制该机制建议和裁决的效力,防止其不当超出当事方的约定范围,真正保障了争端解决规则的合理性、可预测性和适用的普遍性与有限性;第3条第5款更是将这一价值进一步阐明,将争端解决的方式乃至解决结果的约束力牢牢限制在其成员协定的范围之内,重申争端的解决不得与协定目的之实现相左。

由此不难看出,从整体制度设计上,DSU并未完全摒弃GATT制度下既要考虑政治实力、也不愿放弃维护规则的争端解决方式,但其争端解决的重心的转移,早已从条文规定中折射出来:第3条第7款将“争端各方均可接受且与适用协定相一致的解决办法”作为了争端解决的首选办法,恰恰是在当事方综合国力博弈与基于双方合意、具有长期义务和利益的“协议”中倾向了后者。向规则方向的倾斜是WTO争端解决机制可靠性和可预见性增强的体现,也是推动成员自觉遵守世贸规则的重要动力。因此,其“规则取向”的解决机制也为WTO在国际贸易领域的广泛使用打下了坚实的基础。①

对于政治实力相对弱小的发展中国家而言,这一“司法化”特征明显加强的制度②由于具有更大的权威性和统一性,注重运用规则解决问题,弱化了政治博弈的色彩,无形中平衡了争端双方的地位,毫无疑问应当成为首选的争端解决机制。

2. 引入了“反向协商一致”的原则

这也是DSU的一项重要创新,通过巧妙的制度设计间接保证了程序的顺利进行,防止其陷入GATT制度下并不鲜见的争端解决程序迟迟不能推进,更罔论分配双方利益这样进退两难的窘境。

GATT采取协商一致规则,重要的决定要经过协商一致作出。也就是说,只有全体当事方均无反对意见才可通过决定,只要有一方提出反对,决定就要被驳回。在这种机制下,决定中处于不利地位的一方自然会利用该规则积极投反对

---

① 李小年:《WTO法律规则与争端解决机制》,上海财经大学出版社2000年版,第125～127页。

② 余敏友、左海聪、黄志雄:《WTO争端解决机制概论》,上海人民出版社2001年版,第221页。

票,阻止程序进行。而在 WTO 体制下,则采取"反向一致"或称"倒协商一致"的做法,即只要决策的做出并未得到当事方的一致反对,就可以通过该决策。表决原则的变化带来的是程序适用取向的巨大颠覆。因为,任何争端的解决都伴随着利益的再分配,而争端方中总有得利的一方会赞成决策,从而推动程序的进行,而个别的反对在此规则下并不能轻易阻止程序的推进,除非出现争端各方都做出反对的决定的情形。

正是因其潜力巨大的程序价值,"反向一致"原则在整个解决机制中获得了极为广泛的适用,几乎贯穿争端解决始终:专家组的设立、报告的通过、上诉机构报告的通过和授权的投诉方中止减让其他义务等。一方面,这彰显了 DSU 的效率价值,防止了争端方对程序的恶意阻挠,而争端解决程序的推进也正是对争端方利益的维护,避免了旷日持久的谈判和巨大的人力、物力、财力的消耗;另一方面,这一决策方式也是对公正的诠释,因而极大程度上增强了 DSB 裁决的权威性;对于发展中国家而言,这一制度使某些程序基本上可以自动进行,直接规避了由于发展中国家话语权不足、发达国家利用制度漏洞刻意阻挠而中止或拖延的可能性[①],实质上体现了公正与正义的价值。

3. 设立专家组和上诉机构,为争端的解决提供了双重保障

DSU 对于专家组的构成、争端解决程序不同进程的任务和上诉机构的成员资格、审查范围等均作出了明确的规定与限制。例如,DSU 第 17 条第 13 款中规定了上诉机构可维持、修改或撤销专家组的法律调查结果和结论。

专家组和上诉机构程序的设置,类似我国的两审终审制,既考虑到了争端方的解决成本,不会使程序显得过于烦冗,久拖不决,又有利于防止错误发生,保障整个争端解决机制的权威性。

4. 确立了合理期限

在 DSU 的程序设定中,专门针对专家组各项工作的时间要求作出了明确的规定,利用规则鼓励争端方积极履行义务,互相配合,高效解决争端。

DSU 第 20 条规定了自设立专家组之日起至审议通过专家组报告或上诉机构报告之日止的期限,在未对专家组报告提出上诉的情况下一般不得超过 9 个月;在提出上诉的情况下通常不得超过 12 个月。

不难想象,在任何争端解决程序中,经济实力不足、相关人才匮乏的发展中

① 孔庆峰:《论 WTO 争端解决机制对发展中成员方的意义》,载《东岳论丛》2006 年第 3 期。

国家受到的冲击远大于资金充足、聚集大量法律人才的发达国家。这一制度促进争端解决速度的提升、打破了发展中国家和发达国家在权利保障与义务履行方面天然的不平衡,大大增加其维护自身权利的意愿。

5. DSB 可授权申诉方进行报复或交叉报复

一般情况下,基于对贸易环境可预见性的共同期望和对国家名誉的维护等考虑,败诉的争端一方会自觉遵守裁决。但如果出现败诉一方不自觉履行裁决施加的义务的情形时,胜诉方可通过采取或威胁采取报复措施给败诉方施压。因此,报复措施成了保障 WTO 裁决执行的最后一道屏障。

DSU 第 22 条规定了申诉方在败诉方到期不履行或者就履行内容的问题没有达成合意的两种情形下,可以申请"其对被诉方中止依照所适用协议应承担的减让或其他义务,开始实施报复。在情况非常严重的时候,报复可以针对 WTO 的另外一个协议,实施跨协议报复。"

报复制度的设立是 WTO 借助自身成员国范围广,自我救济具有可行性的优势,能够有效督促违反协定方执行建议或裁决,维护世界贸易秩序。① 交叉报复制度强化了建议或裁决的执行力度,不失为发展中国家维护自身权益的有力手段。

6. 建立起了"第三方"制度

DSU 第 10 条第 2 款将满足"拥有实质利益"以及"已履行通知义务"两个条件的成员定义为争端解决中"第三方"。

该条接下来的第 3 款、第 4 款和第 17 条第 4 款规定了第三方的权利:加入磋商的权利;向专家组和上诉机构提出书面意见的权利;同争端各方一起参加专家组首次会议的权利;依据谅解书求助于正常的争端解决程序的权利。而第三方的权利义务也与争端方有所不同,如第 17 条第 4 款仅仅将独立上诉的权利赋予了争端双方,而第三方仅有在争端方决定上诉后,向上诉机构提出书面陈述的机会。在 DSU 附录 3"工作程序"的第 6 段强调了争端涉及的所有第三方出席会议和陈述自身观点的权利。这就明确了争端解决不仅是将案件提交给 DSB 的双方,而是综合考虑利益相关方的意见,这有利于促进争端的适当解决,同时也节约了潜在的争端解决资源。

---

① 杨杨:《完善 WTO 争端解决机制的报复制度》,华东政法大学法律学院 2012 年硕士学位论文,第 25 页。

(二)给予发展中国家特殊和差别待遇条款

针对发达成员和发展中成员间实力差别悬殊、发展中国家弱势地位难以避免的问题,WTO 争端解决机制也体现了鼓励发展中国家积极维护自身权益的价值取向,在争端解决程序的不同进程中都分别作出规定,给予其特别保护。主要体现在:

(1)DSU 第 4 条第 10 款,对于磋商阶段关注发展中国家利益的问题作出了概括性规定。

(2)DSU 第 8 条第 10 款赋予了发展中国家在其明显处于弱势地位,即与发达国家发生争端时,对专家组的人选和结构提出申请以保障其实质性利益的权利。这是 DSU 中对于发展中国家的倾斜设定的较为具体的制度,相较于其他制度而言具有较强的可操作性,值得借鉴。

(3)DSU 第 12 条第 10 款、第 11 款规定了专家组在举证时间限制上对于发展中国家的专门考虑。证据往往是认定后续争端事实问题的关键,从这一制度不难看出制度设计者的良苦用心。同时,该条款还规定了专家组在每一个具体的争端解决案件的报告中都要说明针对发展中国家给予优待具体形式的职责。这是促成特别保护理念落实到程序中的重要体现。然而遗憾的是,由于缺少进一步的操作规范,这一制度并未真正发挥其作用,而实践中也并未得到发展中国家的重视,形同虚设。

(4)DSU 第 21 条第 2 款、第 7 款、第 8 款,较为宽泛地规定了对于已通过的建议和裁决,对于发展中国家利益的关照,以及在提起争端解决程序的一方为发展中国家时,要求专家组或上诉机构不能漠视建议或裁决的执行对于发展中国家的冲击。此规定过于空白和宽泛,即使发展中国家想要援引也极为困难。

(5)DSU 第 27 条第 2 款,规定了秘书处为本国法律人才缺失、难以负担巨额法律成本的发展中国家提供法律上的援助、派出法律专家的职责。

(6)DSU 第 24 条专门规定了对于“最不发达成员”在全过程的特别待遇,包括争端解决机制的介入和协助,以及其他各个争端方相应的适当克制义务。

由此观之,作为 WTO 规则体系运行的强大制度保障,WTO 争端解决机制的制度构建在制度设计层面明显体现了对于发展中国家的保护倾向。

三、WTO争端解决机制的实践下的发展中国家

(一)特殊和差别待遇条款的适用陷入僵局

如上所述,DSU中确实对于发展中国家的利益保护作出了许多专门性规定。遗憾的是,由于其产生于谈判的最后时分,在立法任务繁重、讨论不甚深入以及时间紧迫的条件下,DSU中关于发展中国家权益的规定看似给予了发展中国家特殊照顾的价值倾向,实则具有较大的欺骗性,在实践中,这些条款的内容根本无法得到有效的实施。主要体现为:

第一,这些规定大部分用语宽泛、空洞、模糊,在DSU规则中沦为了原则性和宣示性的"软法"规定。如第21条第2款仅要求对于发展中国家,在执行建议和裁决的过程中要"特别注意"涉及其利益的事项,但是,却并未就注意的程度、注意的事项内容、注意的方式等加以具体规定。第4条第10款也存在相同的问题。

由于这些条款中普遍存在评估标准模糊、实际上并未给发达国家设定法律义务或发达国家的义务不明确等问题,在实践中其实也是难以操作的。①

第二,除了上述含义模糊、难以量化的一些条款外,另外一些条款由于规定的措施意义不大,根本没有被发展中国家重视和援引过。据南方中心的统计,截至20世纪末,上文所述的特殊待遇条款中,有近1/3完全没有被援引过②。例如,第21条第8款中关于DSB对由发展中国家主动提起的事项专门考虑进一步行动的职责设置,即使能够被援引也很难得到实质性的利用,可见其实践价值微乎其微。

因此,这些"国际经济软法"(soft international economic rules)虽反映了WTO特殊照顾发展中国家的价值取向,但几乎所有这类条款都难以执行。③

---

① 曾华群:《论"特殊与差别待遇"条款的发展及其法理基础》,载《厦门大学学报》2003年第6期。

② 黄志雄:《对发展中国家参与GATT/WTO争端解决活动的法律分析》,载《法学评论》2001年第6期。

③ 车丕照、杜明:《WTO协定中对发展中国家特殊和差别待遇条款的法律可执行性分析》,载《北大法律评论》2005年第2期。

(二)争端解决制度设计缺陷

在实践中,WTO 争端解决机制也暴露出许多制度设计上的缺陷,使其非但无法起到保护发展中国家利益的作用,反而使其成为发达国家约束甚至制裁发展中国家的工具。

1. 报复制度无法被发展中国家有效利用

WTO 争端解决制度下,胜诉的一方被授权实行报复的手段仅限于中止或减让其他义务,胜诉方的报复效果很大程度上取决于胜诉方对败诉方的减让能力。然而,发展中国家的经济发展水平本身不足,报复力量十分薄弱。即使经过艰难漫长的争端解决程序并启动了报复机制,最终却根本无法对发达国家形成实质性的威胁。同时,在经济全球化日益深入的今天,启动报复程序很难不累及本国产业的健康发展。从这个角度看,报复实非良策,各国在适用时都慎之又慎。①

因此,即使争端解决机构将报复的权利授予经济实力较弱的发展中国家,由于发展中国家经济对外依赖性的限制和自身经济实力的弱小,报复制度往往难以直接被实施,而是作为后续谈判的筹码。如在欧共体香蕉案中,厄瓜多尔虽获得授权对欧共体采取 2.016 亿美元的交叉报复措施,但其也并未采取报复措施,而是通过与对方再行谈判,最终解决②。

2. 技术问题成发展中国家主要桎梏

争端解决的对象在 20 多年来的巨大变迁,即争端的深度和广度的变化,深刻改变了争端解决机制的面貌。实践表明,争端解决过程中涉及大量的技术难度高的事实问题和晦涩难懂、需要丰富经验的法律难题。

在争端解决的过程中,专家组往往要耗费大量的时间和精力来审理错综复杂的证据和事实问题。同时,近年来,随着科技创新与科研成果的激增、科技产业化的周期不断缩短、不同学科间交叉融合等趋势,使争端解决对象的数量和复杂性、综合性都日益增强,给争端双方取证和质证、专家组认定案件事实带来了巨大的挑战。截至 2015 年,每个争端中证据展板的数量已经是其初期的 3 倍。又如,在“日本酒”、“韩国酒”及“智利酒”三大酒饮料案中,当事方还采用了计量

① 赵骏:《皇冠上明珠的黯然失色 WTO 争端解决机制利用率减少的原因探究》,载《中外法学》2013 年第 6 期。

② 杨艳红:《WTO 争端解决实践的特征及原因分析》,载《世界贸易组织动态与研究》2009 年第 1 期。

经济学的分析方法[①];在"欧共体影响生物技术产品批准和销售的措施案"中,欧共体建议专家组至少就44个科学领域咨询两位权威专家。[②] 由此可窥,专家的参与争端解决的事实认定已成不可阻挡的潮流。

于此相对应的是,目前大部分发展中国家无完善的专业人才培养的系统,只能依赖于发达国家的专业人才。而处理此类案件的律师大多收费高昂,这种人力和财力的双重制约构成了对发展中国家严重的"软制约"。

然而,发达国家的巨额的专家费用常常也令发展中国家望而却步。例如,收集证据、进行经济分析、雇用专家及采访证人,会使诉讼费用增加10万~20万美元。[③]

而面对晦涩难懂的法律问题,发展中国家也显现了明显的弱势。WTO的法律体系自身已经极为复杂,具有较高的法律门槛,而发展中国家中优秀的律师本就凤毛麟角,律师水平普遍难以达到争端解决的需求。

同时,据学者统计,从事代理WTO案件时律师收费通常为每小时250~1000美元[④]。实际上未能得到DSU法律救济的绝大部分发展中国家只能选择咬牙负担这笔费用。而依靠WTO救济的弊端远不止如此。从以往争端解决的实践中可以明显看出,整个程序中使用的语言限于发达国家的语种,如英语、法语[⑤]。这几乎断绝了发展中国家依靠自身力量参与争端解决的可能——不仅要求准确熟练、能力卓著的专业人士,还要求这些专业人士掌握运用他国语言处理问题的能力,这些难以被注意到的程序性问题却实质上影响了发展中国家独立参与争端解决的能力。

基于以上原因,发展中国家的争端案件基本只能委托给发达国家专业人才来代理,本国律师即使参与,在其中从事的也仅仅是法律专业性较弱的基础性工作,如翻译、协调等。

更为可惜的是,自20世纪起不断涌现出不少具有经济实力或专业知识的组

---

① 姜作利:《发展中国家参与WTO诉讼活动诉前费用过高的原因及对策分析——以鼓励发展中国家积极参与WTO诉讼为视角》,载《世界贸易组织动态与研究》2012年第1期。

② 姜作利:《试论WTO争端解决程序中适用盖然性优势证明标准的合理性》,载《比较法研究》2014年第6期。

③ 姜作利:《发展中国家参与WTO诉讼活动诉前费用过高的原因及对策分析——以鼓励发展中国家积极参与WTO诉讼为视角》,载《世界贸易组织动态与研究》2012年第1期。

④ 王春婕:《论发展中国家对WTO争端解决机制的有效运用》,载《当代法学》2002年第11期。

⑤ 叶波、陈靓:《WTO争端解决中的专家意见》,载《世界贸易组织动态与研究》2011年第2期。

织,然而发展中国家对此并不了解,没能实际利用这些宝贵的资源。

3. 争端解决后没有实质意义上的补偿

DSU 中的补偿是临时性的,而败诉方对争端期间所产生的损害不予赔偿。如果发达国家作为败诉方在合理的期限内履行了 DSB 的决定,胜诉方将得不到任何的救济补偿①,胜诉方在整个程序中所投入的人力和财力、遭受的经济打击则得不到任何有效补偿。这对于本就综合实力不足的发展中国家来说是十分致命的。

4. 时间限制没有被严格遵守

根据现行规则,在一般情况下,如果一成员违规给另一成员带来了损失,受害方申诉后的 28 个月后才能获得最终的救济措施。在此期间,被诉的违法措施仍然可以继续存在并给受害方造成较长时间的损害②。对于经济体量小、产业发展不均衡、明显处于弱势地位的发展中国家来说,其带来的损害更大。

更为普遍的情况是,DSU 的时间限制也并未得到贯彻落实。被申诉方可以利用这个争端解决程序中的中间环节拖延争端解决进程。而争端解决的整体效率无法保障,也就限制了成员国对于 DSU 的充分使用。③

此外,在实践中,争端解决还增加了一个没有规定在 DSU 中的新程序:初步裁决程序(the preliminary ruling phase),专家小组在提交报告之前会定期发布初步裁决,甚至在某些情况下,专家小组在诉讼过程中还会发布多个此类裁决。数据表明,在 2014 年,75% 以上提交专家组的争端都发生了这种情况④。这使争端解决的过程更加冗长。

但对于那些恶意不遵守时间限制的行为,DSU 却并未设立有效约束机制。而冗长的时间意味着巨大的经济负担。这也正是诸多欠发达国家不愿选择 WTO 争端解决机制的重要原因。可见,WTO 看似平等适用于发展中国家和发达国家的"合理期限"制度框架,实则构成了对于综合实力处于弱势的发展中国

① 吴建功:《WTO 争端解决机制中的不公正性:以发展中国家成员为视角》,载《法学杂志》2010 年第 1 期。

② 姜文鹏:《WTO 争端解决机制对成员反倾销法的协调》,对外经济贸易大学国际法专业 2002 年硕士学位论文,第 217 页。

③ 徐根旺、刘力:《发展中国家参与 WTO 争端解决机制的有效性及其对中国的启示》,载《财贸经济》2005 年第 6 期。

④ Roberto Azevêdo, Secretariat's informal consultations concerning the panel process, https://www.wto.org/english/tratop_e/dispu_e/informal_consultations_e.htm, August 6th, 2019.

家实质上的不平等。争端解决不再是简单的法律问题,而又回到了政治经济等综合实力的较量。①

四、WTO争端解决机制之瞻望

(一)发展中国家:积极参与

1. 以多种方式积极参与多边体制下的争端解决

当争端发生时,若无法通过谈判达成一致,发展中国家也不应一味退让,而应积极诉诸争端解决机制维护自身权益。同时,在许多情况下,某一WTO成员所实行的不合理措施可能不只针对一个发展中国家,而是要损害到多个甚至众多成员的正当利益。因此,一旦遇到此种情况,发展中国家更应该团结起来,统一战线,形成合力,共同维护自身权益。②

除了自己作为提起争端的当事双方,发展中国家也可以选择自己作为第三方参与争端解决。不仅可以借此实践培养专业法律人才,还有助于节约诉讼成本。以中国为例,近年来,中国作为第三方借鉴了不少发达国家的经验。一方面,可以为将来在WTO中进行诉讼以积累经验;另一方面,逐步培养了专业法律人才,进行了相应的制度能力建设。③

2. 加快国内WTO事务的人才培养

要真正使争端解决的结果有利于发展中国家,仅仅制度上的倾斜是远远不够的。发展中国家自身也应当加速培育专业的法律人才和谈判专家,熟练掌握和运用世贸组织的各项法律规则,争取在争端解决的基础配置水平能够与发达国家匹敌。其中,巴西派遣国内律师到日内瓦实习的做法值得借鉴。④

3. 加强政府与企业的联系,建立官民分工协作体制

以中国为例,在2008年至2009年,各国的"反倾销""反补贴"调查如火如荼,而我国企业首当其冲受到剧烈冲击。然而,在此期间我国就此提出的诉讼却

---

① 毛燕琼:《WTO争端解决机制问题与改革》,法律出版社2010年版。

② 徐根旺、刘力:《发展中国家参与WTO争端解决机制的有效性及其对中国的启示》,载《财贸经济》2005年第6期。

③ 韩秀丽:《论WTO争端解决中的第三方参与——兼谈中国面临的问题》,载《国际经贸探索》2006年第1期。

④ 彭德雷:《WTO争端解决参与机制的巴西模式及其借鉴》,载《法商研究》2011年第3期。

增势平平。当受害企业不敢应诉、而行业协会实力有限,无法为企业提供资金、技术、人才等方面的支持时,就需要政府为行业或企业提供足够的资金,同时鼓励专家学者、经济顾问和相关律师的参与。以巴西为例,巴西国内形成了一个政府、非政府与公众的互动机制,以国家为后盾,促进非政府机构积极提起申诉或参与应诉。

由于 DSU 的对提起争端主体的特殊限制,我国企业只能通过政府维护自身权益。在这种情况下,企业要尝试与政府进行积极有效的沟通、争取政府的帮助;而政府也要贯彻执政为民的理念,积极拓展相应职能,积极为企业提供救济渠道与信息,同时鼓励和引导相关行业协会发挥作用。

4. 积极援用特殊和差别待遇条款,防止其边缘化

针对 WTO 中诸多有利于发展中国家但却含混不清的特殊和差别待遇规则,发展中国家应当在司法实践中充分肯定其有效地位,并通过积极援用这些条款,同时要求专家组或上诉机构在审理时予以解释①,既能促进 DSU 中规则的审议和修订,也可以此争取权利优待。② 1998 年欧共体、日本、美国与印度尼西亚关于汽车工业措施的纠纷一案中,印度尼西亚代表就自称其经济已“接近崩溃”,援引了 DSU 第 4 条第 10 款要求给予 9 个月的执行期限,并最终获得了 6 个月或更长的执行期限。

因此,发展中国家不应当由于条文模糊、难以援引而放弃援引法律为自身权利而抗争,而更应当积极提起起诉、参加应诉,以自身努力促进这部分规则进一步明确和规范,使其真正发挥自身的理性价值。

(二) WTO:保证争端解决的“实质正义”

1. 完善特殊和差别待遇条款

如前所述,虽然彰显了对发展中国家的特殊保护,然而模糊、空泛的规定使这部分特殊和差别待遇条款几乎完全丧失了实践中的可操作性,无法彰显自身的正义价值。因此,应当借助案例的实践,对前文所述条款进一步具体化,使之得到有效利用。

---

① 姜作利:《诚信原则在 WTO 争端解决机制中的适用评析》,载《现代法学》2010 年第 1 期。

② 杨帆:《世贸组织争端解决机制中的特殊和差别待遇条款研究》,外交学院国际法专业 2000 年硕士学位论文。

2. 关注和重视发达国家成员方和发展中国家成员方本身存在的不平等

由于发达国家和发展中国家在政治实力、经济发展水平、科技发展程度和专业法律资源等方面均存在巨大的鸿沟,如果 DSU 规则一律同等对其使用,反而对其造成了实质上的不公。

针对此问题,南方中心曾一语道破 DSU 的特性在于,它“推定争端解决程序中的参加者具有相似的实力和发展水平”①,因此设立了交叉报复等一系列特色制度。然而,制度设计者却没有考虑到在诸如报复制度等推定双方实力地位相当的制度下,发展中国家的制裁作用可以说是微乎其微,稍有不慎还会危及自身,因而报复制度在发展中国家几乎只能成为一项谈判筹码而无法成为武器,发挥其真正作用;相反,发达国家即使不借助报复制度,也可以凭借其政治和经济实力对发展中国家施以制裁。这种情况下,发展中国家的处境可谓是雪上加霜。

因此,只有借助形式上的优待,才有可能弥补发展中国家与发达国家能力地位上的实质不平等。例如,前文所述的特殊和差别待遇条款就是其体现。然而,这些条款远不足以扭转局面,WTO 争端解决机制还需从整体制度设计上加以补充,促成其全体规则向实质平等的飞跃。

3. 在不突破争端解决机制基本框架的前提下提高程序效率

近年来,随着接收争端的急剧增长,WTO 自身也在寻找不涉及修改 DSU 规则、不影响争端解决机制的良好声誉和质量的情况下,对程序作出改进以提高争端解决效率的办法。

目前,得到实践的方法有小组会议中的“指示性问题”[*Early* (*indicative*) *questions for the panel meeting*]。一般来说,专家组利用第一次实质性会议来确定基本的事实和法律问题。当事方可能由于缺乏对专家组特别关注事项的事先了解而并未准备口头答复。此外,许多缔约方的口头陈述只是重申其第一次书面陈述的内容。上述原因导致第一次实质性会议耗费了过长的时间,却并未得到满意的效果。因此,有人建议专家组事先向争端方提供一份可能提出的问题清单。该提议在中国“原材料”一案中得到了实践,并获得了积极的反馈。

又如,专家组在争端解决的实践过程中曾仿效上诉机构为当事方的口头陈述设定时限;专家组的报告形式也做出一些改进:如实行了报告摘要的页数限

---

① 姜文鹏:《WTO 争端解决机制对成员反倾销法的协调》,对外经济贸易大学国际法专业 2002 年硕士学位论文,第 257 页。

制、并鼓励通过电子方式加速争端解决进程。

WTO 争端解决机制在建立和发展的过程中,已逐渐成为世界各国化解纷争、调和矛盾的主要手段,大量争端的提交使它成为世界上最活跃的国际审判组织之一。相信随着世界贸易联系的加强、争端解决制度的进一步完善,以及发展中国家维护自身权利的意识不断觉醒、能力不断增强,国际经济贸易争端的解决会进一步趋于规则化、统一化。

图书在版编目(CIP)数据

珠江青年法学评论. 第1卷 / 蒋悟真主编. -- 北京 : 法律出版社, 2020
ISBN 978-7-5197-4221-8

Ⅰ. ①珠… Ⅱ. ①蒋… Ⅲ. ①法学-文集 Ⅳ. ①D90-53

中国版本图书馆CIP数据核字(2020)第022638号

珠江青年法学评论(第1卷)
ZHUJIANG QINGNIAN FAXUE PINGLUN (DI-1 JUAN)

蒋悟真 主编

策划编辑 沈小英
责任编辑 贾方武
装帧设计 李 瞻

出版 法律出版社
总发行 中国法律图书有限公司
经销 新华书店
印刷 北京虎彩文化传播有限公司
责任校对 李景美
责任印制 吕亚莉

编辑统筹 法治与经济出版分社
开本 710毫米×1000毫米 1/16
印张 19.25
字数 305千
版本 2020年3月第1版
印次 2020年3月第1次印刷

法律出版社/北京市丰台区莲花池西里7号(100073)
网址/www.lawpress.com.cn
投稿邮箱/info@lawpress.com.cn
举报维权邮箱/jbwq@lawpress.com.cn
销售热线/400-660-8393
咨询电话/010-63939796

中国法律图书有限公司/北京市丰台区莲花池西里7号(100073)
全国各地中法图分、子公司销售电话:
统一销售客服/400-660-8393/6393
第一法律书店/010-83938432/8433
西安分公司/029-85330678
重庆分公司/023-67453036
上海分公司/021-62071639/1636
深圳分公司/0755-83072995

书号:ISBN 978-7-5197-4221-8
定价:88.00元